工程法律实务培训丛书

建设工程结算诉讼实务与案例解析

（第二版）

吴咸亮 等　编著

中国建筑工业出版社

图书在版编目（CIP）数据

建设工程结算诉讼实务与案例解析 / 吴咸亮等编著
. — 2 版. — 北京：中国建筑工业出版社，2022.10（2025.6 重印）
（工程法律实务培训丛书）
ISBN 978-7-112-28108-4

Ⅰ.①建… Ⅱ.①吴… Ⅲ.①建筑业-劳动争议-民事诉讼-案例-中国 Ⅳ.①D922.591.5

中国版本图书馆 CIP 数据核字（2022）第 202109 号

工程款结算问题是建设工程施工纠纷中最重要的话题，对发、承包方事关重大，如何结算工程款也同样是律师、法务人员、法官、仲裁员等关注的问题。本书分析了 70 个不同的工程款结算问题，每个问题均按照有关规定、实务提醒、相关案例三部分进行了介绍，做到了理论与实际相结合，具有很强的可读性。本书可供各类建筑施工、工程承包、项目管理企业、工程造价、房地产开发企业分管副总经理、总法律顾问（法务总监、法务主管），合同管理、造价预算、经营部门负责人、项目经理等学习参考。

为了更好地服务于读者，我们建立了读者交流群，有兴趣的读者可与编辑联系。微信号：13683541163，邮箱：5562990@qq.com。

责任编辑：周娟华
责任校对：李辰馨

工程法律实务培训丛书
建设工程结算诉讼实务
与案例解析
（第二版）
吴咸亮 等 编著
*
中国建筑工业出版社出版、发行（北京海淀三里河路 9 号）
各地新华书店、建筑书店经销
北京鸿文瀚海文化传媒有限公司制版
建工社（河北）印刷有限公司印刷
*
开本：787 毫米×1092 毫米 1/16 印张：14¾ 字数：336 千字
2022 年 11 月第二版 2025 年 6 月第十六次印刷
定价：**68.00** 元
ISBN 978-7-112-28108-4
（40078）

本书编委会

编委（排名不分先后）：

戴忠岐　黄　旭　郭军亮　焦广华　江　亮

李　莉　刘海山　石　敏　石艳田　王　斌

王永朝　魏存仪　徐　佳　吴　昊　吴亚辉

吴朝霞　吴　妍　吴咸亮

指导单位：

中国行为法学会培训部

建工仲裁法研

前言

最近几年，建设工程诉讼实务越来越受到律师、房地产开发公司及建筑施工企业的法务与管理人员、法官和仲裁员的重视。工程结算问题是建设工程诉讼实务中最重要的话题，对发、承包方事关重大。然而，现实情况是懂工程的不懂法律，懂法律的不懂工程，法律对工程人员来说很深奥，工程对法律人员来说也很晦涩。怎样把法律和工程两者通俗地结合在一起，怎样解决工程法律人员增多与相关书籍匮乏的矛盾，这就是编写本书的原因。

本书以司法裁判的“三驾马车”理论为视角，结合案例分析的“立体思维”方法，从法律规定、实务提醒、相关案例等多维度，针对工程结算中经常出现的一些疑难问题，进行了通俗易懂的分析。

司法裁判的“三驾马车”理论是作者独创。中国古代“驾”的意思是“匹”，“三驾马车”是指三匹马为一组拉的一辆车。如果把司法裁判活动看作一辆马车，那么“法律”“事实”“当事人的意思表示”就是这辆马车的三匹马，“公平正义”是这辆马车的目的地。任何案件的判决都应该坚持尊重法律、坚持尊重事实、坚持尊重当事人的意思表示，在这“三个坚持”的基本原则下，尽量达到公平正义的目的，可以说，“三驾马车”的裁判规则是一切案件的最高裁判规则。

本书分为上、下两篇以及附录。上篇从相关规定、实务提醒、相关案例三个方面解析了工程结算实务中存在的70个疑难问题；下篇介绍了运用“三驾马车”理论分析工程结算的4个典型实例。附录中将与工程结算有关的法律法规做了汇总。本书注重理论与实际相结合，案例与法规相对照，具有很强的可读性。

本书的读者对象是从事建设工程相关工作的律师、房地产开发公司及建筑公司法务和管理人员、法官、仲裁员，特别是对建设工程法律的初学者更为适用。

本书具有如下特色：①专题性：本书重点是工程结算；②独创性：“三驾马车”理论是独创；③实用性：律师及法务人员在实践中经常使用；④通俗性：通俗易懂是本书的最大特点。

阅读本书需要注意的问题如下：

（1）书中每一个案例，都只是根据需要截取了其中有用的一小部分，目的在于说明一个裁判观点。这个观点不要放大来看，如果放在整个案件中来看，也许就是错的，仅仅借这个案件引出和说明这个裁判观点而已。

（2）一定要树立一个观念：建设工程施工合同纠纷案件没有绝对正确的标准答案，只有更接近公平的相对答案，不要寻求唯一正确的标准答案，每个案件都会有两种以上观点。

（3）本书相关规定部分，不仅列举了《中华人民共和国民法典》《最高人民法院关于审理建设工程施工合同纠纷案件适用法律问题的解释（一）》的条款，而且保留了已经废止的《中华人民共和国合同法》《中华人民共和国民法总则》[1]《最高人民法院关于审理建设工程施工合同纠纷案件适用法律问题的解释》（法释〔2004〕14号）、《最高人民法院关于审理建设工程施工合同纠纷案件适用法律问题的解释（二）》（法释〔2018〕20号）的条款，目的是便于读者对于法律规定前后变化的理解与阅读。同时，也是因为《最高人民法院关于适用〈中华人民共和国民法典〉时间效力的若干规定》中规定“民法典施行前的法律事实引起的民事纠纷案件，适用当时的法律、司法解释的规定，但是法律、司法解释另有规定的除外[2]。”

限于时间和作者水平，疏漏和不妥之处在所难免，恳请读者和有识之士批评指正。

吴咸亮

---

[1] 《中华人民共和国民法典》第一千二百六十条　本法自2021年1月1日起施行。《中华人民共和国婚姻法》《中华人民共和国继承法》《中华人民共和国民法通则》《中华人民共和国收养法》《中华人民共和国担保法》《中华人民共和国合同法》《中华人民共和国物权法》《中华人民共和国侵权责任法》《中华人民共和国民法总则》同时废止。

[2] 参见《最高人民法院关于适用〈中华人民共和国民法典〉时间效力的若干规定》第一条、第二条、第三条、第四条的规定。

目 录

绪 论

1. 建设工程案件的特点

建设工程案件的特点是三多三高，三多是指涉及的当事人多、法律关系多、专业名词多；三高是指案件上诉率高、改判率高、发回重审率高。很多建设工程专业人员，面对众多的法律关系理不清头绪，面对众多的当事人找不到重点，面对众多的专业术语一脸茫然。虽然每一个汉字都认识，但是这些汉字连在一起就不知道是什么意思了。特别是对于工程结算方面，出现了各种各样的疑难问题，而对于这些问题，理论界和实务界又出现了很多不同的观点和看法。在这种情况下，理清这些问题以及这些问题的解决思路，就显得尤为重要。

2. 司法裁判的“三驾马车”理论

“三驾马车”是指三匹马拉一辆车。中国古代以拉车的马匹的多少来区分地位。所谓“三驾马车”，不是说三辆马拉的车，而是说三匹马为一组拉的一辆车，一共有三匹马和两根缰绳。

公平正义是司法裁判追求的最终目的地。任何案件的判决都应该坚持尊重法律、坚持尊重事实、坚持尊重当事人的意思表示，在此前提之下，尽量达到公平正义的目的。如果说“法律”“事实”“当事人的意思表示”是三驾马车的“三匹马”，“诚实信用原则”和“保护善意原则”则是驾车人手里的“两根缰绳”，裁判者正是手里拉着两根缰绳，驾驶着三匹马，平衡着车辆的前进方向，最终到达公平正义的目的地。

如果你坚持尊重法律，按照法律来判，得出一个不符合公平正义的结论，那肯定不是法律的错，是你用错了法律；如果你坚持尊重事实，按照事实来判，得出一个不符合公平正义的结论，那你断定的事实肯定不是事实，而只是一个角度；如果你坚持尊重当事人的意思表示，得出一个不符合公平正义的结论，那这个意思表示肯定是被掩盖了的虚假表示，你看到的仅仅是一种角度，听到的仅仅是一种观点。

3. 案例分析的“立体思维”方法

由于建设工程案件的复杂性和疑难性，决定了律师、公司法务、裁判人员并没有足够的工程知识作出完全准确的判断，这时相关的案例就会起到很好的作用。相信很多律师都有过类似的经历，开庭之前准备了好几天，开庭过程中激烈辩论了几小时，不如对方拿出来一个现成的判决书。与本案类似的案例判决里面的裁判观点，很可能会起到更大的作用。

所谓的“立体思维”分析法，指的是拿到一个案例或者遇到一个问题后，先正面思考分析，得出一个结论；再从相反的角度进行逆向思考，分析得出一个相反的结论；在正向思维和逆向思维的分析过程中，再从其他不同的角度侧方位地寻找问题、分析问题，得出一个或几个其他的结论。然后，对这些结论进行比较、对照、分析，以确定一个更合理的结论。

下面从一份最高人民法院的裁定来看建设工程案件的特点，兼谈案例分析的“立体思维”方法。

中华人民共和国最高人民法院

民　事　裁　定　书

〔2016〕最高法民辖37号

原告：龙某，男，汉族，住重庆市璧山区。

被告：陈某，男，汉族，住重庆市北碚区。

被告：杨某，女，汉族，住重庆市北碚区。

原告龙某诉被告陈某、杨某劳务合同纠纷一案，重庆市北碚区人民法院于2015年7月14日立案。龙某诉称，原告为被告承包的装饰工程提供劳务工作。双方于2014年2月26日结算后，被告欠原告人工费368367元。之后，被告支付了191000元，尚欠原告人工费174367元。原告多次催收，此款未果，请求判令：被告支付原告人工费174367元，以及以174367元为基数，从2014年2月26日起至欠款付清时止的利息；诉讼费由被告承担。

重庆市北碚区人民法院认为，根据被告提交的证据可认定其经常居住地为重庆市九龙坡区，因双方未约定合同履行地，接收货币一方，即本案原告的住所地在重庆市璧山区，故本案被告住所地及合同履行地均不在重庆市北碚区，重庆市北碚区人民法院对本案无管辖权。该院于2015年9月25日作出〔2015〕碚法民管异初字第00218号民事裁定：本案移送重庆市九龙坡区人民法院审理。

2016年8月8日，重庆市高级人民法院认为本案为装饰装修合同纠纷，属于建设工程施工合同纠纷专属管辖范畴，应由工程所在地的贵州省六盘水市钟山区人民法院管辖，报请本院指定管辖。

最高人民法院认为，本案中原告龙某以个人名义给装饰工程承包方提供劳务，《工程量收方统计表》《贵州省六盘水乐美时尚购物中心装饰工程木工人工费单价》等证据中注明了各项劳务的费用，以及按照龙某完成的工作量应向其支付的劳务费数额。龙某起诉请求支付该笔劳务费，属于在履行劳务合同过程中产生的纠纷。双方争议不符合装饰装修合同纠纷特点，不适用《最高人民法院关于适用〈中华人民共和国民事诉讼法〉的解释》第二十八条第二款关于建设工程施工合同纠纷按照不动产纠纷专属管辖的规定。作为劳务合同纠纷，应按照《中华人民共和国民事诉讼法》第二十三条的规定，由被告住所地或者合同履行地人民法院管辖。重庆市九龙坡区人民法院作为被告经常居住地人民法院，对本案有管辖权。

依照《中华人民共和国民事诉讼法》第三十六条规定，裁定如下：本案由重庆市九龙坡区人民法院审理。

本裁定一经作出即生效。

【逆向思考：从反向思考，找出一个相反的结论】三级法院裁定是否存在问题？（说明：笔者是借此案例探讨建设工程的复杂性，并不是评判该裁判结论正确与否。在不了解案件证据的情况下评判裁判对错，也是没有任何依据的。）

1. 原告的身份：是提供劳务者个人？还是实际施工人？“以个人名义提供劳务就是个人劳务”吗？个人劳务与实际施工人工程款根本的区别是：个人的劳务叫劳务，班组的劳务叫工程款，到法院来帮别人要劳务是不太合适的。

2. 案由：本案是劳务纠纷、装饰装修合同纠纷、建设工程分包合同纠纷，还是建设工程施工合同纠纷？

3. 本案可能存在的……法律关系：发包方——（装饰装修合同关系）——某公司——（挂靠、转包、违法分包）——承包方即被告——（违法分包或转包关系）——实际施工人即原告——（劳务关系）——劳动者个人。

【侧方位思考：换个角度再思考问题中的问题】装饰装修合同纠纷由不动产所在地人民法院管辖还是被告所在地管辖？

【案例索引】《张庭瑜诉曾华强装饰装修合同纠纷案》（〔2017〕最高法民再13号）

装饰装修合同纠纷由不动产所在地人民法院管辖还是被告所在地管辖，江西省高级人民法院和中华人民共和国最高人民法院也持不同意见。

江西省高级人民法院审查认为，本案属于装饰装修合同纠纷，不属于不动产纠纷，且合同履行地难以确定，被告住所地在福建省厦门市，故江西省南昌市中级人民法院对本案没有管辖权。故予以驳回。

中华人民共和国最高人民法院认为：本案系装饰装修合同纠纷，根据《民事案件案由规定》，属于第三级案由中建设工程合同纠纷项下的第四级案由，是与建设工程施工合同纠纷相关的案件，由不动产所在地人民法院管辖。

4. 有关工程价款的常用名词

名词1：固定总价

《建设工程价款结算暂行办法》第八条　发、承包人在签订合同时对于工程价款的约定，可选用下列一种约定方式：（一）固定总价。合同工期较短且工程合同总价较低的工程，可以采用固定总价合同方式。

名词 2：总价合同

一、《建设工程工程量清单计价规范》（GB 50500—2013）

2. 0. 12　总价合同

发、承包双方约定以施工图及其预算和有关条件进行合同价款计算、调整和确认的建设工程施工合同。

二、《建设工程施工合同（示范文本）》（GF—2017—0201）

12. 1. 2　总价合同

总价合同是指合同当事人约定以施工图、已标价工程量清单或预算书及有关条件进行合同价格计算、调整和确认的建设工程施工合同，在约定的范围内合同总价不作调整。合同当事人应在专用合同条款中约定总价包含的风险范围和风险费用的计算方法，并约定风险范围以外的合同价格的调整方法，其中因市场价格波动引起的调整按第 11. 1 款〔市场价格波动引起的调整〕、因法律变化引起的调整按第 11. 2 款〔法律变化引起的调整〕约定执行。

名词 3：固定单价

《建设工程价款结算暂行办法》第八条　发、承包人在签订合同时对于工程价款的约定，可选用下列一种约定方式：（二）固定单价。双方在合同中约定综合单价包含的风险范围和风险费用的计算方法，在约定的风险范围内综合单价不再调整。风险范围以外的综合单价调整方法，应当在合同中约定。

名词 4：单价合同

一、《建设工程工程量清单计价规范》（GB 50500—2013）

2. 0. 11　单价合同

发、承包双方约定以工程量清单及其综合单价进行合同价款计算、调整和确认的建设工程施工合同。

二、《建设工程施工合同（示范文本）》（GF—2017—0201）

12. 1. 1　单价合同

单价合同是指合同当事人约定以工程量清单及其综合单价进行合同价格计算、调整和确认的建设工程施工合同，在约定的范围内合同单价不作调整。合同当事人应在专用合同条款中约定综合单价包含的风险范围和风险费用的计算方法，并约定风险范围以外的合同价格的调整方法，其中因市场价格波动引起的调整按第 11. 1 款〔市场价格波动引起的调整〕约定执行。

名词 5：可调价

一、《建设工程价款结算暂行办法》

第八条　发、承包人在签订合同时对于工程价款的约定，可选用下列一种约定方式：（三）可调价格。可调价格包括可调综合单价和措施费等，双方应在合同中约定综合单价和措施费的调整方法，调整因素包括：1. 法律、行政法规和国家有关政策变化影响合同价款；2. 工程造价管理机构的价格调整；3. 经批准的设计变更；4. 发包人更改经审定批准的施工组织设计（修正错误除外）造成费用增加；5. 双方约定的其他因素。

二、《建设工程工程量清单计价规范》（GB 50500—2013）

9.1.1　下列事项（但不限于）发生，发、承包双方应当按照合同约定调整合同价款：1. 法律法规变化；2. 工程变更；3. 项目特征不符；4. 工程量清单缺项；5. 工程量偏差；6. 计日工；7. 物价变化；8. 暂估价；9. 不可抗力；10. 提前竣工（赶工补偿）；11. 误期赔偿；12. 索赔；13. 现场签证；14. 暂列金额；15. 发、承包双方约定的其他调整事项。

9.1.2　出现合同价款调增事项（不含工程量偏差、计日工、现场签证、索赔）后的 14 天内，承包人应向发包人提交合同价款调增报告并附上相关资料；承包人在 14 天内未提交合同价款调增报告的，应视为承包人对该事项不存在调整价款请求。

9.1.3　出现合同价款调减事项（不含工程量偏差、索赔）后的 14 天内，发包人应向承包人提交合同价款调减报告并附相关资料；发包人在 14 天内未提交合同价款调减报告的，应视为发包人对该事项不存在调整价款请求。

9.1.4　发（承）包人应在收到承（发）包人合同价款调增（减）报告及相关资料之日起 14 天内对其核实，予以确认的应书面通知承（发）包人。当有疑问时，应向承（发）包人提出协商意见。发（承）包人在收到合同价款调增（减）报告之日起 14 天内既未确认也未提出协商意见的，应视为承（发）包人提交的合同价款调增（减）报告已被发（承）包人认可。发（承）包人提出协商意见的，承（发）包人应在收到协商意见后的 14 天内对其核实，予以确认的应书面通知发（承）包人。承（发）包人在收到发（承）包人的协商意见后 14 天内既不确认也未提出不同意见的，应视为发（承）包人提出的意见已被承（发）包人认可。

9.1.5　发包人与承包人对合同价款调整的不同意见不能达成一致的，只要对发、承包双方履约不产生实质影响，双方应继续履行合同义务，直到其按照合同约定的争议解决方式得到处理。

9.1.6　经发、承包双方确认调整的合同价款，作为追加（减）合同价款，应与工程进度款或结算款同期支付。

三、《建设工程施工合同（示范文本）》（GF—2017—0201）

1.13　工程量清单错误的修正

除专用合同条款另有约定外，发包人提供的工程量清单，应被认为是准确的和完整的。出现下列情形之一时，发包人应予以修正，并相应调整合同价格：

（1）工程量清单存在缺项、漏项的；

（2）工程量清单偏差超出专用合同条款约定的工程量偏差范围的；

（3）未按照国家现行计量规范强制性规定计量的。

名词 6：定额价

一、《建设工程定额管理办法》（建标〔2015〕230 号）

第三条　本办法所称定额是指在正常施工条件下完成规定计量单位的合格建筑安装工程所消耗的人工、材料、施工机具台班、工期天数及相关费率等的数量基准。

定额是国有资金投资工程编制投资估算、设计概算和最高投标限价的依据，对其他工程仅供参考。

二、《建设工程工程量清单计价规范》（GB 50500—2013）

2.0.33　企业定额

施工企业根据本企业的施工技术、机械装备和管理水平而编制的人工、材料和施工机械台班等的消耗标准。

名词 7：指导价

一、《中华人民共和国民法典》

第五百一十一条　当事人就有关合同内容约定不明确，依据前条规定仍不能确定的，适用下列规定：

（二）价款或者报酬不明确的，按照订立合同时履行地的市场价格履行；依法应当执行政府定价或者政府指导价的，依照规定履行。

第五百一十三条　执行政府定价或者政府指导价的，在合同约定的交付期限内政府价格调整时，按照交付时的价格计价。逾期交付标的物的，遇价格上涨时，按照原价格执行；价格下降时，按照新价格执行。逾期提取标的物或者逾期付款的，遇价格上涨时，按照新价格执行；价格下降时，按照原价格执行。

二、《中华人民共和国价格法》

第六条　商品价格和服务价格，除依照本法第十八条规定适用政府指导价或者政府定价外，实行市场调节价，由经营者依照本法自主制定。

名词 8：市场价

一、《建设工程施工合同（示范文本）》（GF—2017—0201）

11.1　市场价格波动引起的调整

除专用合同条款另有约定外，市场价格波动超过合同当事人约定的范围，合同价格应当调整。合同当事人可以在专用合同条款中约定选择以下一种方式对合同价格进行调整。

二、《中华人民共和国价格法》

第六条　商品价格和服务价格，除依照本法第十八条规定适用政府指导价或者政府定价外，实行市场调节价，由经营者依照本法自主制定。

名词 9：清单计价

《建设工程工程量清单计价规范》(GB 50500—2013)

3.1.1　使用国有资金投资的建设工程发承包，必须采用工程量清单计价。

3.1.2　非国有资金投资的建设工程，宜采用工程量清单计价。

3.1.3　不采用工程量清单计价的建设工程，应执行本规范除工程量清单等专门性规定外的其他规定。

名词 10：综合单价

《建设工程工程量清单计价规范》(GB 50500—2013)

3.1.4　工程量清单应采用综合单价计价。

3.1.5　措施项目中的安全文明施工费必须按国家或省级、行业建设主管部门的规定计算，不得作为竞争性费用。

3.1.6　规费和税金必须按国家或省级、行业建设主管部门的规定计算，不得作为竞争性费用。

名词 11：概算价

《建设工程工程量清单计价规范》(GB 50500—2013)

5.1.5　当招标控制价超过批准的概算时，招标人应将其报原概算审批部门审核。

名词 12：投标价

《建设工程工程量清单计价规范》(GB 50500—2013)

2.0.46　投标价

投标人投标时响应招标文件要求所报出的对已标价工程量清单汇总后标明的总价。

名词 13：招标控制价

《建设工程工程量清单计价规范》(GB 50500—2013)

2.0.45　招标控制价

招标人根据国家或省级、行业建设主管部门颁发的有关计价依据和办法，以及拟定的招标文件和招标工程量清单，结合工程具体情况编制的招标工程的最高投标限价。

名词 14：标底价

《中华人民共和国招标投标法》

第二十二条　招标人不得向他人透露已获取招标文件的潜在投标人的名称、数量以及可能影响公平竞争的有关招标投标的其他情况。

招标人设有标底的，标底必须保密。

名词 15：合同价

一、《建设工程工程量清单计价规范》（GB 50500—2013）

2.0.47　签约合同价（合同价款）

发承包双方在工程合同中约定的工程造价，即包括了分部分项工程费、措施项目费、其他项目费、规费和税金的合同总金额。

二、《建设工程施工合同（示范文本）》（GF—2017—0201）

1.1.5.1　签约合同价：是指发包人和承包人在合同协议书中确定的总金额，包括安全文明施工费、暂估价及暂列金额等。

1.1.5.2　合同价格：是指发包人用于支付承包人按照合同约定完成承包范围内全部工作的金额，包括合同履行过程中按合同约定发生的价格变化。

5. 有关工程价款结算的常用名词

名词 1：工程价款结算

一、《建设工程价款结算暂行办法》（财建〔2004〕369 号）

第三条　本办法所称建设工程价款结算（以下简称“工程价款结算”），是指对建设工程的发承包合同价款进行约定和依据合同约定进行工程预付款、工程进度款、工程竣工价款结算的活动。

二、《建设工程工程量清单计价规范》（GB 50500—2013）

2.0.44　工程结算

发承包双方根据合同约定，对合同工程在实施中、终止时、已完工后进行的合同价款计算、调整和确认，包括期中结算、终止结算、竣工结算。

名词 2：预付款

一、《建设工程工程量清单计价规范》(GB 50500—2013)

2.0.48　预付款

在开工前，发包人按照合同约定，预先支付给承包人用于购买合同工程施工所需的材料、工程设备，以及组织施工机械和人员进场等的款项。

二、《建设工程施工合同（示范文本）》(GF—2017—0201)

12.2　预付款

12.2.1　预付款的支付

预付款的支付按照专用合同条款约定执行，但至迟应在开工通知载明的开工日期 7 天前支付。预付款应当用于材料、工程设备、施工设备的采购及修建临时工程、组织施工队伍进场等。

除专用合同条款另有约定外，预付款在进度付款中同比例扣回。在颁发工程接收证书前，提前解除合同的，尚未扣完的预付款应与合同价款一并结算。

发包人逾期支付预付款超过 7 天的，承包人有权向发包人发出要求预付的催告通知，发包人收到通知后 7 天内仍未支付的，承包人有权暂停施工，并按第 16.1.1 项〔发包人违约的情形〕执行。

12.2.2　预付款担保

发包人要求承包人提供预付款担保的，承包人应在发包人支付预付款 7 天前提供预付款担保，专用合同条款另有约定除外。预付款担保可采用银行保函、担保公司担保等形式，具体由合同当事人在专用合同条款中约定。在预付款完全扣回之前，承包人应保证预付款担保持续有效。

发包人在工程款中逐期扣回预付款后，预付款担保额度应相应减少，但剩余的预付款担保金额不得低于未被扣回的预付款金额。

名词 3：工程进度款

一、《建设工程价款结算暂行办法》(财建〔2004〕369 号)

第十三条　工程进度款结算与支付应当符合下列规定:

(一) 工程进度款结算方式

1. 按月结算与支付。即实行按月支付进度款，竣工后清算的办法。合同工期在两个年度以上的工程，在年终进行工程盘点，办理年度结算。

2. 分段结算与支付。即当年开工、当年不能竣工的工程按照工程形象进度，划分不同阶段支付工程进度款。具体划分在合同中明确。

(二) 工程量计算

1. 承包人应当按照合同约定的方法和时间，向发包人提交已完工程量的报告。发包人接到报告后 14 天内核实已完工程量，并在核实前 1 天通知承包人，承包人应提供条件并派人参加核实，承包人收到通知后不参加核实，以发包人核实的工程量作为工程价款支付的依据。发包人不按约定时间通知承包人，致使承包人未能参加核实，核实结果无效。

2. 发包人收到承包人报告后 14 天内未核实完工程量，从第 15 天起，承包人报告的工程量即视为被确认，作为工程价款支付的依据，双方合同另有约定的，按合同执行。

3. 对承包人超出设计图纸（含设计变更）范围和因承包人原因造成返工的工程量，发包人不予计量。

（三）工程进度款支付

1. 根据确定的工程计量结果，承包人向发包人提出支付工程进度款申请，14 天内，发包人应按不低于工程价款的 60%，不高于工程价款的 90% 向承包人支付工程进度款。按约定时间发包人应扣回的预付款，与工程进度款同期结算抵扣。

2. 发包人超过约定的支付时间不支付工程进度款，承包人应及时向发包人发出要求付款的通知，发包人收到承包人通知后仍不能按要求付款，可与承包人协商签订延期付款协议，经承包人同意后可延期支付，协议应明确延期支付的时间和从工程计量结果确认后第 15 天起计算应付款的利息（利率按同期银行贷款利率计）。

3. 发包人不按合同约定支付工程进度款，双方又未达成延期付款协议，导致施工无法进行，承包人可停止施工，由发包人承担违约责任。

二、《建设工程工程量清单计价规范》（GB 50500—2013）

2.0.49　进度款

在合同工程施工过程中，发包人按照合同约定对付款周期内承包人完成的合同价款给予支付的款项，也是合同价款期中结算支付。

三、《建设工程施工合同（示范文本）》（GF—2017—0201）

12.4　工程进度款支付

12.4.1　付款周期

除专用合同条款另有约定外，付款周期应按照第 12.3.2 项〔计量周期〕的约定与计量周期保持一致。

12.4.2　进度付款申请单的编制

除专用合同条款另有约定外，进度付款申请单应包括下列内容：

（1）截至本次付款周期已完成工作对应的金额；

（2）根据第 10 条〔变更〕应增加和扣减的变更金额；

（3）根据第 12.2 款〔预付款〕约定应支付的预付款和扣减的返还预付款；

（4）根据第 15.3 款〔质量保证金〕约定应扣减的质量保证金；

（5）根据第 19 条〔索赔〕应增加和扣减的索赔金额；

（6）对已签发的进度款支付证书中出现错误的修正，应在本次进度付款中支付或扣除的金额；

(7) 根据合同约定应增加和扣减的其他金额。

12.4.3 进度付款申请单的提交

(1) 单价合同进度付款申请单的提交

单价合同的进度付款申请单，按照第 12.3.3 项〔单价合同的计量〕约定的时间按月向监理人提交，并附上已完成工程量报表和有关资料。单价合同中的总价项目按月进行支付分解，并汇总列入当期进度付款申请单。

(2) 总价合同进度付款申请单的提交

总价合同按月计量支付的，承包人按照第 12.3.4 项〔总价合同的计量〕约定的时间按月向监理人提交进度付款申请单，并附上已完成工程量报表和有关资料。

总价合同按支付分解表支付的，承包人应按照第 12.4.6 项〔支付分解表〕及第 12.4.2 项〔进度付款申请单的编制〕的约定向监理人提交进度付款申请单。

(3) 其他价格形式合同的进度付款申请单的提交

合同当事人可在专用合同条款中约定其他价格形式合同的进度付款申请单的编制和提交程序。

12.4.4 进度款审核和支付

(1) 除专用合同条款另有约定外，监理人应在收到承包人进度付款申请单以及相关资料后 7 天内完成审查并报送发包人，发包人应在收到后 7 天内完成审批并签发进度款支付证书。发包人逾期未完成审批且未提出异议的，视为已签发进度款支付证书。

发包人和监理人对承包人的进度付款申请单有异议的，有权要求承包人修正和提供补充资料，承包人应提交修正后的进度付款申请单。监理人应在收到承包人修正后的进度付款申请单及相关资料后 7 天内完成审查并报送发包人，发包人应在收到监理人报送的进度付款申请单及相关资料后 7 天内，向承包人签发无异议部分的临时进度款支付证书。存在争议的部分，按照第 20 条〔争议解决〕的约定处理。

(2) 除专用合同条款另有约定外，发包人应在进度款支付证书或临时进度款支付证书签发后 14 天内完成支付，发包人逾期支付进度款的，应按照中国人民银行发布的同期同类贷款基准利率支付违约金。

(3) 发包人签发进度款支付证书或临时进度款支付证书，不表明发包人已同意、批准或接受了承包人完成的相应部分的工作。

12.4.5 进度付款的修正

在对已签发的进度款支付证书进行阶段汇总和复核中发现错误、遗漏或重复的，发包人和承包人均有权提出修正申请。经发包人和承包人同意的修正，应在下期进度付款中支付或扣除。

名词 4：工程竣工结算

一、《建设工程价款结算暂行办法》(财建〔2004〕369 号)

第十四条　工程完工后，双方应按照约定的合同价款及合同价款调整内容以及索赔事项，进行工程竣工结算。

二、《建设工程工程量清单计价规范》（GB 50500—2013）

2.0.51　竣工结算价

发、承包双方依据国家有关法律、法规和标准规定，按照合同约定确定的，包括在履行合同过程中按合同约定进行的合同价款调整，是承包人按合同约定完成了全部承包工作后，发包人应付给承包人的合同总金额。

三、《建设工程施工合同（示范文本）》（GF—2017—0201）

14. 竣工结算

14.1　竣工结算申请

除专用合同条款另有约定外，承包人应在工程竣工验收合格后 28 天内向发包人和监理人提交竣工结算申请单，并提交完整的结算资料，有关竣工结算申请单的资料清单和份数等要求由合同当事人在专用合同条款中约定。

除专用合同条款另有约定外，竣工结算申请单应包括以下内容：

（1）竣工结算合同价格；

（2）发包人已支付承包人的款项；

（3）应扣留的质量保证金。已缴纳履约保证金的或提供其他工程质量担保方式的除外；

（4）发包人应支付承包人的合同价款。

上篇 关于工程款结算的70个疑难问题与案例解析

问题1：一份无效合同，如何结算工程款？

◆ 有关规定 ◆

一、《中华人民共和国合同法》

第五十八条　合同无效或者被撤销后，因该合同取得的财产，应当予以返还；不能返还或者没有必要返还的，应当折价补偿。有过错的一方应当赔偿对方因此所受到的损失，双方都有过错的，应当各自承担相应的责任。

二、《最高人民法院关于审理建设工程施工合同纠纷案件适用法律问题的解释》

第一条　建设工程施工合同具有下列情形之一的，应当根据《中华人民共和国合同法》第五十二条第（五）项的规定，认定无效：

（一）承包人未取得建筑施工企业资质或者超越资质等级的；

（二）没有资质的实际施工人借用有资质的建筑施工企业名义的；

（三）建设工程必须进行招标而未招标或者中标无效的。

第二条　建设工程施工合同无效，但建设工程经竣工验收合格，承包人请求参照合同约定支付工程价款的，应予支持。

第三条　建设工程施工合同无效，且建设工程经竣工验收不合格的，按照以下情形分别处理：

（一）修复后的建设工程经竣工验收合格，发包人请求承包人承担修复费用的，应予支持；

（二）修复后的建设工程经竣工验收不合格，承包人请求支付工程价款的，不予支持。

因建设工程不合格造成的损失，发包人有过错的，也应承担相应的民事责任。

第四条　承包人非法转包、违法分包建设工程或者没有资质的实际施工人借用有资质的建筑施工企业名义与他人签订建设工程施工合同的行为无效。人民法院可以根据民法通则第一百三十四条规定，收缴当事人已经取得的非法所得。

三、《最高人民法院关于审理建设工程施工合同纠纷案件适用法律问题的解释（二）》

第十一条　当事人就同一建设工程订立的数份建设工程施工合同均无效，但建设工程质量合格，一方当事人请求参照实际履行的合同结算建设工程价款的，人民法院应予支持。

四、《中华人民共和国民法典》

第七百九十三条　建设工程施工合同无效，但是建设工程经验收合格的，可以参照合同关于工程价款的约定折价补偿承包人。

建设工程施工合同无效，且建设工程经验收不合格的，按照以下情形处理：

（一）修复后的建设工程经验收合格的，发包人可以请求承包人承担修复费用；

（二）修复后的建设工程经验收不合格的，承包人无权请求参照合同关于工程价款的约定折价补偿。

发包人对因建设工程不合格造成的损失有过错的，应当承担相应的责任。

第一百五十三条　违反法律、行政法规的强制性规定的民事法律行为无效。但是，该强制性规定不导致该民事法律行为无效的除外。

违背公序良俗的民事法律行为无效。

第七百九十一条　发包人可以与总承包人订立建设工程合同，也可以分别与勘察人、设计人、施工人订立勘察、设计、施工承包合同。发包人不得将应当由一个承包人完成的建设工程支解成若干部分发包给数个承包人。

总承包人或者勘察、设计、施工承包人经发包人同意，可以将自己承包的部分工作交由第三人完成。第三人就其完成的工作成果与总承包人或者勘察、设计、施工承包人向发包人承担连带责任。承包人不得将其承包的全部建设工程转包给第三人或者将其承包的全部建设工程支解以后以分包的名义分别转包给第三人。

禁止承包人将工程分包给不具备相应资质条件的单位。禁止分包单位将其承包的工程再分包。建设工程主体结构的施工必须由承包人自行完成。

五、《最高人民法院关于审理建设工程施工合同纠纷案件适用法律问题的解释（一）》

第一条　建设工程施工合同具有下列情形之一的，应当依据民法典第一百五十三条第一款的规定，认定无效：

（一）承包人未取得建筑业企业资质或者超越资质等级的；

（二）没有资质的实际施工人借用有资质的建筑施工企业名义的；

（三）建设工程必须进行招标而未招标或者中标无效的。

承包人因转包、违法分包建设工程与他人签订的建设工程施工合同，应当依据民法典

第一百五十三条第一款及第七百九十一条第二款、第三款的规定，认定无效。

实务提醒

一、“参照”而不是“按照”。

参照是无效合同的折价补偿原则的体现，而不是无效合同按照有效处理。《中华人民共和国民法典》将最高人民法院司法解释中的“应予支持”修改为“可以”，对承包人请求支付工程价款（折价补偿）的主张，给予法官更大的自由裁量权，合同的约定仅仅起到参考作用。

二、“折价补偿”而不是“支付工程价款”。

《中华人民共和国民法典》将最高人民法院司法解释中的“支付工程价款”“结算建设工程价款”修改为“折价补偿”，将建设工程价款支付的性质明确为补偿性，表述上更加合理，性质上更加准确。

常见的合同无效包括应该招标未招标的、中标无效的、承包人不具备资质的、转包挂靠违法分包的、未取得规划许可的等。

三、“合同价”而不是“定额价”“市场价”等其他价格。

承包人一般只能参照合同价，没有选择参照“定额价”“市场价”等进行结算的权利。《中华人民共和国民法典》将最高人民法院司法解释中的“应予支持”修改为“可以”，对承包人请求支付工程价款（折价补偿）的主张，给予法官更大的自由裁量权，合同的约定仅仅起到参考作用。

四、“验收合格”而非“竣工验收合格”。

《中华人民共和国民法典》删除了最高人民法院司法解释中“经竣工验收合格”中的“竣工”二字，即只要经验收合格，承包人都可以请求发包人支付工程价款。这样规定是考虑到实践中复杂多样，单项工程、阶段性工程不能一概以竣工验收合格为前提条件，目的也是防止发包人不当得利，彰显了《中华人民共和国民法典》第六条的“公平原则”。

五、参照不仅参照约定的合同价，合同约定的结算办法也是参照的依据。

六、合同虽有约定，但是根据约定无法确定工程价款的，应当进行鉴定。

如果合同虽然有约定，但是约定不明或根据约定无法得出合同价的，也就无法参照合同价。在这种情况下，应该进行鉴定，可以采用定额价或其他合理的价格。具体案例参见问题 3 中的《山东某置业有限责任公司建设工程施工合同纠纷二审民事判决书》（山东省高级人民法院〔2016〕鲁民终 586 号）。

七、工程款是否包括直接费、间接费、利润、规费和税金在内？

关于这个问题，一共有三种意见：第一种意见认为，只要工程质量合格，承包人也应获得相应的工程款；第二种意见认为，承包人可主张参照合同约定结算工程款，但其非法所得要被依法收缴；第三种意见认为，利润、规费等可将其视为合同无效导致的损失，按照《中华人民共和国民法典》第一千一百六十五条的原则，根据当事人过错大小，各自承担相应的责任。

八、参照合同价结算不是“承包人”的单方权利，“发包人”也有参照权。

《最高人民法院关于审理建设工程施工合同纠纷案件适用法律问题的解释（二）》出台前对此曾经有过争议，出台后，就没有争议了。《最高人民法院关于审理建设工程施工合同纠纷案件适用法律问题的解释（二）》第十一条规定，当事人就同一建设工程订立的数份建设工程施工合同均无效，但建设工程质量合格，一方当事人请求参照实际履行的合同结算建设工程价款的，人民法院应予支持。该条把《最高人民法院关于审理建设工程施工合同纠纷案件适用法律问题的解释》中的“承包人”修改为“一方当事人”。《最高人民法院关于审理建设工程施工合同纠纷案件适用法律问题的解释（一）》第二十四条规定，当事人就同一建设工程订立的数份建设工程施工合同均无效，但建设工程质量合格，一方当事人请求参照实际履行的合同关于工程价款的约定折价补偿承包人的，人民法院应予支持。该条将“参照实际履行的合同结算”修改为“折价补偿”，但是关于“一方当事人”的规定没有变化。

九、参照“合同价”的例外情形。

（1）符合《最高人民法院关于审理建设工程施工合同纠纷案件适用法律问题的解释》第十六条规定的情形，即因设计变更导致工程量或者质量标准发生变化，通过评估鉴定据实结算工程款。

（2）合同双方另行协商同意按照定额价或市场价据实结算的，可以不参照合同约定支付工程价款。

（3）重新达成结算协议的情形。

十、注意《最高人民法院关于审理建设工程施工合同纠纷案件适用法律问题的解释（一）》的新变化。

2021 年 1 月 1 日起施行的《最高人民法院关于审理建设工程施工合同纠纷案件适用法律问题的解释（一）》的第一条，吸收合并修改了《最高人民法院关于审理建设工程施工合同纠纷案件适用法律问题的解释》第一条和第四条。其中第四条修改三处：

（1）删除转包前面的“非法”两字。因为转包都是非法的，不存在合法转包，转包前面加上“非法”属于多余，也容易给人误解为转包还有“合法”与“非法”之分。

（2）删除借用资质的情形。因为借用资质合同无效在前面第（一）种情况就已经列明。

（3）删除收缴当事人非法所得的规定。因为人民法院收缴当事人非法所得的规定已经失去了法律基础，2017 年 10 月 1 日施行的《中华人民共和国民法总则》第 179 条对《中华人民共和国民法通则》第 134 条进行了修改，并删除了民事责任条款中有关收缴非法所得的规定。民法典中也没有人民法院收缴当事人非法所得的规定。

相关案例

《莫某、深圳市某工程有限公司与东莞市某房地产开发有限公司建设工程合同纠纷案》

（最高人民法院〔2011〕民提字第235号）

判决书摘录[1]：

1. 应当依据合同约定结算

关于涉案工程款的计算依据。关于涉案工程款是应按照合同约定结算还是据实结算。鉴于建筑工程的特殊性，虽然合同无效，但莫某与某工程公司的劳动和建筑材料已经物化在涉案工程中，依据《最高人民法院关于审理建设工程施工合同纠纷案件适用法律的解释》第二条的规定，建设工程无效合同参照有效合同处理，应当参照合同约定来计算涉案工程款。莫某与某工程公司主张应据实结算工程款，其主张缺乏依据。莫某与某工程公司不应获得比合同有效时更多的利益。涉案工程款应当依据合同约定结算。

2. 只能参照合同约定

关于本案工程款如何确定问题，《中华人民共和国合同法》第五十八条规定："合同无效或者被撤销后，因该合同取得的财产，应当予以返还；不能返还或者没有必要返还的，应当折价补偿。有过错的一方应当赔偿对方因此所受到的损失，双方都有过错的，应当各自承担相应的责任。"本案莫某与某工程公司要求是请求某房产开发公司支付工程款，而某房产开发公司取得的是莫某与某工程公司将劳动和建筑材料物化的建筑物。鉴于建设工程合同的特殊性，尽管合同被确认无效，但已经履行的内容不能适用返还的方式使合同恢复到签约前的状态，故只能按折价补偿的方式处理。但如何执行，各方当事人未能达成一致意见。如前所述，导致本案合同无效的原因在于莫某与某工程公司，莫某与某工程公司不应因由其过错而导致合同无效反而获得比如期履行有效合同还要多的利益。同时，鉴于某房产开发公司对于已完成工程的质量未提出异议，因此，本案虽然合同无效，但仍应按照实际完成的工程量以合同约定的结算办法来计算工程造价，增加、减少或变更的工程造价应参考合同约定及鉴定单位通常做法来计算，一审法院只能参照合同约定和参考专业机构鉴定结论来确定。

问题2：多份合同均有效，如何结算工程款？

有关规定

一、《中华人民共和国合同法》

第六十条　当事人应当按照约定全面履行自己的义务。

当事人应当遵循诚实信用原则，根据合同的性质、目的和交易习惯履行通知、协助、

[1] 判决书摘录按照判决原文摘录，未做修饰，下同。

保密等义务。

第六十一条　合同生效后，当事人就质量、价款或者报酬、履行地点等内容没有约定或者约定不明确的，可以协议补充；不能达成补充协议的，按照合同有关条款或者交易习惯确定。

二、《最高人民法院关于审理建设工程施工合同纠纷案件适用法律问题的解释》

第十六条　当事人对建设工程的计价标准或者计价方法有约定的，按照约定结算工程价款。

因设计变更导致建设工程的工程量或者质量标准发生变化，当事人对该部分工程价款不能协商一致的，可以参照签订建设工程施工合同时当地建设行政主管部门发布的计价方法或者计价标准结算工程价款。

三、《中华人民共和国民法典》

第五百零九条　当事人应当按照约定全面履行自己的义务。

当事人应当遵循诚信原则，根据合同的性质、目的和交易习惯履行通知、协助、保密等义务。

当事人在履行合同过程中，应当避免浪费资源、污染环境和破坏生态。

◆ 实务提醒 ◆

一、存在多份合同均有效，且这些合同不相互矛盾的情形。

当存在多份有效合同，而且这多份合同不相互矛盾时，这些合同是互为补充的关系，共同成为合同的组成部分，都应当作为结算的依据。

二、存在多份合同均有效，但这些合同有的地方存在相互矛盾的情形。

当存在多份有效合同，但是这多份合同的内容并不完全一致，而且有些内容存在相互矛盾时，则要看哪一份合同能够体现当事人真实的意思表示，哪一份合同是实际履行的合同，哪一份合同是最后签订的合同。

三、存在多份合同，其中有几份是有效的，其他合同是无效的情形。

建设工程案件是复杂的，存在多份合同是普遍现象。而有的时候，这些合同中，有几份是有效的，有几份又是无效的。在这种有效合同与无效合同并存的情况下，只考虑有效的合同，无效的合同一般不能作为工程款结算的依据。

◆ 相关案例 ◆

《申诉人禄某因与被申诉人李某土地租赁合同、建设工程施工合同纠纷一案》（甘肃省庆阳市中级人民法院〔2013〕庆中民再字第15号）

判决书摘录：禄某与李某先后签订了《原永和烟站土地租赁协议》《关于租赁原永和镇烟站的补充协议》和《永和镇超市土建及基础工程承包协议》，表明李某先向禄某出租

1600平方米土地。被拆除地上建筑物的国有土地使用权用于建设超市，后又承揽超市土建基础部分施工建设，禄某向李某支付租赁费、施工费的对价，双方当事人之间形成土地租赁合同关系和建设工程施工合同关系，意思表示真实，不违反法律、行政法规的强制性规定且不损害国家、集体和社会公共利益，是合法、有效的合同，当事人应当按照合同约定全面实际地履行各自的义务。

问题3：多份合同均无效，如何确定并参照实际履行的合同结算工程款？

相关规定

一、《最高人民法院关于审理建设工程施工合同纠纷案件适用法律问题的解释（二）》

第十一条　当事人就同一建设工程订立的数份建设工程施工合同均无效，但建设工程质量合格，一方当事人请求参照实际履行的合同结算建设工程价款的，人民法院应予支持。

实际履行的合同难以确定，当事人请求参照最后签订的合同结算建设工程价款的，人民法院应予支持。

二、《中华人民共和国合同法》

第五十八条　合同无效或者被撤销后，因该合同取得的财产，应当予以返还；不能返还或者没有必要返还的，应当折价补偿。有过错的一方应当赔偿对方因此所受到的损失，双方都有过错的，应当各自承担相应的责任。

第六十二条　当事人就合同价款或者报酬约定不明确，依照《中华人民共和国合同法》第六十一条的规定仍不能确定的，按照订立合同时履行地的市场价格履行；依法应当执行政府定价或者政府指导价的，按照规定履行。

三、《中华人民共和国民法典》

第一百五十七条　民事法律行为无效、被撤销或者确定不发生效力后，行为人因该行为取得的财产，应当予以返还；不能返还或者没有必要返还的，应当折价补偿。有过错的一方应当赔偿对方由此所受到的损失；各方都有过错的，应当各自承担相应的责任。法律另有规定的，依照其规定。

第五百一十条　合同生效后，当事人就质量、价款或者报酬、履行地点等内容没有约定或者约定不明确的，可以协议补充；不能达成补充协议的，按照合同相关条款或者交易习惯确定。

第五百一十一条　当事人就有关合同内容约定不明确，依据前条规定仍不能确定的，适用下列规定：

（一）质量要求不明确的，按照强制性国家标准履行；没有强制性国家标准的，按照推荐性国家标准履行；没有推荐性国家标准的，按照行业标准履行；没有国家标准、行业标准的，按照通常标准或者符合合同目的的特定标准履行。

（二）价款或者报酬不明确的，按照订立合同时履行地的市场价格履行；依法应当执行政府定价或者政府指导价的，依照规定履行。

四、《最高人民法院关于审理建设工程施工合同纠纷案件适用法律问题的解释（一）》

第二十四条　当事人就同一建设工程订立的数份建设工程施工合同均无效，但建设工程质量合格，一方当事人请求参照实际履行的合同关于工程价款的约定折价补偿承包人的，人民法院应予支持。

实际履行的合同难以确定，当事人请求参照最后签订的合同关于工程价款的约定折价补偿承包人的，人民法院应予支持。

实务提醒

一、价款有约定的，可以参照合同约定价。

当事人有约定的，可以参照《最高人民法院关于审理建设工程施工合同纠纷案件适用法律问题的解释》第二条，即合同约定的价格。

二、没有约定或无法参照合同约定的部分，应该按照市场价格或政府指导价来确定。

《中华人民共和国民法典》第五百一十条：（二）价款或者报酬不明确的，按照订立合同时履行地的市场价格履行；依法应当执行政府定价或者政府指导价的，按照规定履行。

三、实际履行的合同不一定就只有一份，实践中可能存在数份合同都是实际履行的合同。

相关案例

《山东某置业有限责任公司建设工程施工合同纠纷二审民事判决书》（山东省高级人民法院〔2016〕鲁民终 586 号）

判决书摘录：一审法院认为，综合本案，因承包人在本案建设施工中投入的人力、物力已物化到建筑物上，不能返还，发包人应进行折价补偿，应依据《中华人民共和国合同法》有关无效合同的规定处理本案。对折价补偿的标准，考虑定额计价标准是一些地方建设工程市场价格的重要参照标准，一审法院确定以双方签订施工合同时的山东省定额计价标准为涉案施工合同计价标准，承包人放弃以山东省定额计价标准确定的工程造价中利润，是其对自身权利的处分，一审予以准许。一审法院基于上述情况，为平衡双方当事人利益的角度处理本案，本院予以支持。

问题 4：多份合同均无效，实际履行的合同也无法查清，如何结算工程款？

有关规定

一、《最高人民法院关于审理建设工程施工合同纠纷案件适用法律问题的解释（二）》

第十一条　当事人就同一建设工程订立的数份建设工程施工合同均无效，但建设工程质量合格，一方当事人请求参照实际履行的合同结算建设工程价款的，人民法院应予支持。

实际履行的合同难以确定，当事人请求参照最后签订的合同结算建设工程价款的，人民法院应予支持。

二、《最高人民法院关于审理建设工程施工合同纠纷案件适用法律问题的解释（一）》

第二十四条　当事人就同一建设工程订立的数份建设工程施工合同均无效，但建设工程质量合格，一方当事人请求参照实际履行的合同关于工程价款的约定折价补偿承包人的，人民法院应予支持。

实际履行的合同难以确定，当事人请求参照最后签订的合同关于工程价款的约定折价补偿承包人的，人民法院应予支持。

实务提醒

一、多份合同均无效，实际履行的合同也无法查清的情况下，如何结算工程款，这存在很大争议。但是，随着《最高人民法院关于审理建设工程施工合同纠纷案件适用法律问题的解释（二）》的出台，这一争议有了定论。《最高人民法院关于审理建设工程施工合同纠纷案件适用法律问题的解释（一）》也做了相同的规定。

二、“实际履行”的合同能够确定的，参照“实际履行”的合同。只有在实际履行的合同“无法确定”的情况下，才参照“最后签订的合同”。

三、最后签订的合同推定为当事人的真实意思表示。

四、本规定的适用条件是“建设工程质量合格”，包括：未完工程质量合格、竣工验收合格、擅自使用视为合格、经质量鉴定合格等情形。

◆ 相关案例 ◆

《成都某投资有限公司、四川某建设有限公司建设工程施工合同纠纷二审民事判决书》（四川省成都市中级人民法院〔2018〕川01民终364号）

判决书摘录：根据现有证据，本院无法判断双方实际履行的是哪一份合同。《最高人民法院关于审理建设工程施工合同纠纷案件适用法律问题的解释（一）》第十一条规定："当事人就同一建设工程订立的数份建设工程施工合同均无效，但建设工程质量合格，一方当事人请求参照实际履行的合同结算建设工程价款的，人民法院应予支持。实际履行的合同难以确定，当事人请求参照最后签订的合同结算建设工程价款的，人民法院应予支持。"如上所述，因双方先后签订的两份合同均无效，在四川某建设有限公司主张按签订在后的合同结算工程价款的情况下，本案应以2011年6月8日签订的合同认定工程价款。

问题5：多份合同均无效，实际履行和最后签订的合同均无法查清，如何结算工程款？

◆ 有关规定 ◆

一、《最高人民法院关于审理建设工程施工合同纠纷案件适用法律问题的解释（二）》

第十一条　当事人就同一建设工程订立的数份建设工程施工合同均无效，但建设工程质量合格，一方当事人请求参照实际履行的合同结算建设工程价款的，人民法院应予支持。

实际履行的合同难以确定，当事人请求参照最后签订的合同结算建设工程价款的，人民法院应予支持。

二、《中华人民共和国合同法》

第五十八条　合同无效或者被撤销后，因该合同取得的财产，应当予以返还；不能返还或者没有必要返还的，应当折价补偿。有过错的一方应当赔偿对方因此所受到的损失，双方都有过错的，应当各自承担相应的责任。

第六十二条　当事人就合同价款或者报酬约定不明确，依照《中华人民共和国合同法》第六十一条的规定仍不能确定的，按照订立合同时履行地的市场价格履行；依法应当执行政府定价或者政府指导价的，按照规定履行。

三、《中华人民共和国民法典》

第五百一十条　合同生效后，当事人就质量、价款或者报酬、履行地点等内容没有约定或者约定不明确的，可以协议补充；不能达成补充协议的，按照合同相关条款或者交易习惯确定。

第五百一十一条　当事人就有关合同内容约定不明确，依据前条规定仍不能确定的，适用下列规定：

（一）质量要求不明确的，按照强制性国家标准履行；没有强制性国家标准的，按照推荐性国家标准履行；没有推荐性国家标准的，按照行业标准履行；没有国家标准、行业标准的，按照通常标准或者符合合同目的的特定标准履行。

（二）价款或者报酬不明确的，按照订立合同时履行地的市场价格履行；依法应当执行政府定价或者政府指导价的，依照规定履行。

实务提醒

一、建设工程案件是复杂的，实践中有的合同根本就没有签订合同的日期，有的甚至为了规避某种问题，倒签合同的现象也有。这就给如何认定最后签订的合同带来很大麻烦。

二、在最后一次签订的合同无法确定的情况下，如何结算工程款呢？《最高人民法院关于审理建设工程施工合同纠纷案件适用法律问题的解释（二）》没有作出规定。

有的观点认为，应当通过鉴定，参照政府指导价或市场价。比如下面介绍的相关案例一，三份合同均无效，价格各不相同，签订合同时间均为同一天，无法辨别真伪。法院认为应当通过鉴定，参照政府指导价或市场价来确定工程价款。如果所涉工程属于政府定价工程，则可采用政府定价或政府指导价。如果不属于政府定价工程，可以市场价作为合同履行的依据，这样对双方当事人更公平，应当适用市场价。

有的观点认为，应当结合工程质量、过错程度及诚信原则综合考虑。比如下面介绍的相关案例二。

相关案例

相关案例一：《齐河某钢结构有限公司与济南某物资有限责任公司建设工程施工合同纠纷案》（最高人民法院〔2011〕民提字第104号民事判决书）

判决书摘录：

1. 通过鉴定确定工程款

尽管当事人签订的三份建设工程施工合同无效，但在工程已竣工并交付使用的情况下，根据无效合同的处理原则和建筑施工行为的特殊性，对于齐河某钢结构公司实际支出的施工费用应当采取折价补偿的方式予以处理。本案所涉建设工程已经竣工验收且质量合格，在工程款的确定问题上，按照《最高人民法院关于审理建设工程施工合同纠纷案件适用法律问题的解释（二）》的规定，可以参照合同约定支付工程款。但是，由于本案双方当事人提供了由相同的委托代理人签订的、签署时间均为同一天、工程价款各不相同的三份合同，在三份合同价款分配没有规律且无法辨别真伪的情况下，不能确认当事人对合同价款约定的真实意思表示。因此，该三份合同均不能作为工程价款结算的依据。一审法院为解决双方当事人的讼争，通过委托鉴定的方式，依据鉴定机构出具的鉴定结论对双方当事人争议的工程价款作出司法认定，并无不当。

2. 不应参照定额价

第二，本案不应以定额价作为工程价款结算依据。一审法院委托实信造价公司进行鉴定时，先后要求实信造价公司通过定额价和市场价两种方式鉴定。2007 年 1 月 19 日，实信造价公司出具的《鲁实信基鉴字〔2006〕第 006 号鉴定报告》载明，采用定额价结算方式认定无异议部分工程造价为 15772204.01 元，其中直接工程费和措施费合计 12097423.01 元，有异议部分工程造价为 39922.82 元。一、二审判决以直接工程费和措施费合计 12097423.01 元作为确定工程造价的依据；山东省高级法院再审判决则以无异议部分 15772204.01 元作为工程造价。首先，建设工程定额标准是各地建设主管部门根据本地建筑市场建筑成本的平均值确定的，是完成一定计量单位产品的人工、材料、机械和资金消费的规定额度，是政府指导价范畴，属于任意性规范而非强制性规范。在当事人之间没有作出以定额价作为工程价款的约定时，一般不宜以定额价确定工程价款。其次，以定额为基础确定工程造价没有考虑企业的技术专长、劳动生产力水平、材料采购渠道和管理能力，这种计价模式不能反映企业的施工、技术和管理水平。本案中，齐河某钢结构公司假冒中国某冶金建设公司第五工程公司的企业名称和施工资质承包涉案工程，如果采用定额取价，也不符合公平原则。再次，定额标准往往跟不上市场价格的变化，而建设行政主管部门发布的市场价格信息更贴近市场价格，更接近建筑工程的实际造价成本。此外，本案所涉钢结构工程与传统建筑工程相比属于较新型建设工程，工程定额与传统建筑工程定额相比还不够完备，按照钢结构工程造价鉴定的惯例，以市场价鉴定的结论更接近造价成本，更有利于保护当事人的利益。最后，根据《中华人民共和国合同法》第六十二条第（二）项规定，当事人就合同价款或者报酬约定不明确，依照《中华人民共和国合同法》第六十一条的规定仍不能确定的，按照订立合同时履行地的市场价格履行；依法应当执行政府定价或者政府指导价的，按照规定履行。本案所涉工程不属于政府定价，因此，以市场价作为合同履行的依据不仅更符合法律规定，而且对双方当事人更公平。

3. 参照市场价更合理。

第三，以市场价进行鉴定的结论应当作为定案依据。实信造价公司于 2007 年 8 月 10 日出具的《补充说明（一）》已经明确载明，《鲁正基审字〔2004〕第 0180 号造价咨询报告》中的综合单价 388.35 元，比较符合当时的市场情况。对于这一鉴定结论，双方当事人均未提供充分证据予以反驳。《关于山东某有限公司钢结构厂房工程结算的审核报告》委托主体是否为本案合同双方当事人，以及该报告所涉 452 万元施工合同是否有效，均不影响对综合单价每平方米 388.35 元的认定。一、二审和原再审判决对以市场价出具的鉴定结论不予采信的做法不当，应予纠正。本案所涉工程总面积为 29240m^2，故工程总造价按市场价应为 11355354 元。

编者注：鉴定机构分别按照定额价和市场价作出鉴定结论的，在确定工程价款时，一般应以市场价确定工程价款。这是因为，以定额为基础确定的工程造价，大多未能反映企业的施工、技术和管理水平，定额标准往往跟不上市场价格的变化，而建设行政主管部门发布的市场价格信息，更贴近市场价格，更接近建筑工程的实际造价成本，并且符合《中华人民共和国合同法》的有关规定，对双方当事人更公平。

相关案例二：《江苏省某建筑安装集团股份有限公司、唐山市某房地产开发有限公司建设工程施工合同纠纷二审民事判决书》（〔2017〕最高法民终 175 号）

判决书摘录：在合同被确认无效后，只能按照折价补偿的方式予以返还。本案当事人主张根据《最高人民法院关于审理建设工程施工合同纠纷案件适用法律问题的解释》第二条规定参照合同约定支付工程价款，案涉《备案合同》与《补充协议》分别约定不同结算方式，应首先确定当事人真实合意并实际履行的合同。

结合本案《备案合同》与《补充协议》，从签订时间而言，《备案合同》落款时间为 2009 年 12 月 1 日，2009 年 12 月 30 日在唐山市建设局进行备案；《补充协议》落款时间为 2009 年 12 月 28 日，签署时间仅仅相隔 20 天。从约定施工范围而言，《备案合同》约定的施工范围包括施工图纸标识的全部土建、水暖、电气、电梯、消防、通风等工程的施工安装；《补充协议》约定的施工范围包括金色和园项目除土方开挖、通风消防、塑钢窗、景观、绿化、车库管理系统、安防、电梯、换热站设备、配电室设备、煤气设施以外的所有建筑安装工程，以及雨污水、小区主环路等市政工程。实际施工范围与两份合同约定并非完全一致。从约定结算价款而言，《备案合同》约定的固定价，《补充协议》约定执行河北省 2008 年定额及相关文件，建筑安装工程费结算总造价降 3%，《补充协议》还约定价格调整、工程材料由甲方认质认价。综上分析，当事人提交的证据难以证明其主张所依据的事实，一审判决认为当事人对于实际履行合同并无明确约定，两份合同内容比如甲方分包、材料认质认价，在合同履行过程中均有所体现，无法判断实际履行合同并无不当。

在无法确定双方当事人真实合意并实际履行的合同时，应当结合缔约过错、已完工程质量、利益平衡等因素，根据《中华人民共和国合同法》第五十八条规定，由各方当事人按过错程度分担因合同无效造成的损失。一审法院认定，本案中无法确定真实合意履行的两份合同之间的差价作为损失，基于唐山市某房地产开发公司作为依法组织进行招投标的发包方，江苏省某建筑安装公司作为对于招投标法等法律相关规定也应熟知的具有特级资质的专业施工单位的过错，结合本案工程竣工验收合格的事实，由唐山市某房地产开发公司与江苏省某建筑安装公司按 6∶4 比例分担损失并无不当。

编者注：本案判决后江苏省某建筑安装公司不服判决，申请再审。再审认为：“本案中，因双方当事人对于实际履行哪份合同并无明确约定，两份合同内容比如甲方分包、材料认质认价在合同履行中均亦有所体现，故原审法院在认定无法判断实际履行哪份合同且两份合同均为无效的前提下，依据一审法院委托的鉴定机构关于按照备案合同即固定价合同，鉴定工程总造价为 117323856.47 元；按照补充协议即可调价合同，鉴定工程总造价为 150465810.58 元的审计结果，根据双方的过错程度以两份合同造价差价的 6∶4 的中间

点认定总工程款数额，不缺乏事实依据，亦无不当。”（最高人民法院〔2018〕最高法民申2819号）

问题6：多份合同，有的有效、有的无效，如何结算工程款？

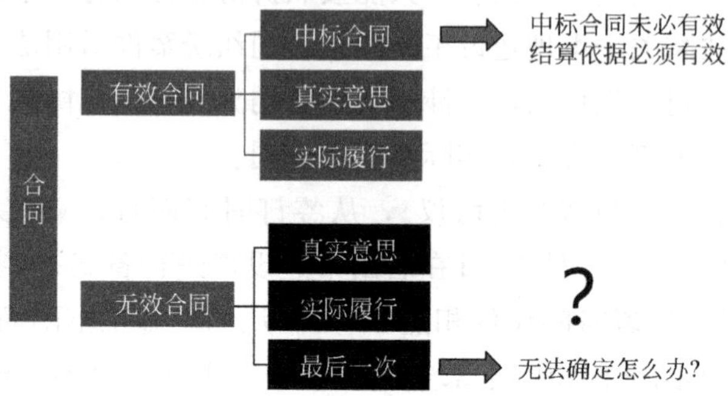

第一步，找出哪些合同是有效合同，哪些是无效合同。

第二步，如果存在多份有效合同的情况，在多份有效的合同中找出：

1. 哪一份是备案的中标合同？考虑中标通知书，按照招标文件签订并备案。

2. 哪一份合同是当事人的真实意思表示？考虑的因素和证据有合同签订的先后顺序，比如，签订的时间、背景、内容衔接。

3. 哪一份合同是实际履行的合同？考虑的因素和证据有实际施工的内容、工程签证、工程量确认、结算单。

第三步，如果存在全部是无效合同的情况下：

4. 哪一份合同是实际履行的合同？

5. 哪一份合同是最后签订的合同？

第四步，如果无法查清合同是否有效、哪一份合同是当事人的真实意思表示、哪一份合同是否实际履行的合同、哪一份合同是最后签订的合同，如果以上情况均无法确定，则结合法律，公平、合理地综合考虑。

问题7：黑白合同下，如何结算工程款？

有关规定

一、《最高人民法院关于审理建设工程施工合同纠纷案件适用法律问题的解释》

第二十一条　当事人就同一建设工程另行订立的建设工程施工合同与经过备案的中标合同实质性内容不一致的，应当以备案的中标合同作为结算工程价款的根据。

二、《最高人民法院关于审理建设工程施工合同纠纷案件适用法律问题的解释（二）》

第一条　招标人和中标人另行签订的建设工程施工合同约定的工程范围、建设工期、工程质量、工程价款等实质性内容，与中标合同不一致，一方当事人请求按照中标合同确定权利义务的，人民法院应予支持。

招标人和中标人在中标合同之外就明显高于市场价格购买承建房产、无偿建设住房配套设施、让利、向建设单位捐赠财物等另行签订合同，变相降低工程价款，一方当事人以该合同背离中标合同实质性内容为由请求确认无效的，人民法院应予支持。

三、《第八次全国法院民事商事审判工作会议（民事部分）纪要（二）》

关于工程价款问题31　招标人和中标人另行签订改变工期、工程价款、工程项目性质等影响中标结果实质性内容的协议，导致合同双方当事人就实质性内容享有的权利义务发生较大变化的，应认定为变更中标合同实质性内容。

实务提醒

一、实践中对于实质性内容的理解存在争议。

《最高人民法院关于审理建设工程施工合同纠纷案件适用法律问题的解释（一）》虽然进一步厘清了实质性变更的范围，即工程范围、建设工期、工程质量、工程价款属于实质性内容，对实质性内容进行变更的，应以白合同作为结算依据，但是实践中依然对什么是实质性内容存在很大争议。

二、关于黑白合同与合同效力的理解。

黑合同并非无效，白合同并非有效；本是两码事，标准各不同；黑白合同的判断标准是行政法，合同效力的判断标准是民法典。

三、结算依据与合同效力的区别。

谈及黑白合同，只是讨论工程款的结算依据，无论是黑合同还是白合同，作为结算依据的时候，先考虑合同效力，再看是黑合同还是白合同：管他是黑合同还是白合同，有效才行，如果合同都无效，看哪个是实际履行的合同，哪个是真实意思表示的合同。

笔者认为：司法解释中规定的“应当以备案的中标合同作为结算工程价款的根据”，这里的适用前提当然是这个“备案的中标合同”必须是有效的合同。如果备案的合同也无效，那么适用多份合同无效的结算条款之规则。

四、黑白合同的差价并不等于非法所得（见下面介绍的相关案例二）。

五、关于重新达成的结算协议之效力。

跳出黑白两界外，以新的结算协议为依据。如果在合同履行过程中，双方对工程款的结算重新达成结算协议，那么这个结算协议应当作为结算依据。

六、黑白合同均无效的情况下，如何结算工程款？

针对这一问题，各地的法院均有不同的规定，大致归纳有三种意见。

1. 以黑合同为依据

比如，《北京市高级人民法院关于审理建设工程施工合同纠纷案件的指导意见》规定："备案的中标合同与当事人实际履行的施工合同均因违反法律、行政法规的强制性规定被认定为无效的，可以参照当事人实际履行的合同结算工程价款。"

2. 以白合同为依据

比如，《山东省高级人民法院关于建设工程施工合同纠纷会谈纪要》规定："审判实践中曾经出现了当事人双方请求按照黑合同作为工程款结算依据的情形，对此，会议认为，白合同是依据招标投标这一法定形式确认的，虽然黑合同可能是当事人的真实意思表示，但由于合同内容规避法律规定、合同形式不合法，不能代替白合同即中标备案合同的效力，即不能依据黑合同作为结算工程款的依据。"

3. 按照施工当时市场价结算工程款。

理由如下：

（1）"黑"高"白"低：黑合同的价款有时候高于白合同的价款，其原因是当事人为了排挤竞争对手，获取非法利益，这违背了公平的市场秩序。对当事人非法获利的部分，法律不应当支持，应当按照市场价结算工程款。

（2）"黑"低"白"高：黑合同价款有时候低于白合同价款，这种情形是发包人利用市场优势地位，在不公平的前提下与承包人签订的合同。承包人在建筑市场中处于弱势地位，有时候为了承接工程，不顾风险而签订合同。因此，在黑合同价款低于备案施工合同价款的情况下，为保证工程质量合格，应当按照市场价结算工程款。

笔者认为：《最高人民法院关于审理建设工程施工合同纠纷案中适用法律问题的解释（二）》已经出台，那么在黑白合同均无效的情况下，应当参照实际履行的合同；在实际履行的合同无法查清的情况下，则参照最后一次签订的合同；在最后一次合同也无法查清的情况下，则应当综合考虑各方利益，在"三个坚持"，即坚持当事人真实意思表示、坚持实际履行、坚持法律规定的前提下，尽量达到各方利益的均衡，尽量达到公正公平，这才是正确的裁判规则，也是任何案件的裁判规则。

七、《最高人民法院关于审理建设工程施工合同纠纷案件适用法律问题的解释（二）》删除了"备案合同"的表述，住房和城乡建设部废除了备案制度，以后还有没有黑白合同或者阴阳合同呢？

自 2018 年 9 月 28 日起，我国正式废除了中标合同的备案制度。住房和城乡建设部于 2018 年 9 月 28 日发布"关于修改《房屋建筑和市政基础设施工程施工招标投标管理办法》的决定"，其中第 5 条明确规定："删去第四十七条第一款中的'订立书面合同后 7 日内，中标人应当将合同送工程所在地的县级以上地方人民政府建设行政主管部门备案'。"《最高人民法院关于审理建设工程施工合同纠纷案件适用法律问题的解释（二）》也删除了"备案合同"的表述。

但是，笔者认为，中标合同备案制的取消不代表我国黑白合同或阴阳合同的消失，反而增加了黑白合同的种类，使黑白合同变得更加复杂化。

◆ 相关案例 ◆

相关案例一：《淮安某置业有限公司与某建设有限公司建设工程施工合同纠纷二审民事判决书》（江苏省高级人民法院〔2015〕苏民终字第 00394 号）

判决书摘录：虽然施工合同是备案的中标合同，但因该合同系串标形成，故本案不存在黑白合同之分，在补充协议及施工合同均为无效合同的情况下，应以双方实际履行的合同作为结算的依据。

相关案例二：《江苏某建设工程有限公司、湖北某置业有限公司建设工程施工合同纠纷二审民事判决书》（湖北省高级人民法院〔2017〕鄂民终 305 号）

判决书摘录：该规定不允许当事人以约定的方式排除强制性规定的适用，同时已经充分考虑到是否存在非法获利的情况，显然最高人民法院不认为黑白合同的差价属于非法所得，故本案应当依据中标合同即《湖北省建设工程施工合同》予以结算。

问题 8：重新达成结算协议的情形下，如何结算工程款？

◆ 有关规定 ◆

一、《中华人民共和国合同法》

第七十七条　当事人协商一致，可以变更合同。法律、行政法规规定变更合同应当办理批准、登记等手续的，依照其规定。

二、《最高人民法院关于审理建设工程施工合同纠纷案件适用法律问题的解释（二）》

第十二条　当事人在诉讼前已经对建设工程价款结算达成协议，诉讼中一方当事人申请对工程造价进行鉴定的，人民法院不予准许。

三、《中华人民共和国民法典》

第五百四十三条　当事人协商一致，可以变更合同。

四、《最高人民法院关于审理建设工程施工合同纠纷案件适用法律问题的解释（一）》

第二十九条　当事人在诉讼前已经对建设工程价款结算达成协议，诉讼中一方当事人申请对工程造价进行鉴定的，人民法院不予准许。

实务提醒

一、结算协议相对于施工合同是独立的合意，施工合同有效或无效，均不影响其结算效力。

二、国家审计机关做出的审计报告也不影响双方结算协议的效力。

三、如果协议本身违法无效，那当然不能作为结算依据。

四、在“问题 6：多份合同，有的有效、有的无效，如何结算工程款”的顺序中，还可以增加一条：有没有重新达成的结算协议？如果有，则排在第一位。

五、注意区分“补充协议”和“结算协议”以及其合同效力。

1. 如果“补充协议”是“结算协议”：若“补充协议”是对施工合同中发包人和承包人之间既存债权债务关系的结算和清理，则其具有独立性，其效力应当独立判断，不因施工合同无效而当然无效，有可能有效，也有可能无效。

2. 如果“补充协议”只是“补充协议”，而不是“结算协议”：施工合同无效，若“补充协议”是对施工合同中没有约定或约定不明确的内容进行补充约定或变更施工合同部分内容的，则其具有从属性，也应当认定为无效协议。

六、注意“大结算”和“小结算”的区别：“大结算”是指包括工程造价、索赔款、违约金在内的终局的一揽子结算协议，而“小结算”一般只是指对某一部分或某一阶段工程造价的结算。实践中，当事人达成的结算协议存在“大结算”和“小结算”，其在结算范围上并不同，此处的结算协议应指“大结算”协议。

相关案例

《重庆某建工集团股份有限公司与某集团有限公司建设工程合同纠纷再审案》（最高人民法院〔2012〕民提字第 205 号）

判决书摘录：根据《中华人民共和国合同法》第七十七条第一款的规定，双方当事人签订结算协议并实际履行的行为，亦可视为对分包合同约定的原结算方式的变更，该变更对双方当事人具有法律拘束力。在双方当事人已经通过结算协议确认了工程结算价款并已基本履行完毕的情况下，国家审计机关做出的审计报告，不影响双方结算协议的效力。

问题 9：让利情形下，如何结算工程款？

有关规定

一、《最高人民法院关于审理建设工程施工合同纠纷案件适用法律问题的解释（二）》

第一条　招标人和中标人另行签订的建设工程施工合同约定的工程范围、建设工期、工程质量、工程价款等实质性内容，与中标合同不一致，一方当事人请求按照中标合同确定权利义务的，人民法院应予支持。

招标人和中标人在中标合同之外就明显高于市场价格购买承建房产、无偿建设住房配套设施、让利、向建设单位捐赠财物等另行签订合同，变相降低工程价款，一方当事人以该合同背离中标合同实质性内容为由请求确认无效的，人民法院应予支持。

二、《第八次全国法院民事商事审判工作会议（民事部分）纪要》

31　招标人和中标人另行签订改变工期、工程价款、工程项目性质等影响中标结果实质性内容的协议，导致合同双方当事人就实质性内容享有的权利义务发生较大变化的，应认定为变更中标合同实质性内容。

三、《最高人民法院关于审理建设工程施工合同纠纷案件适用法律问题的解释（一）》

第二条　招标人和中标人另行签订的建设工程施工合同约定的工程范围、建设工期、工程质量、工程价款等实质性内容，与中标合同不一致，一方当事人请求按照中标合同确定权利义务的，人民法院应予支持。

招标人和中标人在中标合同之外就明显高于市场价格购买承建房产、无偿建设住房配套设施、让利、向建设单位捐赠财物等另行签订合同，变相降低工程价款，一方当事人以该合同背离中标合同实质性内容为由请求确认无效的，人民法院应予支持。

实务提醒

一、让利真的无效吗？让利多少才算实质性变更？《最高人民法院关于审理建设工程施工合同纠纷案件适用法律问题的解释（一）》第二条规定："招标人和中标人在中标合同之外就明显高于市场价格购买承建房产、无偿建设住房配套设施、让利、向建设单位捐赠财物等另行签订合同，变相降低工程价款，一方当事人以该合同背离中标合同实质性内容为由请求确认无效的，人民法院应予支持。"该条仅仅解决了实质性内容的范围问题，但没有解决"量"的问题。是不是只要让利，无论让利多少，都属于实质性内容变更呢？

二、从各地案例来看，对于让利是否属于实质性变更，是否必然导致让利条款无效，存在不同的认识。有的认为，只要是让利，无论多少都属于实质性变更；有的认为，让利幅度大才属于实质性变更，但是什么样的幅度才算大呢，又存在不同的观点。

三、对于让利的理解，有观点认为"合同让利指的是对利润的让利而非合同价款的让利，更符合当事人的真实本意"（见相关案例四）。

四、非强制性招标项目，尊重当事人意思表示，让利条款一般不认定无效。

◆ 相关案例 ◆

相关案例一：《沈阳某空调净化工程有限公司与沈阳某实业有限公司建设工程施工合同纠纷申诉案》(最高人民法院〔2009〕民提字第64号民事判决书)

判决书摘录：当事人双方签订的《建设工程施工合同》中，约定按照“最后双方认可的工程总价”的2%由施工方予以让利。该约定表明：双方让利2%的意思表示是一致而明确的，关于该条款生效，双方未附加任何条件。“双方认可的工程总价”是确定具体让利数额的计算基数，不能以双方对计算基数存在争议为由就否定让利关系的存在。

最高人民法院法官观点：对施工合同中双方约定的让利条款应当如何理解的问题。现实生活中，当事人双方通过签订补充合同等方式，由施工方在合同约定工程总造价基础上进行一定的返点、让利，乃是目前建筑行业中较为普遍存在的一种现象。不过，本案中双方当事人争议的焦点问题不是让利条款本身是否有效，而是让利条款的生效是否属于附条件，在这方面存在认识上的分歧。双方在施工合同中约定，按照“双方认可的工程总价”2%由施工方予以让利。对“双方认可的工程总价”应当如何理解，一种观点认为，该约定表明：双方让利2%的意思表示是一致而明确的，关于该条款生效，双方未附加任何条件。让利2%是施工方的义务，取得2%让利是发包方的权利。所谓双方认可的工程总价，不过是确定2%的具体让利数额的计算基础。至于双方对最后的工程总价始终未达成共识，并不是否定让利关系存在的理由。另一种观点认为，双方关于工程总价2%让利条款的约定，是一个附有生效条件的条款，条件就是“双方认可的工程总价”。只有双方认可的工程总价明确、固定时，让利2%的条款才因条件成熟而生效；否则，让利条款就未生效。在双方对工程总价尚未达成共识前，根据让利条款约定对应付工程款项作出认定，属于对合同约定内容的误解。按照此种观点，本案“双方认可的工程总价”这一条件一直未能成就，故2%的让利条款未生效，二审法院以及鉴定部门采信该让利条款就是错误的。正确解读合同约定内容，一方面要根据合同的基本文义、所使用的语句，另一方面要结合行业惯例和习惯性做法。前述的后一种观点显然有些牵强，也不符合行业内部的惯常做法。二审法院作沈阳某空调净化公司应当向沈阳某实业公司给予2%让利的认定，结论是正确的。

编者注：让利2%不构成实质性变更。

相关案例二：《北京某工程建设有限公司与北京某房地产开发有限公司建设工程施工合同纠纷二审民事判决书》(〔2013〕高民终字第1039号)。

判决书摘录：关于补充协议中“关于执行2001预算定额的间接费，按最终工程结算价款的3%扣除，作为总包施工单位的让利”问题。根据招标文件第3.5条投标报价约定，涉案工程实行“定额量、市场价、竞争费”的计价原则。建工一建公司在投标中利润由2001定额7%的利润率调整为6%，进行投标，已然是“竞争费”的表现。北京某工程建设公司与北京某房地产开发公司于 2004 年 9 月 27 日签订的《补充协议》中约定的让利条款，是对投招标结果的实质性变更，应为无效条款。北京某工程建设公司不同意履行该约定，本院予以支持。

编者注：本案例观点是让利 3%，构成实质性变更。

相关案例三：《江苏某建设工程有限公司、安徽某投资有限公司建设工程施工合同纠纷二审民事判决书》（最高人民法院〔2018〕最高法民终 305 号）

判决书摘录：关于工程价款结算的让利系数。安徽某投资公司主张对于江苏某建设工程公司的已完工程价款，应当按照双方约定的让利系数下浮 13.6%计算。虽然安徽某投资公司与江苏某建设工程公司签订的《建筑工程施工合同》约定工程价款按审核后下浮 13.6%确定，但该让利系数适用的前提是江苏某建设工程公司依约将施工范围内的工程全部施工完毕，工程款整体下浮 13.6%。鉴于案涉工程为未完工程，且工程各施工阶段的施工难易程度、施工成本、所获利润等均存在较大差异，一审法院依据江苏某建设工程公司的实际施工进度及本案的具体情况，按照已完工程造价与合同约定工程款总额的占比，酌定让利系数为 3.52%，符合实际，并无不妥。

编者注：本案例观点是让利 3.52%并无不妥。

相关案例四：《中启某集团有限公司与青岛某置业有限公司建设工程施工合同纠纷一审民事判决书》（山东省青岛市中级人民法院〔2015〕青民一初字第 110 号）

判决书摘录：合同让利问题。原告认为，关于合同让利部分，因合同无效，故让利条款的约定也应无效，不应该计取。被告认为，双方合同虽然无效，但对于合同价款的约定仍然应参照执行。本院认为，合同让利应是指利润的让利而非合同价款的让利更符合当事人的真实本意，但本案属于未完工程的结算处理，利润尚无法确定，进而该让利数额也无法确定，故本院对于被告主张的扣减让利部分不予支持。从另外一个角度分析，本案涉案工程依法属于必须招标投标工程，而招标投标活动的基本原则决定了原告在合同中的让利条款应认定为无效条款。因原告对承建工程予以大幅让利（让利幅度达到 8%），虽然双方对于让利范围存在争议，但该让利条款构成对工程价款的实质性变更，应属无效。不仅因为双方签订的施工合同无效，进而该让利条款约定无效，更重要的是该让利条款的原因很复杂，有可能侵害公共利益，并给工程质量带来隐患。据此，本院认定双方在施工合同中约定的让利条款无效。退一步讲，即使如被告认为有效，也因为双方对于让利范围存在争议，从而导致鉴定机构及本院无法确定具体让利数额，就该问题被告应承担举证不能的法律后果，此也可视为双方就让利问题约定不明，本院在本案中也无法扣减让利数额。

编者注：本案例观点是让利 8%属于实质性变更，让利是对利润的让利而非合同价款的让利。

问题 10：规费和安全文明费等不可竞争性费用能否下浮，如何结算工程款？

有关规定

一、《建设工程安全生产条例》

第八条　建设单位在编制工程概算时，应当确定建设工程安全作业环境及安全施工措施所需费用。

二、《企业安全生产费用提取和使用管理办法》（财企〔2012〕16号）

第七条　建设工程施工企业以建筑安装工程造价为计提依据。各建设工程类别安全费用提取标准如下：

（一）矿山工程为2.5%；

（二）房屋建筑工程、水利水电工程、电力工程、铁路工程、城市轨道交通工程为2.0%；

（三）市政公用工程、冶炼工程、机电安装工程、化工石油工程、港口与航道工程、公路工程、通信工程为1.5%。

建设工程施工企业提取的安全费用列入工程造价，在竞标时，不得删减，列入标外管理。国家对基本建设投资概算另有规定的，从其规定。

总包单位应当将安全费用按比例直接支付分包单位并监督使用，分包单位不再重复提取。

三、《建筑工程安全防护、文明施工措施费用及使用管理规定》（建办〔2005〕89号）

第三条　本规定所称安全防护、文明施工措施费用，是指按照国家现行的建筑施工安全、施工现场环境与卫生标准和有关规定，购置和更新施工安全防护用具及设施、改善安全生产条件和作业环境所需要的费用。安全防护、文明施工措施项目清单详见附表。

建设单位对建筑工程安全防护、文明施工措施有其他要求的，所发生费用一并计入安全防护、文明施工措施费。

第四条　建筑工程安全防护、文明施工措施费用是由《建筑安装工程费用项目组成》（建标〔2003〕206号）中措施费所含的文明施工费、环境保护费、临时设施费、安全施工费组成。

其中，安全施工费由临边、洞口、交叉、高处作业安全防护费，危险性较大工程安全措施费及其他费用组成。危险性较大工程安全措施费及其他费用项目组成由各地建设行政主管部门结合本地区实际自行确定。

第十一条　施工单位应当确保安全防护、文明施工措施费专款专用，在财务管理中单独列出安全防护、文明施工措施项目费用清单备查。施工单位安全生产管理机构和专职安全生产管理人员负责对建筑工程安全防护、文明施工措施的组织实施进行现场监督检查，并有权向建设主管部门反映情况。

第十三条　建设单位未按本规定支付安全防护、文明施工措施费用的，由县级以上建设行政主管部门依据《建设工程安全生产管理条例》第五十四条规定，责令限期整改；逾期未改正的，责令该建设工程停止施工。

第十四条　施工单位挪用安全防护、文明施工措施费用的，由县级以上建设主管部门依据《建设工程安全生产管理条例》第六十三条规定，责令限期整改，处挪用费用20%以上50%以下的罚款；造成损失的，依法承担赔偿责任。

四、《建设工程工程量清单计价规范》(GB 50500—2013)

3.1.5　措施项目中的安全文明施工费必须按国家或省级、行业建设主管部门的规定计算，不得作为竞争性费用。

◆ 实务提醒 ◆

一、安全文明施工费属于措施费的一种，包含在工程造价中。

二、安全文明施工费由发包人承担。

三、安全文明施工费应当专款专用。

四、安全文明施工费不得作为竞争性费用，不得扣减。

五、安全文明施工费不能拖欠。

《建设工程施工合同（示范文本）》(GF—2017—0201) 通用条款规定：除专用合同条款另有约定外，发包人应在开工后28天内预付安全文明施工费总额的50%，其余部分与进度款同期支付。发包人逾期支付安全文明施工费超过7天的，承包人有权向发包人发出要求预付的催告通知，发包人收到通知后7天内仍未支付的，承包人有权暂停施工，并按第16.1.1项〔发包人违约的情形〕执行。

六、安全文明施工费应当随时（势）增加。

因基准日期后合同所适用的法律或政府有关规定发生变化，增加的安全文明施工费由发包人承担。

七、安全文明施工费下浮，一般也不宜认定无效。“违反行政管理规定，其应承担的是相应行政性处理后果，而不是转嫁到原先订立的有效合同之上”（见下面相关案例二）

◆ 相关案例 ◆

相关案例一：《耒阳市某房地产开发有限公司与某建设工程施工合同纠纷申请再审民事裁定书》(最高人民法院〔2015〕民申字第2560号)

裁定书摘录：关于规费和安全文明施工费是否应下浮问题。再审申请人主张依据相关强制性规定，规费和安全文明施工费不应下浮。经审查，衡阳中院于2014年6月19日向湖南省建设工程造价管理总站就涉及本案工程结算的定额规定等进行调查，并根据该站的口头答复制作了备忘录，备忘录记载“管理费、利润分开算可优惠，国家税收、规费、安全文明费等强制性收费不优惠。”住房和城乡建设部《建设工程工程量清单计价规范》（GB 50500—2013）第 3.1.6 条规定“规费和税金必须按国家或省级、行业建设主管部门的规定计算，不得作为竞争性费用。”由此可见，规费、安全文明费等应依法缴纳，且不能减免。根据《建设工程施工内部承包合同》第十九条关于工程价款的约定，规费、安全文明费等已列入了工程价款，第十九条 19.1③约定“税前造价优惠 12.6%”，该优惠应视为对全部工程价款的优惠，既然工程价款中已包括了规费、安全文明费，该费用就应当按约定比例下浮。合同对工程价款的约定对双方当事人具有约束力，工程价款下浮，并不必然导致向国家缴纳相关费用的减少。且在一审审理过程中，一审法院委托鉴定机构对工程造价进行了鉴定，鉴定结论经过质证、认证，作为定案依据，现再审申请人并未提供证据推翻鉴定结论。因此，原判决在合同约定框架下，判令规费、安全文明费下浮，并无不当。

相关案例二：《福建省某建筑工程公司与福建某有限公司建设工程施工合同纠纷二审民事判决书》（福建省高级人民法院〔2014〕闽民终字第 897 号）

判决书摘录：关于劳保费、安全文明施工费不应下浮的问题。本院认为，工程造价存在包括这些费用在内的多种费用构成，而整体工程造价的确定属于当事人意思自治范畴，以当事人协商一致为原则，除非法律、行政法规有强制性规定。在原审已正确认定本案施工合同合法有效的情形下，双方关于工程造价优惠下浮 12%的约定亦应认定为当事人的真实意思表示，且已实际履行；因本案工程并非规定的必须招投标工程项目，故《最高人民法院关于审理建设工程施工合同纠纷案件适用法律问题的解释》第二十一条的规定，并不适用于本案情形；而且，有关建设主管部门对劳保费、安全文明施工费用要求予以单列明确且作为不可竞争费用等规定，并不影响市场主体在签约时基于其自身实力和对市场行情的自主判断，从工程造价其他具有竞争优势的费用构成中进行调整以充实这些费用，达到有关建设主管部门该相关规定的要求；如果市场主体在作出工程造价优惠承诺后，不予信守，而是机械地或有意地不作此种调整，必然会违反上述行政管理规定，其应承担的是相应行政性处理后果，而不是转嫁到原先订立的有效合同之上。

问题 11：临时设施的权属之争以及如何结算工程款？

有关规定

一、《企业所得税法实施条例》

第五十七条　企业所得税法第十一条所称固定资产，是指企业为生产产品、提供劳务、出租或者经营管理而持有的、使用时间超过 12 个月的非货币性资产，包括房屋、建筑物、机器、机械、运输工具以及其他与生产经营活动有关的设备、器具、工具等。从税法规定的固定资产概念来看，建筑业企业工地使用时间超过 12 个月的临时设施应属于固定资产中的房屋、建筑物。考虑临时设施的特殊性，在会计核算上，建筑企业应将临时设施单独核算，专门设置“临时设施”“临时设施摊销”科目核算临时设施的成本和摊销。

二、百度百科

临时设施是为保证施工和管理的正常进行而临时搭建的各种建筑物、构筑物和其他设施。其包括临时搭建的职工宿舍、食堂、浴室、休息室、厕所等临时福利设施；现场临时办公室、作业棚、材料库、临时铁路专用线、临时道路、临时给水、排水、供电等管线、现场预制构件、加工材料所需的临时建筑物以及化灰池、储水池、沥青锅灶等。临时设施一般在基本建设工程完成后拆除，但也有少数在主体工程完成后，一并作为交付使用财产处理。临时设施按其价值大小和使用期限长短，可分为大型和小型两类，前者如宿舍、道路、桥梁等，后者如化灰池、堆料棚等。所有临时设施费用，建设单位从基本建设投资中取得补偿；施工企业则从按规定向建设单位收取的临时设施包干基金中开支。

实务提醒

一、临时设施有的是一次性投入，有的是循环利用，分次摊销在工程款中的。

二、临时设施费属于工程款的一部分。

三、临时设施的权属问题，视具体情况而定。

虽然承包人投入施工，但是可以向发包人要求工程款，所以对一次性投入使用的临时设施或摊销部分，权属应当属于发包方，对于多次使用或长期使用的设施设备的权属应该属于承包人。

相关案例

相关案例一：《安徽省宁国市人民法院民事判决书》（〔2015〕宁民二初字第 00533 号）

判决书摘录：原告合肥某工程建设承包有限责任公司诉称：2011 年 6 月 30 日，原告、被告签订《建设施工合同》，后该工程施工停工，双方协议终止合同的履行。原告于 2013 年 7 月 20 日、10 月 18 日将现场材料、机具材料及临时设施（价值 478683 元移交给被告），双方清点、整理成清单后签字盖章，但被告至今未支付任何款项。故原告诉至法院，要求：1. 判令被告支付原告工程设备材料款 478683 元；并自起诉之日起以应付材料款 478683 元为基数按照同期银行贷款利率支付利息；2. 由被告承担本案诉讼费用。

本案焦点系原告、被告制作现场临时设施、材料统计清单后，该临时设施、材料的所有权归属。首先，双方对临时设施、材料进行了估价，具备买卖合同性质；其次，涉案临时设施、材料曾由被告交于第三方使用，被告当时具有一定的处分权；最后，涉案临时设施、材料在被第三方使用中，价值必然被减损，如仍将该临时设施、材料的所有权归属原告，对原告显然不公平。因此，本院认定双方在制作清单时具有买卖的真实意思表示，其后现场临时设施、材料的所有权应归属被告，被告应支付相应对价。故对原告诉请被告支付临时设施、材料款 337773 元，并自起诉之日起按照中国人民银行同期同类贷款利率支付利息，本院予以支持。超过部分无事实依据，本院不予支持。

相关案例二：《王某与程某、李某等买卖合同纠纷一审民事判决书》（安徽省临泉县人民法院〔2017〕皖 1221 民初 1236 号）

判决书摘录：原告王某诉称：被告某公司承包安徽省××中学新校舍建设项目二期工程，该公司违法将模板工程转包给没有建筑资质的程某和李某。由于被告程某、李某没有模板，2015 年 12 月 20 日与原告订立了一份材料购销合同书，合同约定货物签收人为李某，以被告签收的送货单为结算依据，六层封底付清全部货款。原告按约定交付了货物，被告分别为原告出具了欠条，欠款金额为 820730 元。现所建房屋六层已封底，被告程某、李某仅支付 20000 元货款，以某公司未支付工程款为由拒绝支付剩余的材料款。

被告某公司辩称：①从合同效力上，被告李某与原告签订的“材料供销合同”对本被告没有任何约束力；②从模板的使用性质上，模板是一种建筑工具，可以重复使用，即使本案的模板用在了本被告的工地上，那么模板也不是一次性的消耗在我们的工程上；③从承包性质上，程某和李某是包工包料，89 元/m^2。本被告不应该承担付款责任，请求依法驳回原告对本被告的诉讼请求。

审理查明：被告某公司承包安徽省××中学新校舍建设项目二期工程，某公司将模板工程分包给了程某和李某，程某与李某系合伙关系。被告李某于 2015 年 12 月 20 日与原告王中英订立了“材料供销合同”，合同约定由原告向被告提供模板材料，将模板材料送到建筑工地，被告付款 20%，三层封顶付款 30%，六层封顶付清全款。被告李某为货物签收人。原告共提供模板价值 1170730 元，被告程某、李某已支付 370000 元，尚欠原告模板材料款 800730 元。

本院认为：1. 王某与被告程某、李某建立的买卖合同依法为有效合同。原告、被告应按约定履行合同义务。原告已按约定提供了货物，被告应按照约定支付货款。当事人一方不履行合同义务或者履行合同义务不符合约定的，应当承担继续履行、采取补救措施或者赔偿损失等违约责任。故原告要求被告支付 800730 元货款的诉讼请求，本院予以支持。2. 因建筑模板系可以重复利用的建筑材料，且部分模板材料已运出施工工地，原告、被告各方均未提供证据证明该模板在工程施工中消耗的实际价值。故原告要求被告正泰公司承担支付货款的诉讼请求缺乏事实和法律依据，本院不予支持。

问题 12：低于成本价，如何结算工程款？

有关规定

一、《中华人民共和国招标投标法》

第三十三条　投标人不得以低于成本的报价竞标，也不得以他人名义投标或者以其他方式弄虚作假，骗取中标。

第四十一条第二款　中标人的投标应当能够满足招标文件的实质性要求，并且经评审的投标价格最低；但是，投标价格低于成本的除外。

二、《中华人民共和国合同法》

第五十二条第（五）项　违反法律、行政法规的强制性规定的合同无效。

三、《湖南省房屋建筑和市政基础设施工程施工投标报价成本评审暂行办法》

第六条　招标人应当在招标文件中明确重点评审单价的评审标准。重点评审单价中，任意一项低于评审标准的，应当认定该投标人以低于成本报价竞争，否决其投标。

评审标准的具体取值应当符合以下要求：

（一）房屋建筑总承包工程为最高投标限价的 90%以上、92%以下，其中含有装配式建筑的，为 92%以上、94%以下；

（二）市政基础设施总承包工程（轨道交通工程除外）为最高投标限价的 85%以上、87%以下；

（三）轨道交通工程为最高投标限价的 88%以上、90%以下；

（四）单独招标的装饰装修工程为最高投标限价的 92%以上、94%以下；

（五）单独招标的园林景观绿化工程、仿古建筑工程为最高投标限价的 88%以上、90%以下；

（六）单独招标的安装工程为最高投标限价的 90%以上、92%以下。

第七条　采用综合评估法评标的，投标总报价小于基准价 92%的，视为以低于成本报价竞争，该投标人报价为无效报价，应当否决其投标。

实务提醒

一、成本价分为社会成本和企业个别成本。

二、低于成本价指的是社会成本还是企业个别成本，实践中有争议。

三、低于成本价合同是有效还是无效，实践中也存在争议。

◆ 相关案例 ◆

相关案例一：《佛山市某建筑工程有限公司与佛山某纺织有限公司建设工程施工合同纠纷审判监督民事判决书》（最高人民法院〔2015〕民提字第142号）

判决书摘录：基于粤辉造价公司对涉案工程出具的不含利润《工程造价鉴定书》（方案一）分析，即使不考虑佛山市某建筑工程公司应获得的人工利润，该工程造价成本也需37886958.71元，相对双方签订的《建设工程施工合同》约定的29134105.62元，差额比例超过20%。对于工程的招标投标，《中华人民共和国招标投标法》第四十一条第二款规定"中标人的投标应当能够满足招标文件的实质性要求，并且经评审的投标价格最低；但是，投标价格低于成本的除外"，佛山某纺织有限公司将自身需建造的工程发包也受此强制性规定约束。因《工程造价鉴定书》效力已予以确认，而双方签订的《建设工程施工合同》约定的中标价远低于《工程造价鉴定书》认定的造价，违反了上述法律规定，依照《中华人民共和国合同法》第五十二条第五项规定的"违反法律、行政法规的强制性规定的合同无效"，据此南海二建请求确认与华丰公司就涉案工程所签订的《建设工程施工合同》无效正当合法，予以支持。（编者注：以上是一审判决，合同有效。）

根据粤辉造价公司对涉案工程出具的不含利润的《工程造价鉴定书》（方案一）的分析，即使不考虑佛山市某建筑工程公司应获得的人工利润，该工程造价成本也需37886958.71元，相对双方签订的《建设工程施工合同》约定的29134105.62元，差额比例超过20%，即涉案工程的投标价远低于成本价，不符合《中华人民共和国招标投标法》第四十一条第二款的规定。鉴于双方签订的《建设工程施工合同》约定的中标价远低于《工程造价鉴定书》认定的造价，违反了上述法律规定，依照《中华人民共和国合同法》第五十二条第（五）项规定的"违反法律、行政法规的强制性规定的合同无效"，双方就涉案工程所签订的《建设工程施工合同》（编号为06-142）应属无效，一审法院依法予以确认并无不当。（编者注：以上是二审判决，合同无效。）

关于案涉施工合同效力应如何认定的问题。根据已经查明的案件事实，佛山某纺织有限公司系采用邀请招标的方式发包案涉工程，虽然在具体实施中不符合邀请招标的相关程序规定，但考虑到佛山市南海区发展和改革局对工程发包方式已予核准，可以认定案涉工程履行了招标投标程序，应当适用《中华人民共和国招标投标法》的相关规定。对于本案是否存在《中华人民共和国招标投标法》第三十三条规定的以低于成本价竞标的问题。本院认为，法律禁止投标人以低于成本的报价竞标，主要目的是为了规范招标投标活动，避免不正当竞争，保证项目质量，维护社会公共利益，如果确实存在低于成本价投标的，应当依法确认中标无效，并相应认定建设工程施工合同无效。但是，对何为"成本价"应作正确理解，所谓"投标人不得以低于成本的报价竞标"应指投标人投标报价不得低于其为完成投标项目所需支出的企业个别成本。招标投标法并不妨碍企业通过提高管理水平和经济效益降低个别成本，以提升其市场竞争力。原判决根据定额标准所作鉴定结论为基础据以推定投标价低于成本价，依据不充分。佛山市某建筑工程公司未能提供证据证明对案涉项目的投标报价低于其企业的个别成本，其以此为由主张《建设工程施工合同》无效，无事实依据。案涉《建设工程施工合同》是双方当事人真实的意思表示，不违反法律和行政法规的强制性规定，合法、有效。原判决认定合同无效，事实和法律依据不充分，本院予以纠正。（编者注：以上是最高院判决，合同有效。）

相关案例二：《山西某建设工程有限公司、山西某房地产开发有限公司建设工程施工合同纠纷二审民事判决书》（山西省高级人民法院〔2017〕晋民终108号）

判决书摘录：双方签订的《山西省建设工程施工合同》及《补充条款》系双方真实意思表示，不违反国家法律及行政法规规定，合法有效。山西某建筑工程公司依约进行了施工，已完成至主体封顶，但山西某房地产开发公司未按约及时支付工程进度款，导致工程停工，自2014年工程主体封顶至诉讼已两年之久，山西某房地产开发公司存在违约行为，现山西某建筑工程公司诉请解除双方合同符合法律规定，本院予以支持。关于合同约定工程造价是否显失公平问题，山西某建筑工程公司系经招投标承揽该工程，其作为多年从事建筑行业有资质企业，理应经过专业性成本及利润核算后再进行投标。《中华人民共和国招标投标法》第三十三条规定，投标人不得以低于成本的报价投标。这里的成本应指企业的个别成本，本案一审期间运城市建信工程造价服务有限公司所出具的鉴定结论系依据行业主管部门颁布的工程定额标准和价格信息编制，而定额和价格信息反映的是建筑市场的社会平均成本。企业个别成本与企业规模、管理水平相关。管理水平越高的企业，其个别成本越低，故运城市建信工程造价服务有限公司所出具的鉴定结论不能作为山西某建筑工程公司投标价低于涉案建设工程成本价的依据，山西某建筑工程公司该项主张本院不予支持。

问题13：存在不合理压缩工期情形下，如何结算工程款？

有关规定

一、《建设工程质量管理条例》

第十条　建设工程发包单位不得迫使承包方以低于成本的价格竞标，不得任意压缩合理工期。

建设单位不得明示或者暗示设计单位或者施工单位违反工程建设强制性标准，降低建设工程质量。

二、《最高人民法院关于印发〈全国民事审判工作会议纪要〉的通知》（法办〔2011〕442号）

24. 对建设工程施工合同中有关违反工程建设强制性标准，任意压缩合理工期、降低工程质量标准的约定内容，应认定为无效。该约定被认定为无效后，依据《最高人民法院关于审理建设工程施工合同纠纷案件适用法律问题的解释》的相关规定处理。

三、《建设工程工程量清单计价规范》(GB 50500—2013)

9.11.1　招标人应依据相关工程的工期定额合理计算工期，压缩的工期天数不得超过定额工期的20%。超过者应在招标文件中明示增加赶工费。

实务提醒

一、工期分为合同工期和定额工期两种。

二、可以合理地压缩工期，不能不合理地压缩工期。

三、合理地压缩工期，应当支付赶工费。

四、不合理地压缩工期，不合理压缩的部分无效。

相关案例

相关案例一：《江苏南通某建设集团有限公司与上海某投资有限公司建设工程施工合同纠纷上诉案》(上海市高级人民法院〔2010〕沪高民一(民)终字第26号)

判决书摘录：关于定额工期的问题。

鉴定单位意见：经计算，讼争工程合理定额工期为306日历天(按施工图纸计算，定额工期360日历天，压缩15%后得出的上述306天合理定额工期)。

江苏南通某建设集团公司认为，合理定额工期306天与合同工期240天之间被不合理压缩的66天应予顺延。理由是：1.《建设工程质量管理条例》第十条规定，建设工程发包单位不得任意压缩合理工期。2. 上海某投资有限公司依据A1、A2楼白图进行招标时便已确定工期为240天。在上海某投资有限公司提供的实际施工蓝图与A1、A2楼完全不同的情况下，江苏南通某建设集团公司有权要求结合实际施工情况对合同工期进行调整。

上海某投资有限公司认为，讼争工程工期以合同约定的工期为准，应为240天。

原审法院认为，《中华人民共和国合同法》第八条规定，依法成立的合同，对当事人具有法律约束力。当事人应当按照约定履行自己的义务，不得擅自变更或者解除合同。依法成立的合同，受法律保护。江苏南通某建设集团公司援引《建设工程质量管理条例》的相关规定，主张顺延工期66天，但该规定并未影响合同的效力，双方当事人仍应按合同履行。故对江苏南通某建设集团公司本项主张，不予采纳。

相关案例二：《玉环县某投资有限公司、浙江某建设集团股份有限公司建设工程施工合同纠纷二审民事判决书》(浙江省高级人民法院〔2016〕浙民终940号)

判决摘录：关于工期约定是否无效问题。浙江某建设集团股份公司上诉提出合同约定工期远远少于合理工期，对此本院认为，建设工程系系统性工程，工期长短不仅取决于工程规模，同时与建筑企业自身的资金、施工能力、管理能力密切相关，不能简单地以工程规模来核定合理工期。本案玉环县某投资公司发布的招标文件中确定的工期为360天，浙江某建设集团股份公司作为具有特级资质的建筑企业，在对相关的人力、物力的进行测算后，提交投标函并作出352天的工期承诺系其真实意思表示。其现推翻其在投标函中的承诺，显然违背诚信原则，对此不予采纳，对其提出的工期鉴定申请依法不予准许。

问题14：三边工程如何结算工程款？

有关规定

一、《最高人民法院关于审理建设工程施工合同纠纷案件适用法律问题的解释》

第十六条　当事人对建设工程的计价标准或者计价方法有约定的，按照约定结算工程价款。

因设计变更导致建设工程的工程量或者质量标准发生变化，当事人对该部分工程价款不能协商一致的，可以参照签订建设工程施工合同时当地建设行政主管部门发布的计价方法或者计价标准结算工程价款。

二、《中华人民共和国合同法》

第六十二条　当事人就有关合同内容约定不明确，依照本法第六十一条的规定仍不能确定的，适用下列规定：

（二）价款或者报酬不明确的，按照订立合同时履行地的市场价格履行；依法应当执行政府定价或者政府指导价的，按照规定履行。

三、《中华人民共和国民法典》

第五百一十条　合同生效后，当事人就质量、价款或者报酬、履行地点等内容没有约定或者约定不明确的，可以协议补充；不能达成补充协议的，按照合同相关条款或者交易习惯确定。

第五百一十一条　当事人就有关合同内容约定不明确，依据前条规定仍不能确定的，适用下列规定；

（一）质量要求不明确的，按照强制性国家标准履行；没有强制性国家标准的，按照推荐性国家标准履行；没有推荐性国家标准的，按照行业标准履行；没有国家标准、行业标准的，按照通常标准或者符合合同目的的特定标准履行。

（二）价款或者报酬不明确的，按照订立合同时履行地的市场价格履行；依法应当执行政府定价或者政府指导价的，依照规定履行。

实务提醒

一、三边工程指的是边勘察、边设计、边施工的工程。

二、设计图纸是具体施工的根本依据，也是工程计价的基础所在。由于没有施工图纸，双方合同约定的固定总价则没有依据。

三、三边工程竣工时间具有不确定性，双方对此均有过错。

◆ 相关案例 ◆

相关案例一：《河南某建设有限公司与河南某纺织服装有限公司建设工程施工合同纠纷案一审民事判决书》（河南省鹤壁市中级人民法院〔2014〕鹤民初字第 50 号）

判决书摘录：本案涉案工程开工前被告未办理施工许可证，且没有设计施工图纸。原被告双方对涉案工程是边设计边施工。设计图纸是具体施工的根本依据，也是工程计价的基础所在。由于没有施工图纸，双方合同约定的固定总价则没有依据。基于此，本案工程价款应该依据实际发生的工程量据实结算。经鉴定，涉案工程工程造价为 7346520.35 元，被告已经支付原告工程款 4122373.9 元，即剩余 3224146.45 元（鉴定价款 7346520.35 元—已支付价款 4122373.9 元）工程款未支付。

关于本案原告是否未按合同约定如期完工问题，本院认为涉案工程是边设计边施工，该情形造成竣工时间具有不确定性，双方对此均有过错，且原告在 2010 年 8 月 6 日、2010 年 8 月 8 日两次向被告出具了工期顺延报告，被告对工期顺延报告没有答复即视为对工期顺延的认可，故被告以原告未按合同约定如期完工，原告无权要求被告支付工程款的抗辩理由不能成立，本院不予支持。

相关案例二：《沈阳某房地产开发有限公司与某有限公司建设工程施工合同纠纷二审民事判决书》（最高人民法院〔2013〕民一终字第 168 号）

判决书摘录：关于某有限公司是否应当承担涉案工程工期延误责任的问题。涉案工程工期的确存在延误问题，但涉案工程本身就是“边设计、边施工”工程。加之，涉案工程存在大量设计变更的情形。而且，从双方的约定看，付款方式为按形象进度付款，沈阳某房地产开发公司又存在拖欠工程款的行为。此种情况下，一审法院认定涉案工期的延误原因是多方面的，不能归因于本案一方当事人，令双方自行承担工期延误的损失并无不当。

问题 15：三无工程如何结算工程款？

◆ 有关规定 ◆

一、《中华人民共和国合同法》

第五十八条　合同无效或者被撤销后，因合同取得的财产，应当予以返还；不能返还或者没有必要返还的，应当折价补偿。有过错的一方应当赔偿对方因此所受到的损失，双方都有过错的，应当各自承担相应的责任。

二、《中华人民共和国民法典》

第一百五十七条　民事法律行为无效、被撤销或者确定不发生效力后，行为人因该行为取得的财产，应当予以返还；不能返还或者没有必要返还的，应当折价补偿。有过错的一方应当赔偿对方由此所受到的损失；各方都有过错的，应当各自承担相应的责任。法律另有规定的，依照其规定。

三、《最高人民法院关于审理建设工程施工合同纠纷案件适用法律问题的解释（二）》

第二条　当事人以发包人未取得建设工程规划许可证等规划审批手续为由，请求确认建设工程施工合同无效的，人民法院应予支持，但发包人在起诉前取得建设工程规划许可证等规划审批手续的除外。

发包人能够办理审批手续而未办理，并以未办理审批手续为由请求确认建设工程施工合同无效的，人民法院不予支持。

四、《中华人民共和国城乡规划法》

第三十八条　在城市、镇规划区内以出让方式提供国有土地使用权的，在国有土地使用权出让前，城市、县人民政府城乡规划主管部门应当依据控制性详细规划，提出出让地块的位置、使用性质、开发强度等规划条件，作为国有土地使用权出让合同的组成部分。未确定规划条件的地块，不得出让国有土地使用权。以出让方式取得国有土地使用权的建设项目，在签订国有土地使用权出让合同后，建设单位应当持建设项目的批准、核准、备案文件和国有土地使用权出让合同，向城市、县人民政府城乡规划主管部门领取建设用地规划许可证。城市、县人民政府城乡规划主管部门不得在建设用地规划许可证中，擅自改变作为国有土地使用权出让合同组成部分的规划条件。

第三十九条　规划条件未纳入国有土地使用权出让合同的，该国有土地使用权出让合同无效；对未取得建设用地规划许可证的建设单位批准用地的，由县级以上人民政府撤销有关批准文件；占用土地的，应当及时退回；给当事人造成损失的，应当依法给予赔偿。

第四十条　在城市、镇规划区内进行建筑物、构筑物、道路、管线和其他工程建设的，建设单位或者个人应当向城市、县人民政府城乡规划主管部门或者省、自治区、直辖市人民政府确定的镇人民政府申请办理建设工程规划许可证。申请办理建设工程规划许可证，应当提交使用土地的有关证明文件、建设工程设计方案等材料。需要建设单位编制修建性详细规划的建设项目，还应当提交修建性详细规划。对符合控制性详细规划和规划条件的，由城市、县人民政府城乡规划主管部门或者省、自治区、直辖市人民政府确定的镇人民政府核发建设工程规划许可证。城市、县人民政府城乡规划主管部门或者省、自治区、直辖市人民政府确定的镇人民政府应当依法将经审定的修建性详细规划、建设工程设计方案的总平面图予以公布。

第六十四条　未取得建设工程规划许可证或者未按照建设工程规划许可证的规定进行建设的，由县级以上地方人民政府城乡规划主管部门责令停止建设；尚可采取改正措施消除对规划实施的影响的，限期改正，处建设工程造价百分之五以上百分之十以下的罚款；无法采取改正措施消除影响的，限期拆除，不能拆除的，没收实物或者违法收入，可以并处建设工程造价百分之十以下的罚款。

实务提醒

一、三无工程，指的是无土地使用权证、无建设用地规划许可证、无建设工程规划许可证的工程。

二、三无工程，虽然合同无效，但是只要质量合格，支付工程款应当支持（见相关案例一）。

三、三无工程，由于合同无效，工程款优先权一般不支持（见相关案例一）。

四、三无工程，合同无效，涉案保证金应当退回，造成的损失应该根据过错原则赔偿（见相关案例二）。

相关案例

相关案例一：《丁某与慈溪市某毛绒厂建设工程施工合同纠纷一审民事判决书》（慈溪市人民法院〔2018〕浙 0282 民初 6518 号）

判决书摘录：本院认为：首先，涉案工程的建设未经依法审批，且在本案法庭辩论终结前，亦未能补办相关审批手续，故原告、被告之间签订的施工合同，因违反法律、行政法规的强制性规定，应属无效。虽然施工合同无效，但工程施工完毕后，原告、被告之间进行结算，被告认可尚欠原告 6510000 元的行为，应属当事人的真实意思表示，不违反法律规定，应属有效。因被告确认 2018 年 1 月 19 日涉案工程已经交付被告使用，故原告诉请要求被告支付 6510000 元及自起诉之日支付利息，利率按照中国人民银行公布的同期同类贷款利率计算，合理合法，本院予以支持。因涉案工程的建设未经依法审批，故原告主张的建设工程价款优先受偿权，欠缺事实和法律依据，本院不予支持。

相关案例二：《西安市某建筑工程总公司与重庆某旅游开发有限公司建设工程施工合同纠纷一审民事判决书》（重庆市南川区人民法院〔2019〕渝 0119 民初 248 号）

判决书摘录：虽然原告、被告于 2017 年 5 月 23 日签订的《建设工程施工合同》系双方当事人的真实意思表示，但由于案涉工程至今未取得规划许可等审批手续，因此该合同依法应当无效。由于合同无效，根据《中华人民共和国合同法》第五十八条“合同无效或者被撤销后，因合同取得的财产，应当予以返还；不能返还或者没有必要返还的，应当折价补偿。有过错的一方应当赔偿对方因此所受到的损失，双方都有过错的，应当各自承担相应的责任”的规定，被告旅游公司应当退还原告建筑公司履约保证金 300 万元，因此本院对原告建筑公司要求被告旅游公司退还履约保证金 300 万元的诉讼请求予以支持。同时对原告建筑公司因合同无效造成的利息损失，本院根据本案的实际情况，从原告建筑公司付款之日起予以计算，即以300万元为基数，从2017年5月23日起按照中国人民银行发布的同期同类贷款利率计算利息至2019年1月24日止（即原告某建筑公司主张的起止期限）；对原告建筑公司主张超出部分的利息损失，于法无据，本院不予支持。

问题16：未完工程如何结算工程款？

有关规定

一、《最高人民法院关于审理建设工程施工合同纠纷案件适用法律问题的解释》

第十条　建设工程施工合同解除后，已经完成的建设工程质量合格的，发包人应当按照约定支付相应的工程价款；已经完成的建设工程质量不合格的，参照本解释第三条规定处理。

二、《广东省高级人民法院关于审理建设工程施工合同纠纷案件若干问题的指导意见》

第五条　建设工程施工合同约定工程款实行固定价，如建设工程尚未完工，当事人对已完工工程造价产生争议的，可将争议部分的工程造价委托鉴定，但应以建设工程施工合同约定的固定价为基础，根据已完工工程占合同约定施工范围的比例计算工程款。当事人一方主张以定额标准作为造价鉴定依据的，不予支持。

三、《最高人民法院关于审理建设工程施工合同纠纷案件适用法律问题的解释（一）》

第十九条　当事人对建设工程的计价标准或者计价方法有约定的，按照约定结算工程价款。

因设计变更导致建设工程的工程量或者质量标准发生变化，当事人对该部分工程价款不能协商一致的，可以参照签订建设工程施工合同时当地建设行政主管部门发布的计价方法或者计价标准结算工程价款。

建设工程施工合同有效，但建设工程经竣工验收不合格的，依照民法典第五百七十七条规定处理。

实务提醒

一、已经完成的工程，没有变更设计、没有出现工程增减，按照约定结算，这当然没有问题。

二、已经完成的工程，如果出现变更设计、工程量增减，那么就要区分：该工程是合同之内的，还是合同之外的。

1. 合同之外增加的工程，当然不受合同的约束，应该据实结算。

2. 合同之内的工程，约定完成的没有完成，要结算该未完工程款，当然应该考虑违约原因，结合合同约定，如下浮率、让利等要按照合同约定。

具体的可参考如下方法：合同范围内对于未完工工程的价款假设为 Y，施工合同中约定的工程固定总价为 A，工程定额价为 B，已完成工程定额价为 C，那么 $Y=C\times A/B$。

三、由于原来合同约定的固定价款是在全部完成条件下的综合报价，所以未完工程还按照原来的约定结算，有时候就会造成严重的不公平。这种情况下，就要按照比例来据实结算。

四、需要注意的是，如果工程没有完工，工程量和工程款无法确定且又不具备鉴定条件的，将导致举证不能，无法支付工程款。

五、新旧司法解释比较来看，《最高人民法院关于审理建设工程施工合同纠纷案件适用法律问题的解释（一）》第十九条仍然为 3 款，其中前 2 款沿用旧《最高人民法院关于审理建设工程施工合同纠纷案件适用法律问题的解释》第十六条的规定，但第 3 款发生了两点变化：一是删除了“工程价款结算”的表述；二是适用法律依据的变化，原为参照“合同无效”的情形处理，现为依照“违约责任”的情形处理。

相关案例

《青海某建筑安装工程有限责任公司与青海某置业有限公司建设工程施工合同纠纷二审民事判决书》（最高人民法院〔2014〕民一终字第 69 号）

判决书摘录：司法实践中大致有三种方法：一是以合同约定总价与全部工程预算总价的比值作为下浮比例，再以该比例乘以已完工程预算价格进行计价；二是已完施工工期与全部应完施工工期的比值作为计价系数，再以该系数乘以合同约定总价进行计价；三是依据政府部门发布的定额进行计价。

问题 17：“固定总价”和“据实结算”之争以及如何结算工程款？

有关规定

一、《最高人民法院关于审理建设工程施工合同纠纷案件适用法律问题的解释》

第十六条　当事人对建设工程的计价标准或者计价方法有约定的，按照约定结算工程价款。

因设计变更导致建设工程的工程量或者质量标准发生变化，当事人对该部分工程价款不能协商一致的，可以参照签订建设工程施工合同时当地建设行政主管部门发布的计价方法或者计价标准结算工程价款。

第二十二条　当事人约定按照固定价结算工程价款，一方当事人请求对建设工程造价进行鉴定的，不予支持。

二、《广东省高级人民法院关于审理建设工程施工合同纠纷案件若干问题的指导意见》

第五条　建设工程施工合同约定工程款实行固定价，如建设工程尚未完工，当事人对已完工工程造价产生争议的，可将争议部分的工程造价委托鉴定，但应以建设工程施工合同约定的固定价为基础，根据已完工工程占合同约定施工范围的比例计算工程款。当事人一方主张以定额标准作为造价鉴定依据的，不予支持。

三、《最高人民法院关于审理建设工程施工合同纠纷案件适用法律问题的解释（一）》

第十九条　当事人对建设工程的计价标准或者计价方法有约定的，按照约定结算工程价款。

因设计变更导致建设工程的工程量或者质量标准发生变化，当事人对该部分工程价款不能协商一致的，可以参照签订建设工程施工合同时当地建设行政主管部门发布的计价方法或者计价标准结算工程价款。

建设工程施工合同有效，但建设工程经竣工验收不合格的，依照民法典第五百七十七条规定处理。

实务提醒

一、固定总价的前提是图纸固定、工程量固定、施工条件固定，在此基础上才能总价固定。

二、设计、工程量等因素变更的情况下，固定总价便不再固定，应当据实调整。

三、约定固定总价的时候，固定总价如果一开始就没有固定的基础，则不是固定总价，应据实调整。比如，前面所讲的“三边工程”。

相关案例

相关案例之一：《广东省某建筑工程公司与某发电厂有限公司建设工程施工合同纠纷申诉、申请民事判决书》（最高人民法院〔2016〕最高法民再135号）

判决书摘录：由于本案中双方当事人于2006年12月6日签订施工合同时仅有一份简略的《发电厂（B厂）三期扩建工程厂区总平面布置图》可资参考，对具体的施工范围以及相对准确的工程量等与工程价款的厘定有密切关系的基本事实并未确定，而具体的施工图纸在合同签订后自2007年5月起至2009年11月期间方由某发电厂向广东省某建筑公司陆续提交，因此，即便广东省某建筑公司作为专业建设施工单位具有相当的施工经验和市场风险判断能力，对于案涉大型基础建设施工工程而言，也不可能基于一份简略的《发电厂（B厂）三期扩建工程厂区总平面布置图》而对工程量和造价作出相对准确的评估。另外，施工合同中关于“2.11 工程项目价格表，合计为 20495 万元，本工程为土建总承包，范围含有合同中所列表格内容，但不限于该内容，详见施工图纸”的条款也说明，随着陆续提供的详细施工图纸所确定实际的施工范围会逐步超出合同签订时预估的施工范围，那么这种以协商不足的固定价款来对应不断增加的工程量的交易方式对施工方而言是极不公平的。

相关案例之二：《青海某建筑安装工程有限责任公司与青海某置业有限公司建设工程施工合同纠纷二审民事判决书》（最高人民法院〔2014〕民一终字第 69 号）

判决书观点：存在不平衡报价的固定总价合同，工程未完工适用固定总价显失公平的情况下，可以适用定额价据实结算。

问题 18：不平衡报价情形下，如何结算工程款？

有关规定

一、《中华人民共和国合同法》

第五十二条　有下列情形之一的，合同无效：（一）一方以欺诈、胁迫的手段订立合同，损害国家利益；（二）恶意串通，损害国家、集体或者第三人利益；（三）以合法形式掩盖非法目的；（四）损害社会公共利益；（五）违反法律、行政法规的强制性规定。

二、《最高人民法院关于审理建设工程施工合同纠纷案件适用法律问题的解释》

第一条　建设工程施工合同具有下列情形之一的，应当根据《中华人民共和国合同法》第五十二条第（五）项的规定，认定无效：（一）承包人未取得建筑施工企业资质或者超越资质等级的；（二）没有资质的实际施工人借用有资质的建筑施工企业名义的；（三）建设工程必须进行招标而未招标或者中标无效的。

三、《中华人民共和国民法典》

第一百四十三条　具备下列条件的民事法律行为有效：

（一）行为人具有相应的民事行为能力；

（二）意思表示真实；

（三）不违反法律、行政法规的强制性规定，不违背公序良俗。

第一百四十四条　无民事行为能力人实施的民事法律行为无效。

第一百四十六条　行为人与相对人以虚假的意思表示实施的民事法律行为无效。

以虚假的意思表示隐藏的民事法律行为的效力，依照有关法律规定处理。

第一百五十三条　违反法律、行政法规的强制性规定的民事法律行为无效。但是，该强制性规定不导致该民事法律行为无效的除外。

违背公序良俗的民事法律行为无效。

第一百五十四条　行为人与相对人恶意串通，损害他人合法权益的民事法律行为无效。

实务提醒

一、不平衡报价是相对平衡报价（正常报价）而言的。

二、通俗地讲，不平衡报价就是在投标总报价不变的前提下，把一部分项目的单价调高，另一部分项目的单价调低。

三、不平衡报价有时候是故意的，有时候也可能是无意的。

四、对不平衡报价，有的认为有效（见相关案例一），有的认为无效，工程款应当通过鉴定的方式按照市场价确定价格（见相关案例二）。

五、存在不平衡报价的固定总价合同，在工程未完工、适用固定总价显失公平的情况下，可以适用定额价（见相关案例三）。

相关案例

相关案例一：《山东某置业有限公司与赵某、山东某建安集团公司建设工程施工合同纠纷一审民事判决书》（青岛市李沧区人民法院〔2016〕鲁 0213 民初 1547 号）

判决书摘录：原告认为，经分析，在代理招标过程中，投标人采用不平衡报价手段，串通招投标，实施欺诈。根据《中华人民共和国招标投标法》第五十四条规定，该合同应属无效。编制的工程量清单存在大量虚假，有些项目工程量大量降低，这样投标人依据工程量清单报价时，对工程量大量降低的项目已远高于市场价的综合单价方式报价，但因为工程量降低虽然综合单价远高于市场价，但总控制价基本不变，蒙混过评标，最终结算时再按照“综合单价一次性包死，工程量按时结算”方式进行，该行为违反了《中华人民共和国招标投标法》第五十四条规定，山东某建安集团公司存在串通招投标行为，中标应为无效。

原告提交的证据不足以证实建设工程施工合同存在上述无效情形，对于其要求确认该合同无效的诉讼请求，本院不予支持。

相关案例二：《江苏某建设工程有限公司、某公安局建设工程合同纠纷二审民事判决书》（安徽省滁州市中级人民法院〔2018〕皖 11 民终 2075 号）

判决书摘录：一审法院认为：该综合单价的确定严重脱离市场，存在重大偏差。江苏某建设工程有限公司投标报价 3257309 元/t 明显属于严重的不平衡报价。涉案工程系政府投资工程，以江苏某建设工程有限公司报标报价 3257309 元/t 确定旗杆工程价款，严重显失公平，有损国家利益，故认定旗杆部分的综合单价 3257309 元/t 固定不变的约定无效。

二审法院认为：一审法院按江苏某建设工程有限公司实际施工的涉案该项工程量委托鉴定机构进行造价鉴定，并以符合市场正常造价标准确定的鉴定造价作为确定该项工程造价，不违反法律规定。本院对此予以确认。

相关案例三：《青海某建筑安装工程有限责任公司与青海某置业有限公司建设工程施工合同纠纷二审民事判决书》（最高人民法院〔2014〕民一终字第69号）

判决书摘录：本案的计价方式，贯彻了工程地下部分、结构施工和安装装修三个阶段，即三个形象进度的综合平衡的报价原则。

我国当前建筑市场行业普遍存在着地下部分和结构施工薄利或者亏本的现实，这是由于钢筋、水泥、混凝土等主要建筑材料价格相对较高且大多“包死”，施工风险和难度较高，承包人需配以技术、安全措施费用，才能保质、保量地完成等所致；而安装、装修施工是在结构工程已完工之后进行，风险和成本相对较低，因此，安装、装修工程大多可以获取相对较高的利润。本案中，青海某建筑安装公司将包括地下部分、结构施工和安装装修在内的土建和安装工程全部承揽，其一次性包死的承包单价是针对整个工程作出的。如果青海某建筑安装公司单独承包土建工程，其报价一般要高于整体报价中所包含的土建报价。

问题19：不开发票能否拒付工程款？

有关规定

一、《中华人民共和国合同法》

第六十条　当事人应当按照约定全面履行自己的义务。

当事人应当遵循诚实信用原则，根据合同的性质、目的和交易习惯履行通知、协助、保密等义务。

第一百零七条　当事人一方不履行合同义务或者履行合同义务不符合约定的，应当承担继续履行、采取补救措施或者赔偿损失等违约责任。

二、《中华人民共和国民法典》

第五百零九条　当事人应当按照约定全面履行自己的义务。

当事人应当遵循诚信原则，根据合同的性质、目的和交易习惯履行通知、协助、保密等义务。

第五百七十七条　当事人一方不履行合同义务或者履行合同义务不符合约定的，应当承担继续履行、采取补救措施或者赔偿损失等违约责任。

三、《第八次全国法院民事商事审判工作会议（民事部分）纪要》关于不履行协作义务的责任问题

33. 发包人不履行告知变更后的施工方案、施工技术交底、完善施工条件等协作义务，致使承包人停（窝）工，以至难以完成工程项目建设的，承包人催告在合理期限内履行，发包人逾期仍不履行的，人民法院视违约情节，可以依据《中华人民共和国合同法》第二百五十九条、第二百八十三条规定裁判顺延工期，并有权要求赔偿停（窝）工损失。

34. 承包人不履行配合工程档案备案、开具发票等协作义务的，人民法院视违约情节，可以依据《中华人民共和国合同法》第六十条、第一百零七条规定，判令承包人限期履行、赔偿损失等。

四、《中华人民共和国发票管理办法》

第十九条　销售商品、提供服务以及从事其他经营活动的单位和个人，对外发生经营业务收取款项，收款方应当向付款方开具发票。

第二十条　所有单位和从事生产、经营活动的个人在购买商品、接受服务以及从事其他经营活动支付款项，应当向收款方取得发票。取得发票时，不得要求变更品名和金额。

五、《企业所得税税前扣除凭证管理办法》

第五条　企业发生支出，应取得税前扣除凭证，作为计算企业所得税应纳税所得额时扣除相关支出的依据。

第十六条　企业在规定的期限未能补开、换开符合规定的发票、其他外部凭证，并且未能按照本办法第十四条的规定提供相关资料证实其支出真实性的，相应支出不得在发生年度税前扣除。

实务提醒

一、对于能否诉求单独开具发票的问题，存在两种观点：一种观点认为，开具发票不属于法院民事审判范围（见相关案例一）；另一种观点认为，开具发票属于民事范围，不开发票还应赔偿损失。

二、对于能否以承包人未开具发票作为拒付工程款的问题，存在两种观点：一种观点认为，如果没有明确约定，则不能以未开发票为由拒付工程款（见相关案例三、四）；另一种观点认为，开具发票是双方当事人在合同中约定的义务，既然是合同义务就应当遵守，承包人未依照约定开具发票，发包人享有同时履行抗辩权。

三、在实务中，发包方如果希望以不开发票拒付工程款，可以在合同进行明确约定：“如果承包人不开具发票，发包人有权拒绝支付拖欠的工程款，并不承担违约责任”。

相关案例

相关案例一：《重庆市某公路工程有限责任公司与重庆某路桥工程有限公司、郝某建

设工程合同纠纷一审民事判决书》（巫山县人民法院〔2016〕渝 0237 民初 683 号）

判决书摘录：对于原告要求被告郝某开具发票的主张，本院认为，虽然原告、被告均认可郝某为巫山县水口大桥引道工程前期的实际施工人，但其与原告未以个人名义签订合同，其私自持盖有重庆某路桥工程有限公司印文的委托书领取 4250000 元款项的行为系其个人行为，税收征收属于税务部门的管理职责，纳税人与税务机关系是一种管理与被管理的关系，故应不属于本院民事审判范围，当事人可依法向税务机关申报、检举。原告要求二被告赔偿因二被告未开发票的损失 1535106.72 元，因原告未提供证据证实该损失的存在以及损失的大小，故本院不予支持。

相关案例二：《广州某经营管理有限公司、东莞市某装饰工程有限公司装饰装修合同纠纷二审民事判决书》（广东省广州市中级人民法院〔2018〕粤 01 民终 18987 号）

判决书摘录：一审法院判决：对于广州某经营管理有限公司提出判令东莞市某装饰工程公司向其开具 636685.60 元的增值税专用发票的诉讼请求，首先，根据税法的规定，开具发票的事项属于税务行政管理机关的管理范围，因此合同约定的开具发票义务不属于人民法院可以强制当事人履行的义务；其次，合同中并未约定所开具的发票必须是增值税专用发票，且广州某经营管理有限公司也未提供证据证实勤和公司达到税务行政管理机关对开具增值税专用发票纳税人的要求。因此，一审法院对该诉讼请求不予支持。

对于广州某经营管理有限公司主张某某公司对东莞市某装饰工程公司开具发票义务承担连带责任的诉讼请求，首先，根据《补充协议》约定，东莞市某装饰工程公司承接了某某公司的剩余债权债务，某某公司已不负有为广州某经营管理有限公司开具发票的义务；其次，连带责任是财产责任，其客体应为种类物，但开具发票属于行为债务，故广州某经营管理有限公司主张某某公司对行为债务承担连带责任是对法律的认识错误。因此，一审法院对广州某经营管理有限公司上述诉讼请求不予支持。

对于广州某经营管理有限公司主张东莞市某装饰工程公司按照未开发票金额的 25％向广州某经营管理有限公司赔偿实际损失 159171.40 元的诉讼请求，广州某经营管理有限公司参照合同约定开具假发票的违约责任主张不开发票的违约责任，有一定合理之处，但是，考虑到国家税务‘营改增’后，广州某经营管理有限公司的税负有一定变化，即实际损失不能达到 25％，故酌情确定按照未开发票金额 20％确定东莞市某装饰工程公司应当承担的违约责任。因此，广州某经营管理有限公司主张实际损失 127337.12 元的诉讼请求是符合法律规定和客观事实的，一审法院予以支持，对超出部分一审法院予以驳回。

二审法院判决：本院认为，《中华人民共和国合同法》第六十条规定：“当事人应当按照约定全面履行自己的义务。当事人应当遵循诚实信用原则，根据合同的性质、目的和交易习惯履行通知、协助、保密等义务。”涉案《工程承包框架合同》及《补充协议》均为有效合同，其约定的向广州某经营管理有限公司开具工程款发票的义务属于装饰装修工程承包人某某公司、东莞市某装饰工程公司应当履行的协助义务，也是承包人根据相关税务法规应当承担的法定义务。因此，在广州某经营管理有限公司已经向东莞市某装饰工程公司、某某公司支付全部工程款的情况下，东莞市某装饰工程公司、某某公司不履行开具发票的协助义务，构成违约。涉案《补充协议》约定，涉案《工程承包框架合同》项下某某公司未履行的义务转由东莞市某装饰工程公司继承，以及某某公司对勤和公司履行涉案《工程承包框架合同》剩余义务承担连带责任。故广州某经营管理有限公司诉请东莞市某装饰工程公司承担开具工程款发票、某某公司承担连带责任的继续履行义务的违约责任，依据充分，合法、合理，本院予以支持。鉴于企业已实施'营改增'的税务制度广州某经营管理公司诉请开具的发票为增值税专用发票，亦合法、合理，本院予以支持。一审判决认定，开具发票义务的性质及某某公司承担连带责任的事实均有误，且东莞市某装饰工程公司、某某公司并无提出其不能开具增值税专用发票的抗辩，而不能开具增值税专用发票的事实应由东莞市某装饰工程公司、某某公司举证证明，但其并未举证。因此，一审判决驳回广州某经营管理公司要求东莞市某装饰工程公司开具增值税专用发票、某某公司承担连带责任的诉讼请求，系认定事实错误及适用法律错误，本院予以纠正。

国家税务总局发布的《企业所得税税前扣除凭证管理办法》第五条规定："企业发生支出，应取得税前扣除凭证，作为计算企业所得税应纳税所得额时扣除相关支出的依据。"第十六条规定："企业在规定的期限未能补开、换开符合规定的发票、其他外部凭证，并且未能按照本办法第十四条的规定提供相关资料证实其支出真实性的，相应支出不得在发生年度税前扣除。"由此可知，纳税发票对公司利益影响很大，不开具发票必然造成广州某经营管理公司的经济损失。《中华人民共和国合同法》第一百零七条规定："当事人一方不履行合同义务或者履行合同义务不符合约定的，应当承担继续履行、采取补救措施或者赔偿损失等违约责任。"故广州某经营管理公司除主张东莞市某装饰工程公司、某某公司承担继续履行开具发票义务的违约责任，还主张东莞市某装饰工程公司承担赔偿损失的违约责任，符合法律规定，应予支持。但广州某经营管理公司在二审中述称其经济损失为税负损失，即如果东莞市某装饰工程公司、某某公司向广州某经营管理公司开具了发票，则可避免广州某经营管理公司的税负损失。因此，根据广州某经营管理公司所述其遭受的是税负损失的情形，为督促东莞市某装饰工程公司、某某公司尽快履行开具发票的义务，以及减少当事人的讼累，并考虑客观上存在东莞市某装饰工程公司、某某公司不能开具增值税专用发票的可能性，以及判决的可执行性，本院确定勤和公司向广州某经营管理公司赔偿损失的具体方式为，指定东莞市某装饰工程公司、某某公司在一定期限内向广州某经营管理公司履行开具增值税专用发票的义务，如东莞市某装饰工程公司、某某公司在指定期限内不履行或者不能履行，则由东莞市某装饰工程公司向广州某经营管理公司赔偿损失。至于赔偿损失的数额，涉案《工程承包框架合同》约定开具假发票应按发票金额的25%支付违约金，而不开具发票与开具假发票对广州某经营管理有限公司造成的损失是一样的，故广州某经营管理有限公司提出按照合同约定的违约金赔偿损失159171.40元（发票金额636685.60元的25%）的诉讼请求合理，且东莞市某装饰工程公司也无提出对该违约金进行调整的抗辩，本院予以支持。一审判决对该违约金进行调整，依据不足，本院予以纠正。

相关案例三：《阳江市某房地产开发有限公司与广东某建设有限公司以及廉江市某建筑工程有限公司建设工程施工合同纠纷二审民事判决书》（广东省阳江市中级人民法院〔2015〕阳中法民一终字第506号）

判决书摘录：至于开具发票的问题，承包人的主要义务是为发包人建设工程，发包人的主要合同义务是按照工程进度支付工程款，而开具发票不属于合同的主要义务。在承包人已完成合同主要义务将涉案工程交付使用的情况下，发包人不能以承包人不履行开具发票义务为由行使先履行抗辩权。虽然双方在合同中约定了承包人开具发票的义务，但并没有明确约定如果承包人不及时开具发票，发包人有权拒绝支付拖欠的工程款，而开具发票与支付工程款之间不具有对等关系，发包人以承包人未开具发票作为拒付工程款的抗辩理由不能成立，应付工程款而未付，就应按合同约定支付违约金。如果发包人认为承包人未按合同约定开具发票给自己造成了损失，其可以就损失问题主张权利，但不能作为拒付工程款及违约金的抗辩理由。

相关案例四：《某建工集团有限公司与某置业有限公司建设工程施工合同纠纷一审民事判决书》（青岛市黄岛区人民法院〔2017〕鲁0211民初15825号）

判决书摘录：本院认为，发包人的主要合同义务是按照工程进度支付工程款，在承包人已完成合同主要义务将工程交付使用的情况下，发包人未按合同约定支付工程款显然构成违约。开具发票与支付工程款之间不具有对等关系，发包人以承包人未开具发票作为拒付工程款的抗辩理由不能成立。双方合同中约定，原告负有开具发票义务，但并未约定原告不开具发票被告可以不付款，被告也未举证其准备向原告付款并明确了付款数额，双方先明确数额再开具发票符合通常交易习惯。故本院对被告关于原告未按时足额开具发票付款条件不成立的抗辩理由，不予采信。

问题20：清单计价规范与施工合同的效力之争以及如何结算工程款？

◆ 有关规定 ◆

一、《建设工程工程量清单计价规范》（GB 50500—2013）

3.1.4　工程量清单应采用综合单价计价。

8.2.1　工程量必须以承包人完成合同工程应予计量的工程量确定。

二、《中华人民共和国标准化法》

第二条　本法所称标准（含标准样品），是指农业、工业、服务业以及社会事业等领域需要统一的技术要求。标准包括国家标准、行业标准、地方标准和团体标准、企业标准。国家标准分为强制性标准、推荐性标准，行业标准、地方标准是推荐性标准。强制性标准必须执行。国家鼓励采用推荐性标准。

三、《中华人民共和国标准化法实施条例》

第二十三条　从事科研、生产、经营的单位和个人，必须严格执行强制性标准。

第四十二条　工程建设标准化管理规定，由国务院工程建设主管部门依据《标准化法》和本条例的有关规定另行制定，报国务院批准后实施。

实务提醒

一、清单计价模式下，固定总价实际上既不“总价”也不“固定”。

1. 清单计价模式下的工程量

工程量不仅是招标投标结算的图纸工程量，还包括工程变更、工程量清单缺项等不确定的量，其总工程量是不确定的。

2. 清单计价模式下的综合单价

不仅包括人、材、机、管、利、规、税，还包括超过风险范围的市场物价波动、工程量偏差引起的单价调整。

二、《建设工程工程量清单计价规范》(GB 50500—2013) 中强制条款的效力是否高于建设工程施工合同文件?

存在两种观点：1. 合同文件效力高于《建设工程工程量清单计价规范》(GB 50500—2013) 强制性条款。《建设工程工程量清单计价规范》(GB 50500—2013) 并不是法律法规，没有法律法规的强制力；计价规范仅仅是对工程项目及合同计价的一种规定，而在市场经济条件下，合同价格是承发包双方自主订立的，并没有违反社会的公序良俗，合同是否有效不应受到《建设工程工程量清单计价规范》(GB 50500—2013) 强制性条文的约束 (见相关案例一)。2.《建设工程工程量清单计价规范》(GB 50500—2013) 强制性条款属于国家强制性标准，国家强制性标准必须执行 (见相关案例二)。

相关案例

相关案例一：《合肥市某建筑安装有限公司与合肥某项目管理有限公司建设工程施工合同纠纷二审民事判决书》(安徽省合肥市中级人民法院〔2014〕合民一终字第 00510 号)

判决书摘录：关于一审判决的法律适用问题。合肥市某建筑安装公司提出的《建设工程工程量清单计价规范》(GB 50500—2013) 并非《中华人民共和国合同法》所称的强制性、禁止性规定，仅是一种计价方式。本案双方当事人之间依据招标投标文件及双方签订的合同确立各自权利义务，一审法院未适用住房和城乡建设部文件，而依据招标投标文件及双方合同作出判决，并未违反法律规定。

相关案例二：《某纪念馆与北京某建筑工程有限公司建设工程施工合同纠纷申诉、申

请民事裁定书》(湖南省怀化市中级人民法院〔2018〕湘12民申3号)

判决书摘录：本院经审查认为，再审申请人某纪念馆与被申请人北京某建筑有限公司于2009年10月30日签订《太和塔主体建筑工程施工合同》，在通用条款中明确约定“适用于合同的法律包括中华人民共和国法律、行政法规、部门规章，以及工程所在地的地方法规、自治条例、单行条例和地方政府规章”。但是，招标文件9.2.1款载明的“投标人所填写的单价和总价在合同实施期间不因市场变化因素而变动，投标人在计算报价时应考虑一定的风险系数”内容，有悖现行的住房和城乡建设部《建设工程工程量清单计价规范》(GB 50500—2013)和湖南省人民政府《湖南省建设工程造价管理办法》的相关规定，应属无效条款，因此，原判认定属无效条款并无不当。本案中，因发包人纪念馆的资金不到位、设计变更、装饰标准难以确认等自身原因，导致工期延误三年有余，期间人工工资及材料价格上涨，导致工程造价上升。经鉴定，合同内项目已结算工程款与上升后的工程造价款差价达3147566.77元。根据现行《建设工程工程量清单计价规范》(GB 50500—2013)第3.4.2款规定，施工延长期间物价波动引起的价格调整，其价差应由发包人承担。故原判此差价款应由纪念馆承担，是妥当的。

问题21：施工合同效力与承包人工程款优先权的关系以及如何结算工程款？

有关规定

一、《广东省高级人民法院关于在审判工作中如何适用〈中华人民共和国合同法〉第286条的指导意见》

第7条　在建设工程承包合同无效的情形下，承包人主张建设工程价款优先受偿权的，人民法院不予支持。

二、《深圳市中级人民法院关于建设工程合同若干问题的指导意见》

第30条　建设工程合同无效，承包人主张建设工程价款优先受偿权的，不予支持。

三、《浙江省高级人民法院民一庭关于审理建设工程施工合同纠纷案件若干疑难问题的解答》

二十二、建设工程施工合同无效情形下，谁有权行使优先受偿权？建设工程施工合同无效，但工程经竣工验收合格，承包人可以主张工程价款优先受偿权。分包人或实际施工人完成了合同约定的施工义务且工程质量合格，在总承包人或转包人怠于行使工程价款优先受偿权时，就其承建的工程在发包人欠付工程价款范围内可以主张工程价款优先受偿权。

四、杭州市中级人民法院民一庭《关于审理建设工程及房屋相关纠纷案件若干实务问题的解答》

第4条　建设工程价款优先受偿权，是立法对承包人应得工程价款的优先保护，属于承包人的法定权利。即使承包合同被认定无效，但承包人所享有的工程价款请求权依然存在，相应的其优先受偿权也应一并受到保护。

五、《安徽省高级人民法院关于审理建设工程施工合同纠纷意见案件适用法律问题的指导意见》

第 17 条　建设工程施工合同无效，但工程经竣工验收合格的，承包人主张工程价款优先受偿权，可予支持。

实务提醒

一、关于建设工程优先受偿权与施工合同效力的关系。

从各地高级法院的指导意见来看，有的法院认为只有施工合同有效，承包人才具有优先受偿权；有的法院认为施工合同无效，也具有优先受偿权（见前述高级人民法院指导意见以及下面的相关案例）。

二、虽然各省法院有规定，但是该省各地法院的判决未必全部依据该意见，还要结合案件的具体情况。

相关案例

《上诉人某农民专业合作社与被上诉人某金属构件有限公司、孙某建设工程施工合同纠纷一案民事判决书》（黑龙江省绥化市中级人民法院〔2018〕黑 12 民再 67 号）

判决书摘录：建设工程施工合同优先受偿权是为了保护建设工程的施工方得到工程款而设置的，不应以建设工程合同无效而成为行使优先受偿权的障碍，应结合工程是否竣工验收合格这一事实进行判断，某金属构件公司与某农民专业合作社之间的合同虽然无效，但是某农民专业合作社对于某金属构件公司承建的钢结构厂房已经接收并投入使用，且没有提出质量问题，应视为工程竣工验收合格。据此，某金属构件公司享有优先受偿权。

问题 22：购房消费者优先权、被拆迁人的补偿安置权与工程承包人工程款优先权的关系以及如何结算工程款？

有关规定

一、《中华人民共和国合同法》

第二百八十六条　发包人未按照约定支付价款的，承包人可以催告发包人在合理期限内支付价款。发包人逾期不支付的，除按照建设工程的性质不宜折价、拍卖的以外，承包人可以与发包人协议将该工程折价，也可以申请人民法院将该工程依法拍卖。建设工程的价款就该工程折价或者拍卖的价款优先受偿。

二、《中华人民共和国民法典》

第八百零七条　发包人未按照约定支付价款的，承包人可以催告发包人在合理期限内支付价款。发包人逾期不支付的，除根据建设工程的性质不宜折价、拍卖外，承包人可以与发包人协议将该工程折价，也可以请求人民法院将该工程依法拍卖。建设工程的价款就该工程折价或者拍卖的价款优先受偿。

三、《最高人民法院关于人民法院办理执行异议和复议案件若干问题的规定》

第二十九条　金钱债权执行中，买受人对登记在被执行的房地产开发企业名下的商品房提出异议，符合下列情形且其权利能够排除执行的，人民法院应予支持：

（一）在人民法院查封之前已签订合法有效的书面买卖合同；

（二）所购商品房系用于居住且买受人名下无其他用于居住的房屋；

（三）已支付的价款超过合同约定总价款的百分之五十。

四、《最高人民法院关于审理商品房买卖合同纠纷适用法律若干问题的解释》

第七条　拆迁人与被拆迁人按照所有权调换形式订立拆迁补偿安置协议，明确约定拆迁人以位置、用途特定的房屋对被拆迁人予以补偿安置，如果拆迁人将该补偿安置房屋另行出卖给第三人，被拆迁人请求优先取得补偿安置房屋的，应予支持。

五、《最高人民法院关于审理建设工程施工合同纠纷案件适用法律问题的解释（一）》

第三十五条　与发包人订立建设工程施工合同的承包人，依据民法典第八百零七条的规定请求其承建工程的价款就工程折价或者拍卖的价款优先受偿的，人民法院应予支持。

第三十六条　承包人根据民法典第八百零七条规定享有的建设工程价款优先受偿权优于抵押权和其他债权。

第三十八条　建设工程质量合格，承包人请求其承建工程的价款就工程折价或者拍卖的价款优先受偿的，人民法院应予支持。

第三十九条　未竣工的建设工程质量合格，承包人请求其承建工程的价款就其承建工程部分折价或者拍卖的价款优先受偿的，人民法院应予支持。

第四十条　承包人建设工程价款优先受偿的范围依照国务院有关行政主管部门关于建设工程价款范围的规定确定。

承包人就逾期支付建设工程价款的利息、违约金、损害赔偿金等主张优先受偿的，人民法院不予支持。

第四十一条　承包人应当在合理期限内行使建设工程价款优先受偿权，但最长不得超过十八个月，自发包人应当给付建设工程价款之日起算。

实务提醒

一、关于购房消费者的理解

商铺不是家庭住房，不属于消费者（见相关案例一和相关案例二），但是商铺在具有生存保障目的的特殊情况下，也视为消费者（见相关案例三）。

二、关于被拆迁人的补偿安置权

物权优于债权，是处理权利冲突的基本原则，但在拆迁补偿安置中，以房换房的房屋产权调换是以被拆迁人牺牲原房屋的居住权为代价来满足城市建设等社会公共利益的需要，因此对被拆迁人享有的债权作为特种债权，赋予其物权的优先效力（见相关案例四）。

◆ 相关案例 ◆

相关案例之一：《中国某银行股份有限公司某支行与被执行人广西某股份有限公司借款合同纠纷，案外人罗某执行异议一案》（广西壮族自治区北海市中级人民法院〔2017〕桂05执异206号）

判决书摘录：本院认为，A栋1001号商品房并非案外人的唯一住房，案外人购买上述房屋不是直接用于满足生活居住需要，故其对本案执行标的的异议不适用《最高人民法院关于人民法院办理执行异议和复议案件若干问题的规定》第二十九条规定的对消费者物权期待权的保护。

相关案例二：《浙江某建设有限公司与庆阳某房地产开发有限公司、某建设工程施工合同纠纷一案执行裁定书》（甘肃省高级人民法院〔2017〕甘执异30号）

裁定书摘录：因王某所购商品房系商用房，明显不符合上述规定的情形。因此，王某对所购商用房的所有权期待权依法不能排除本院在以庆阳某房地产开发公司为被申请人的保全案件中对该商用房的执行。

相关案例三：《吕某与被上诉人某投资有限公司、侯某破产债权确认纠纷案》（〔2016〕皖民终689号）

判决书摘录：本案二审的争议焦点为：原审法院认定侯某对某投资公司的108791元购房债权享有优先权是否适当。原审法院在审查购房合同、购房性质及房款支付情况的基础上，确认侯某对于某投资公司享有破产优先债权108791元。吕某上诉称因该房屋为商铺，具有投资经营属性，购房债权不享有优先权。侯某系农村居民，农村土地流转后，失业在家，无固定收入来源。案涉房屋是集其全部积蓄购买，面积仅13.1m^2。该房屋价值及预期的经营收益承载了侯某及其家人的生存保障功能。原审法院根据《最高人民法院关于建设工程价款优先受偿权问题的批复》的相关规定及破产法优先保护生存利益的司法精神，确认侯某对某投资公司的108791元购房债权为优先债权，并无不当。

相关案例四：《中国邮政集团公司某市分公司、湖南某投资置业有限公司借款合同纠纷案》（〔2018〕最高法民终112号）

判决书摘录：《最高人民法院关于审理商品房买卖合同纠纷适用法律若干问题的解释》第七条第一款规定："拆迁人与被拆迁人按照所有权调换形式订立拆迁补偿安置协议，明确约定拆迁人以位置、用途特定的房屋对被拆迁人予以补偿安置，如果拆迁人将该补偿安置房屋另行出卖给第三人，被拆迁人请求优先取得补偿安置房屋的，应予支持。”该规定是对拆迁补偿安置协议与其他商品房买卖合同发生冲突时，对拆迁补偿安置协议的被拆迁人予以特别保护的规定。物权优于债权是处理权利冲突的基本原则。但在拆迁补偿安置中，以房换房的房屋产权调换是以被拆迁人牺牲原房屋的居住权为代价来满足城市建设等社会公共利益的需要，因此对其基于拆迁补偿协议享有的安置房请求权，应给予适当的优先保护，即对被拆迁人享有的债权作为特种债权赋予其物权的优先效力。本案中，虽然红岭公司对某某大厦一楼 114 号门面享有的是抵押权而非买卖该房屋，但同样是对安置房的重复处理，而且抵押权人享有的是物的交换价值的权利。因此，中国邮政某市分公司就某某大厦一楼 114 号门面享有的补偿安置权优先于红岭公司享有的抵押权。

问题 23：装饰装修工程承包人、零星工程施工人、承揽合同承揽人与优先受偿权的关系以及如何结算工程款？

有关规定

一、《最高人民法院关于审理建设工程施工合同纠纷案件适用法律问题的解释（二）》

第十八条　装饰装修工程的承包人，请求装饰装修工程价款就该装饰装修工程折价或者拍卖的价款优先受偿的，人民法院应予支持，但装饰装修工程的发包人不是该建筑物的所有权人的除外。

二、《最高人民法院关于装修装饰工程款是否享有合同法第二百八十六条规定的优先受偿权的函复》（〔2004〕民一他字第 14 号）

装修装饰工程属于建设工程，可以适用《中华人民共和国合同法》第二百八十六条关于优先受偿权的规定，但装修装饰工程的发包人不是该建筑的所有权人或者承包人与该建筑物的所有权人之间没有合同关系的除外。享有优先权的承包人只能在建筑物因装修装饰而增加价值的范围内优先受偿。

三、《建设工程质量管理条例》

第二条　凡在中华人民共和国境内从事建设工程的新建、扩建、改建等有关活动及实施对建设工程质量监督管理的，必须遵守本条例。本条例所称建设工程，是指土木工程、建筑工程、线路管道和设备安装工程及装修工程。

四、各地高级人民法院意见

1.《浙江省高级人民法院民事审判第一庭关于印发〈关于审理建设工程施工合同纠纷案件若干疑难问题的解答〉的通知》（浙法民一〔2012〕3 号）

第六条　装饰装修工程承包人、工程勘察人或设计人是否享有优先受偿权？

装饰装修工程承包人主张工程价款优先受偿权的，可予以支持。但装修装饰工程的发包人不是该建筑的所有权人，或者承包人与该建筑物的所有权人之间没有合同关系的除外。享有优先权的承包人只能在建筑物因装修装饰而增加价值的范围内优先受偿。工程勘察人或设计人就工程勘察或设计费主张优先受偿权的，不予支持。

2.《广东省高级人民法院关于在审判工作中如何适用〈中华人民共和国合同法〉第286条的指导意见》(粤高法发〔2004〕2号)

第三条《中华人民共和国合同法》第286条所规定的建设工程价款优先受偿权适用于建设工程施工合同。建设工程幕墙装修、装饰合同属于建设工程施工合同。

3.《安徽省高级人民法院关于审理建设工程施工合同纠纷案件适用法律问题的指导意见》

第16条　装饰装修工程承包人主张工程款优先受偿权，可予支持；工程勘察人或设计人就工程勘察或设计费主张优先受偿权，不予支持。

五、《最高人民法院关于审理建设工程施工合同纠纷案件适用法律问题的解释（一）》

第三十七条　装饰装修工程具备折价或者拍卖条件，装饰装修工程的承包人请求工程价款就该装饰装修工程折价或者拍卖的价款优先受偿的，人民法院应予支持。

◆ 实务提醒 ◆

一、注意对装饰装修工程承包人享有优先受偿权的限制条件。

《最高人民法院关于审理建设工程施工合同纠纷案件适用法律问题的解释（二）》第十八条　装饰装修工程的承包人，请求装饰装修工程价款就该装饰装修工程折价或者拍卖的价款优先受偿的，人民法院应予支持，但装饰装修工程的发包人不是该建筑物的所有权人的除外。

“但装饰装修工程的发包人不是该建筑物的所有权人的除外”，其含义是对装饰装修工程的承包人享有优先受偿权的限制。注意：《最高人民法院关于审理建设工程施工合同纠纷案件适用法律问题的解释（一）》将该条件进行了删除。

二、建设工程优先受偿权的行使范围包括装饰装修工程，但不包括工程勘察和设计。

三、承包人具有优先受偿权没有争议，但是转包人、违法分包人是否具有优先受偿权的理论和实务都有争议。《最高人民法院关于审理建设工程施工合同纠纷案件适用法律问题的解释（一）》出台后，主流观点认为享有优先受偿权的承包人不包括转包人、违法分包人。

四、需要注意的是，不属于建设工程施工合同关系的承包人不享有优先受偿权。

比如：不属于建设工程的零星工程的施工人不享有优先受偿权（见相关案例一）；门窗定做加工承揽合同关系不是建设工程施工合同关系，不属于建设工程优先受偿权的范围（见相关案例二）。

◆ 相关案例 ◆

相关案例一：《惠州市某装饰工程部与惠州市某房产有限公建设工程价款优先受偿权纠纷一审民事判决书》（广东省惠州市中级人民法院〔2016〕粤13民初303号）

判决书摘录：本院认为，根据《中华人民共和国合同法》第二百八十六条的规定，建设工程合同的承包人可就建设工程的价款就该工程折价或者拍卖的价款优先受偿，但本案中原告与被告并未签订建设工程施工合同，其所做工程为零星工程，并不是建设工程，原告承揽内容不属于建设工程，因此原告不属于建设工程价款优先受偿权的适格主体。对原告主张其工程价款优先受偿权的诉请，本院不予支持。

相关案例二：《杨某与滁州市某包装有限公司破产债权确认纠纷一审民事判决书》（滁州市南谯区人民法院〔2019〕皖1103民初540号）

判决书摘录：本院认为：建设工程优先受偿权是指承包人在合理期限内就自己承建施工的建设工程进行折价、拍卖所得价款优先受偿的一种权利。本案中，原告、被告双方之间就门窗定做安装存在承揽合同关系，而非建设工程施工合同关系，原告主张的门窗款不属于建设工程优先受偿权的范围。

问题24：存在默示条款情形下，如何结算工程款？

◆ 有关规定 ◆

一、《中华人民共和国民法总则》

第一百四十条　行为人可以明示或者默示作出意思表示。

沉默只有在有法律规定、当事人约定或者符合当事人之间的交易习惯时，才可以视为意思表示。

二、《最高人民法院关于审理建设工程施工合同纠纷案件适用法律问题的解释（二）》

第二十条　当事人约定，发包人收到竣工结算文件后，在约定期限内不予答复，视为认可竣工结算文件的，按照约定处理。承包人请求按照竣工结算文件结算工程价款的，应予支持。

三、《关于发包人收到承包人竣工结算文件后，在约定期限内不予答复，是否视为认可竣工结算文件的复函》（〔2005〕民一他字第23号）

你院渝高法〔2005〕154号《关于如何理解和适用最高人民法院〈关于审理建设工程施工合同纠纷案件适用法律问题的解释〉第二十条的请示》收悉。经研究，答复如下：同意你院审委会的第二种意见，即适用该司法解释第二十条的前提是当事人之间约定了发包人收到竣工结算文件后，在约定期限内不予答复，则视为认可竣工结算文件。承包人提交的竣工结算文件可以作为工程款结算的依据。住房和城乡建设部制定的建设工程施工合同示范文本中的通用条款第33条第3款的规定，不能简单地推论出双方当事人具有发包人收到竣工结算文件一定期限内不予答复，则视为认可承包人提交的竣工结算文件的一致意思表示，承包人提交的竣工结算文件不能作为工程款结算的依据。

四、《安徽省高级人民法院关于审理建设工程施工合同纠纷案件适用法律问题的指导意见》(2009年5月4日)

第10条　建设工程施工合同约定发包人应在承包人提交结算文件后一定期限内予以答复，但未约定逾期不答复视为认可竣工结算文件的，承包人请求按结算文件确定工程价款的，不予支持。

五、《四川省高级人民法院关于审理建设工程施工合同纠纷案件若干疑难问题的解答》(川高法民一〔2015〕3号)

第18条　承包人要求按照竣工结算文件结算工程价款如何处理?

当事人在建设工程施工合同专用条款或另行签订的协议中明确约定，发包人应在收到承包人提交竣工结算文件后一定期限内予以答复，且逾期未答复则视为认可竣工结算文件的，承包人依据《最高人民法院关于审理建设工程施工合同纠纷案件适用法律的解释》第二十条的规定请求按照竣工结算文件结算工程价款的，应予支持。没有明确约定逾期未答复则视为认可竣工结算文件的，承包人请求按照竣工结算文件确定工程价款的，不予支持。

当事人在建设工程施工合同专用条款中未明确约定发包人应在收到承包人提交竣工结算文件后一定期限内予以答复，也未另行签订协议约定，承包人仅以建设部颁布的《建筑工程施工发包与承包计价管理办法》第十六条的规定，或者《建设工程施工合同(示范文本)》(GF—2017—0201)通用条款约定为依据，诉请依照《最高人民法院关于审理建设工程施工合同纠纷案件适用法律的解释》第二十条的规定按照竣工结算文件结算工程价款的，不予支持。

当事人在建设工程施工合同专用条款或另行签订的协议中明确约定发包人应在承包人提交竣工结算文件后未答复则视为认可竣工结算文件，但未约定答复期限，经承包人催告后，发包人仍不予答复的，人民法院可根据实际情况确定合理的答复期限，但答复期限不应超过60日。

六、《深圳市中级人民法院关于建设工程合同若干问题的指导意见》(2010年3月9日)

第18条　当事人约定，发包人收到竣工结算文件后，在约定的期限内不予答复，视为认可竣工结算文件的，按照约定处理。发包人的答复应是针对竣工结算文件的内容，与竣工结算文件内容无关的答复为没有答复，当事人另有约定的除外。

七、《建筑工程施工发包与承包计价管理办法》

第十六条　承包方应当按照合同约定向发包方提交已完成工程量报告。发包方收到工程量报告后，应当按照合同约定及时核对并确认。

八、《建设工程施工合同（示范文本）》（GF—2017—0201）

14.2　竣工结算审核

（1）除专用合同条款另有约定外，监理人应在收到竣工结算申请单后 14 天内完成核查并报送发包人。发包人应在收到监理人提交的经审核的竣工结算申请单后 14 天内完成审批，并由监理人向承包人签发经发包人签认的竣工付款证书。监理人或发包人对竣工结算申请单有异议的，有权要求承包人进行修正和提供补充资料，承包人应提交修正后的竣工结算申请单。

（2）发包人在收到承包人提交竣工结算申请书后 28 天内未完成审批且未提出异议的，视为发包人认可承包人提交的竣工结算申请单，并自发包人收到承包人提交的竣工结算申请单后第 29 天起视为已签发竣工付款证书。

（3）承包人对发包人签认的竣工付款证书有异议的，对于有异议部分应在收到发包人签认的竣工付款证书后 7 天内提出异议，并由合同当事人按照专用合同条款约定的方式和程序进行复核，或按照第 20 条〔争议解决〕约定处理。对于无异议部分，发包人应签发临时竣工付款证书，并按本款第（2）项完成付款。承包人逾期未提出异议的，视为认可发包人的审批结果。

九、《中华人民共和国民法典》

第一百四十条　行为人可以明示或者默示作出意思表示。

沉默只有在有法律规定、当事人约定或者符合当事人之间的交易习惯时，才可以视为意思表示。

实务提醒

一、默示条款涉及双方重大利益，应严格适用。

根据相关规定和案例，可以看出默示条款必须符合两个条件：①必须在专用条款中约定或者在另外签订的协议中约定；②必须明确约定逾期的后果，比如“逾期不答复视为认可竣工结算文件”。

见相关案例一，最高人民法院认为“本案当事人虽然在案涉协议中对工程款的审计期限进行了约定，但是没有对逾期不能完成审计的后果作出进一步约定”，所以不能适用默示条款。

见相关案例二，当事人签订的补充协议中约定了默示条款，得到了法院的认可，判决认为“中通公司与汽车城公司签订的《补充协议》系双方真实意思的表达，约定默示行为方式来表达认可竣工文件的意思表示，不违反法律规定，合法、有效。”

二、送审材料即竣工结算文件资料应当完整。

如果承包人送审的材料不完整，可能会造成发包人无法审核和作出答复；承包人送审的材料不符合竣工结算文件的要求，也不能视为发包人收到了竣工结算文件。

见相关案例一，上海市高级人民法院认为“龙某公司提交审价资料不全的情况也必然会影响审价工作的及时完成，故双方对审价工作未能在约定的期限内完成均负有一定责任。原审法院基于奥赞特公司的申请，就系争工程造价委托司法审价，并以司法审价结论为据最终确定工程造价，并无不当。”

三、发包人在接到竣工结算文件之后答复的内容应当与工程款结算有关。“经办人出差”“最近停电”等不能视为发包人进行了答复。

四、施工合同无效时，工程款结算默示条款也应当无效，对双方不具有约束力。

五、如果默示条款适用，对双方都有约束力，因此它是把双刃剑，发、承包双方都应当谨慎注意。

◆ 相关案例 ◆

相关案例一：《某建设集团股份有限公司与某精密仪器有限公司建设工程施工合同纠纷再审民事裁定书》

1. 最高法院裁定书：最高人民法院〔2013〕民申字第32号

裁定书摘录：本院认为，本案当事人虽然在案涉协议中对工程款的审计期限进行了约定，但是没有对逾期不能完成审计的后果作出进一步约定。根据一、二审法院已经查明的事实，双方当事人客观上未能在约定的期限内完成审计，且双方对此均有过错。在当事人不能自行完成审计的情况下，一审法院依照法定程序委托相关机构进行审计并以审计结论认定案涉工程款并无不当。

2. 上海市高级人民法院判决书〔2012〕沪高民一（民）终字第6号

判决书摘录：关于系争工程造价应当按照龙元公司提交的结算报告还是按照司法审价结论确定问题，本院认为，根据查明的事实，某精密仪器公司在收到某建设集团公司递交的结算报告后，即按约委托了审价单位对系争工程造价进行审价，表明奥赞特公司对龙元公司递交的结算价格未予认可。虽然某精密仪器公司在审价工作中存在一定的拖延情形，但某建设集团公司提交审价资料不全的情况也必然会影响审价工作的及时完成，故双方对审价工作未能在约定的期限内完成均负有一定责任。原审法院基于某精密仪器公司的申请，就系争工程造价委托司法审价，并以司法审价结论为据最终确定工程造价，并无不当，本院予以认同。

相关案例二：《沈阳某汽车城开发有限公司、抚顺某建设（集团）有限公司建筑安装分公司建设工程施工合同纠纷再审审查与审判监督民事裁定书》（最高人民法院〔2018〕最高法民申549号）

判决书摘录：《中华人民共和国民法总则》第一百四十条规定：“行为人可以明示或者默示作出意思表示。沉默只有在有法律规定、当事人约定或者符合当事人之间的交易习惯时，才可以视为意思表示。”建设工程合同司法解释第二十条规定：“当事人约定，发包人收到竣工结算文件后，在约定期限内不予答复，视为认可竣工结算文件的，按照约定处理。承包人请求按照竣工结算文件结算工程价款的，应予支持。”根据上述法律规定，抚顺建设公司与汽车城公司签订的《补充协议》系双方真实意思的表达，约定默示行为方式来表达认可竣工文件的意思表示，不违反法律规定，合法、有效。本案中，2011 年 4 月 27 日抚顺建设公司（乙方）与汽车城公司（甲方）签订《补充协议》，其中甲、乙双方对工程竣工结算事宜约定：“双方约定甲方审核竣工结算文件期限为 45 天，即甲方收到乙方工程结算报告及工程结算文件资料后，45 天内予以答复并审定完成，且据此按约定额度支付结算工程款。双方约定甲方收到工程结算报告及结算文件资料超过 45 天，而在约定 45 天期限内不予答复，视为甲方认可乙方提交的结算文件资料和工程结算总值，即乙方提交的工程结算总值自动生效：甲方按此工程结算总值支付工程款。从第 46 天起为逾期付款，甲方逾期付款按月息 2%承担其利息。双方约定，甲方逾期付款超过 60 天，甲方抵押、出售、转让、拍卖该工程及房屋所得，乙方优先受偿。”在抚顺建设公司依约向汽车城公司交付了工程结算报告及相关结算资料后，汽车城公司未在约定期限内进行回复，没有提出异议，汽车城公司亦未提交证据证明双方此后曾对工程造价进行核算。据此，二审法院对抚顺建设公司交付的工程结算报告及相关结算资料予以采信正确。

问题 25：存在“背靠背”条款情形下，如何结算工程款？

有关规定

一、《中华人民共和国合同法》

第四十五条　当事人对合同的效力可以约定附条件。附生效条件的合同，自条件成就时生效。附解除条件的合同，自条件成就时失效（背靠背条款有效说的法律依据）。

第一百二十一条　当事人一方因第三人的原因造成违约的，应当向对方承担违约责任。当事人一方和第三人之间的纠纷，依照法律规定或者按照约定解决（背靠背条款无效说的法律依据）。

二、《中华人民共和国民法典》

第一百五十八条　民事法律行为可以附条件，但是根据其性质不得附条件的除外。附生效条件的民事法律行为，自条件成就时生效。附解除条件的民事法律行为，自条件成就时失效。

第一百五十九条　附条件的民事法律行为，当事人为自己的利益不正当地阻止条件成就的，视为条件已经成就；不正当地促成条件成就的，视为条件不成就。

第一百六十条　民事法律行为可以附期限，但是根据其性质不得附期限的除外。附生效期限的民事法律行为，自期限届至时生效。附终止期限的民事法律行为，自期限届满时失效。

第五百九十三条　当事人一方因第三人的原因造成违约的，应当依法向对方承担违约责任。当事人一方和第三人之间的纠纷，依照法律规定或者按照约定处理。

三、《建设工程施工专业分包合同（示范文本）》（GF—2003—0213）

19.5　分包合同价款与总包合同相应部分价款无任何连带关系。

四、《安徽省高级人民法院关于审理建设工程施工合同纠纷案件适用法律问题的指导意见（二）》

第十一条　非法转包、违法分包建设工程，实际施工人与承包人约定以发包人与承包人的结算结果作为结算依据，承包人与发包人尚未结算，实际施工人向承包人主张工程价款的，分别下列情形处理：

1. 承包人与发包人未结算尚在合理期限内的，驳回实际施工人的诉讼请求

2. 承包人已经开始与发包人结算、申请仲裁或者诉至人民法院的，中止审理

3. 承包人怠于向发包人主张工程价款，实际施工人主张参照发包人与承包人签订的建设工程施工合同确定工程价款的，应予支持

五、《北京市高级人民法院关于审理建设工程施工合同纠纷案件若干疑难问题的解答》

第22条　分包合同中约定待总包人与发包人进行结算且发包人支付工程款后，总包人再向分包人支付工程款的，该约定有效。因总包人拖延结算或怠于行使其到期债权致使分包人不能及时取得工程款，分包人要求总包人支付欠付工程款的，应予支持。总包人对于其与发包人之间的结算情况以及发包人支付工程款的事实负有举证责任。

实务提醒

一、“背靠背”条款的含义

“背靠背”条款（Pay When Paid或Pay if Paid），就是“以业主支付为前提”的条款，含义是总承包方与分包方在合同中约定“总承包方支付分包方工程款的前提是建设方支付给总承包方之后”。

二、“背靠背”条款的常见表述

类似下面的表述：“待业主向总承包商支付相应工程款后的15日内，总承包商再向专业/劳务分包单位支付；业主迟延付款或拒付工程款时，总承包商根据此条款对分包人拒付工程款。”

三、“背靠背”条款的效力

“背靠背”条款的效力存在有效说、无效说、约定不明说三种观点。

约定不明说认为“建设方付款后”是一个不明确的时间概念，属于当事人对履行期限约定不明的情形，根据《中华人民共和国民法典》第五百一十条、五百一十一条的规定，履行期限约定不明的，当事人可以协议补充；不能达成补充协议的，按照合同有关条款或

交易习惯确定；仍不能确定的，债务人可以随时履行，债权人也可以随时要求履行，但应当给对方必要的准备时间。

四、所谓的“背靠背”，并非法定概念，而是行业内的惯常说法。

相关案例

相关案例一（认为有效的案例）：《江西某工程有限公司、浙江某建设有限公司等与建设工程施工合同纠纷一审民事判决书》（芜湖市鸠江区人民法院〔2017〕皖0207民初230号）

判决书摘录：本案的争议焦点为案涉工程价款是否满足支付条件。在建设工程领域，总承包商为了转移风险负担，在与分包商签订分包合同时，常将主合同中相关付款条件、责任义务通过“传导条款”转移给分包商，此种“传导条款”俗称“背靠背条款”，建设工程领域的“背靠背条款”即以业主付款作为总承包商向分包商付款的前提条件，业主不付款，总承包商即不付款。本案中，原被告的承包合同约定“以上付款条件，以被告浙江公司收到业主的工程款支付条件为准，原告应积极配合被告办理工程款付款手续，若被告未收到业主工程款，则付款时间相应顺延至被告收到业主的工程款之日”系典型的“背靠背条款”。因案涉工程系合法分包，原被告之间的承包合同合法、有效，原被告之间的附条件的付款方式应属有效，理由为：首先，《中华人民共和国合同法》第五十二条对合同无效的情形进行了明确的规定。本案中，双方关于付款条件的约定并无损害国家、集体或者第三人的利益，以合法的形式掩盖非法的目的等情形，且现行法律、行政法规中并未就承包商不得以业主付款作为前提条件向分包商支付价款的强制性规定；其次，民法总则和合同法对民事法律行为可附条件进行了明确的规定，合同法对合同自由原则和依合同履行义务原则进行了规定，即合同以当事人意思自治为原则，本案中，原被告就付款条件的约定系合同双方当事人的真实意思表示；最后，原被告在签订分包合同时，原告完全有根据自身风险承受能力决定是否签约的自由，即有是否接受“背靠背条款”的选择权，原被告就付款条件在合同明确约定是其接受风险的真实意思表示。综上，原被告约定的附条件的付款条款合法有效，被告自认就案涉工程收到业主的工程款17004259.68元，而原告自认共收到被告的工程款17160349元，原告收到的工程款数额高于业主支付给被告的工程款数额，在业主将案涉工程的工程尾款支付给被告前，原告诉请被告支付案涉工程尾款的付款条件尚未成就，其请求被告支付工程尾款无事实和法律依据，本院依法不予支持。

相关案例二（认为无效的案例）

1.《江苏某建设集团有限公司、郑州某建筑钢筋连接器械有限公司合同纠纷二审民事判决书》（河南省周口市中级人民法院〔2017〕豫16民终1090号）

判决书摘录：关于约定业主支付前提条款，即合同中约定“与业主方付款同步”的付款方式，因本案中合同产生于2010年，工程长期停工，业主方未支付货款的责任不在郑州某公司，由郑州某公司承担后果，违反合同的相对性和公平原则。

2.《刘某与上海某医疗工程有限公司装饰装修合同纠纷一审民事判决书》（上海市徐汇区人民法院〔2018〕沪0104民初17206号）

判决书摘录： 对于上海某医疗工程公司提出的付款条件尚未成就问题，本院认为，按照上海某医疗工程公司与妇幼保健院之间的合同约定，妇幼保健院应在审价结束后一周内付至结算总价的95%，剩余5%待2年质保期满后一周内付清。该工程于2013年11月20日审价结束，至今已经五年有余，即使妇幼保健院未结清工程款，也未见上海某医疗工程公司曾积极采取措施主张权利，上海某医疗工程公司怠于行使其权利的不利后果应由其自负，刘某不应受牵连。因此上海某医疗工程公司引用施工合同的背靠背条款以妇幼保健院未结清工程款为由拒付工程款，本院不予支持。

相关案例三（认定约定不明的案例）：《宁夏某电力设备有限公司与湖北某建设集团有限公司、吴某等买卖合同纠纷一审民事判决书》（永宁县人民法院〔2018〕宁0121民初1256号）

判决书摘录： 将原告请求支付货款的权利完全依赖于被告与第三方之间的合同履行，属于“背靠背”条款，该付款期限的约定不明确且有违公平原则。

问题26：合法的劳务分包、专业工程分包是否属于实际施工人，如何结算工程款？

有关规定

一、《最高人民法院关于审理建设工程施工合同纠纷案件适用法律问题的解释》

第二十六条　实际施工人以转包人、违法分包人为被告起诉的，人民法院应当依法受理。

实际施工人以发包人为被告主张权利的，人民法院应当追加转包人或者违法分包人为本案第三人。发包人只在欠付工程价款范围内对实际施工人承担责任。

二、《最高人民法院关于审理建设工程施工合同纠纷案件适用法律问题的解释（二）》

第二十四条 实际施工人以发包人为被告主张权利的，人民法院应当追加转包人或者违法分包人为本案第三人，在查明发包人欠付转包人或者违法分包人建设工程价款的数额后，判决发包人在欠付建设工程价款范围内对实际施工人承担责任。

三、《最高人民法院关于审理建设工程施工合同纠纷案件适用法律问题的解释（一）》

第五条　具有劳务作业法定资质的承包人与总承包人、分包人签订的劳务分包合同，当事人请求确认无效的，人民法院依法不予支持。

◆ 实务提醒 ◆

一、“实际施工人”是《最高人民法院关于审理建设工程施工合同纠纷案件适用法律问题的解释》的创设，属于司法政策的产物。

“实际施工人”是违法违规行为的产物，以转包、违法分包、挂靠为产生的前提，合法的劳务分包、专业的工程分包等不属于实际施工人。

为了区别《中华人民共和国民法典》规定的合法的施工人，《最高人民法院关于审理建设工程施工合同纠纷案件适用法律问题的解释》使用了“实际施工人”的概念，即第四条、第二十五条和第二十六条三处均是指无效合同的承包人，如转包人、违法分包的承包人、没有资质借用有资质的建筑施工企业的名义与他人签订建设工程施工合同的承包人。

二、“实际施工人”主张权利是否仅仅限于劳务，也有不同的观点。

有的观点认为，该制度的设立是为了保护农民工的工资，而不是工程款。也有观点认为，劳务和工程款很难剥离，而且司法解释也没有将“实际施工人”工程款的内容限制为“劳务”。

三、劳务分包不同于工程转包和分包，转包及违法分包为法律所禁止，而劳务分包则不为法律所禁止。如何区分合法的劳务分包和违法的工程转包呢？

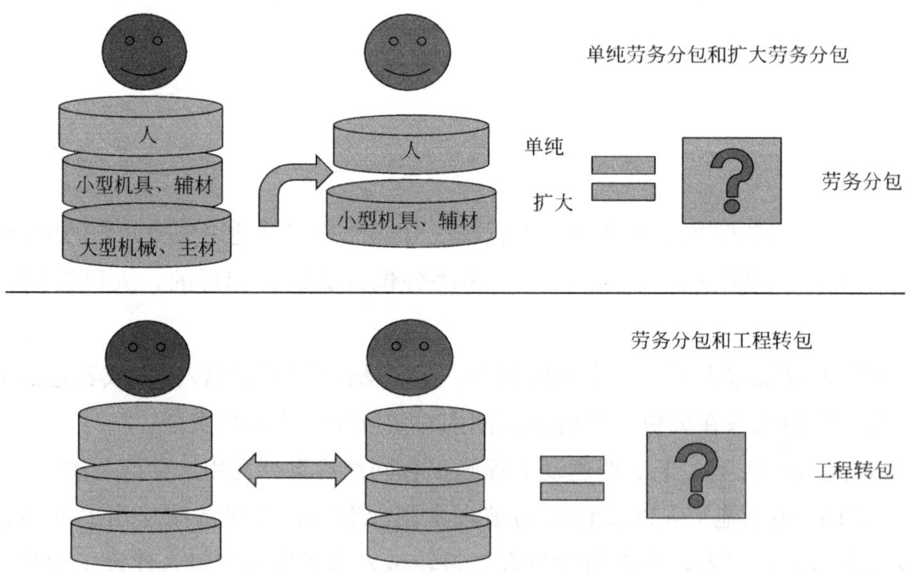

劳务分包是指施工总承包企业或专业承包企业将其承包工程的劳务作业发包给劳务分包企业的活动，是将建设工程中的劳务部分转由第三人完成，劳务分包是以提供劳务为目的的分包。

关键是看包的是什么，如果只包劳务，或者还有一些建筑材料的辅助性材料，就是合法的劳务分包。如果包劳务，还包建筑材料主材、工程质量，那就是名为劳务分包、实为违法分包的工程转包。

四、对于合法的劳务分包，是否属于“实际施工人”，能否突破合同相对性，有两种不同的观点。

第一种观点认为，司法解释规定适用的前提条件为转包或违法分包，而合法的劳务分包不属于“实际施工人”，不能突破合同相对性、起诉发包人。

第二种观点认为，可以突破合同相对性。理由：①“实际施工人”制度的创设目的是保护农民工合法权益。②是否转包、违法分包，合同是否无效，并不是保护农民工权益的决定性因素。③从举重以明轻的角度来看，无效合同的主体都有权直接起诉发包人，合法分包更应当进行同等保护。

五、实践中，应注意区别转包、违法分包、挂靠、内部承包。

非法转包、违法分包、内部承包、挂靠的区别

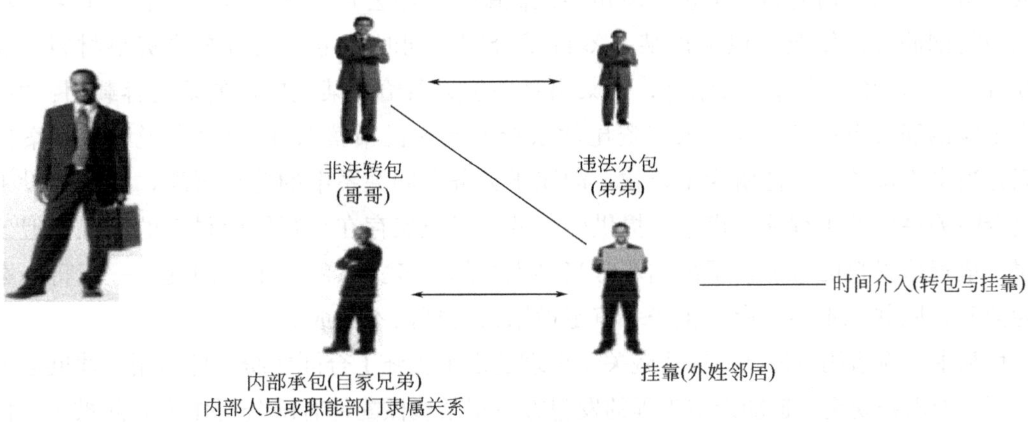

六、转包人将工程转给“实际施工人”，是否有权要求支付工程款，也是一个疑难问题。

比如：甲从建筑公司分包了“水电消防清包”工程，然后又将该工程转包给乙，从中赚取 2 元/m^2 差价。建筑公司发现该情况后，将该部分工程款直接支付给了乙。现工程施工完毕，甲起诉建筑公司索要工程款。

实践中，就有不同的观点：第一种意见认为，甲系违法转包人，不具有“实际施工人”的身份，无权要求工程款。理由：1. 甲将工程转包给乙，违反了分包不得再转包的法律规定，因此转包合同是无效的。2. 甲不是实际施工人。甲的身份是转包人，该工程实际由乙施工，实际施工人是乙，而不是甲。3. 作为建筑公司不应该也不可能重复支付工程款。施工过程中，建筑公司发现甲的违约行为，将工程款实际支付给乙，符合法律规定，不应该也不可能再次重复支付给甲，“违法者不得利”，这是法律的宗旨。第二种观点认为，转包人与建筑公司签订的合同是有效的，根据合同的相对性原则，工程款

应该支付给承包人。如果建筑公司将工程款直接支付给实际施工人，应该另行起诉，返还不当得利。

相关案例

《卢某、王某劳务合同纠纷二审民事判决书》（福建省漳州市中级人民法院〔2017〕闽06民终1467号）

判决书摘录：本院认为，劳务分包是指建设工程的总承包人或者专业承包人将所承包的建设工程中的劳务作业（包括木工、砌筑、抹灰、石制作、油漆、钢筋、混凝土、脚手架、模板、焊接、水暖、钣金、架线等）发包给劳务作业承包人完成的活动；转包是指承包人将所承包的全部建设工程转由第三人施工完成；分包是指承包人将所承包的建设工程的某一部分施工项目交由第三人施工建设。劳务分包既不是转包，也不是分包，转包及违法分包为法律所禁止，而劳务分包则不为法律所禁止。本案中，王某挂靠漳州某建筑工程有限公司后，以公司的名义承包了漳州某机械配件有限公司厂房工程。之后，王某又将该工程中的钢筋劳务作业发包给卢某并签订了合同，同时约定卢某自愿垫资垫材料。2015年6月15日，经卢某与王某结算，王某出具一份欠条给卢某收执，欠条内容载明："兹欠厂房工地钢筋班组卢某工程工人工资尾款贰拾万元人民币整"。以上事实说明，本案债务经双方当事人确认，其性质为工资款，即属于劳务合同关系中的劳动报酬，而非建设工程分包合同关系中的工程款。卢某在提供劳务的同时虽然存在自行供应材料的情况，但该情况属于垫资垫材料的行为，不影响双方当事人之间劳务关系的认定，因此，一审将本案定性为劳务合同并无不当，卢某主张一审定性错误的理由不能成立。

卢某主张应适用《最高人民法院关于审理建设工程施工合同纠纷案件适用法律问题的解释》第二十六条规定，追加讼争工程的发包方漳州某机械配件有限公司作为共同被告，但该法律规定适用的前提条件为转包或违法分包，本案为劳务分包，不能适用该规定。本案欠款经双方当事人确认，属于工资款而非工程款，卢某主张应适用《最高人民法院关于审理建设工程施工合同纠纷案件适用法律问题的解释》第十七条有关工程欠款计付的规定，但不能成立。

问题27：发包人对实际施工人付款能否可视为对合同相对人付款？

有关规定

一、《广东高院关于审理建设工程合同纠纷案件疑难问题的解答》（粤高法〔2017〕151号）

28. 发包人向实际施工人支付的工程款能否在与承包人结算工程时予以抵扣：承包人请求发包人支付工程款，发包人主张对其已向实际施工人支付的工程款进行抵扣的，不予支持，但合同另有约定、承包人予以授权、生效裁决予以确定或者发包人有证据证明其有正当理由向实际施工人支付工程款的除外。

二、《河北省高级人民法院建设工程施工合同案件审理指南》（冀高法〔2018〕44 号）

32. 承包人请求发包人支付工程款，发包人以向实际施工人支付工程款抗辩的，应当举证证明支付工程款数额及支付理由，对付款有特殊约定、承包人予以授权、生效裁决予以确定，或者有其他正当理由，人民法院应当予以支持。

三、《重庆市高级人民法院关于当前民事审判若干法律问题的指导意见》

14. 挂靠施工的结算。根据《最高人民法院关于审理建设工程施工合同纠纷案件适用法律问题的解释》第二十六条的规定，实际施工人可以直接起诉发包人，请求发包人在拖欠工程款的范围内承担清偿工程款的责任，并追加承包人、转包人或者违法分包人为共同被告或者第三人。此种保护实际施工人的规定，在实践中不应过于泛化。如实际施工人未向发包人主张权利，被挂靠的施工企业基于合同关系向发包人请求支付工程款，发包人以施工企业不是实际施工人为由提出抗辩并拒绝支付工程款的，人民法院不必然追加实际施工人为第三人，但应将诉讼情况通知实际施工人；发包人要求扣除其向实际施工人的已付款，经审查确已支付且付款正当的，可以支持。

实务提醒

一、对于发包人对实际施工人付款能否可视为对合同相对人付款这一问题，存在不同的观点。第一种观点认为，发包人对实际施工人的付款可视为对合同相对人即承包人的付款，发包人向承包人付款时可要求扣除其向实际施工人的已付款。第二种观点认为，合同相对性不能随意突破，支付给实际施工人的欠款构成不当得利，由发包人向实际施工人另案主张。

二、编者认为，一般情况下，根据合同相对性原则不应当直接给实际施工人付款，但是如果确实有正当理由，也应该予以认可。

相关案例

相关案例一：《浙江省东阳某建筑工程有限公司、淮安某投资开发有限公司建设工程施工合同纠纷二审民事判决书》（最高人民法院〔2017〕最高法民终 19 号）

判决书摘录：关于淮安某投资开发公司垫付款项能否冲抵东阳某建筑工程公司工程款的问题。东阳某建筑工程公司主张，双方合同明确约定："请将所有工程款项汇入以上承包人账号，否则视为发包人没有支付。除承包人有书面授权外，发包人不得转付相关材料、人工等款，也不得以现金、承兑汇票、支票等方式支付给任何个人，否则视为发包人没有支付工程款给承包人。”本院认为，应天会计所专审字〔2014〕第045号、〔2015〕第036号司法会计鉴定书中确认的纯高公司已垫付的2728.7104万元款项，均系为案涉工程建设支付的人工费、材料款、土方工程款、租赁费以及人民法院相关法律文书确定的应支付款项等费用，其中部分款项的支付虽未经东阳三建的明确授权，但鉴于案涉工程未实际完工的情况，淮安某投资开发公司公司的支付行为具有现实紧迫性和必要性，且上述费用经鉴定确已实际发生，淮安某投资开发公司公司的垫付行为未损害东阳某建筑工程公司的实质利益，一审法院据此认为该部分款项应抵扣东阳某建筑工程公司工程款并无不当。

相关案例二：《安徽某建设投资集团有限公司与安徽某置业有限责任公司建设工程合同纠纷》（安徽省高级人民法院〔2015〕皖民四终字第00330号）

判决书摘录：根据本案查明的事实反映，李某与安徽某建设投资集团公司就案涉工程的施工签订了《项目承包合同书》，安徽某建设投资集团公司从栖霞公司承接了案涉工程以后，又转包给了李某实际施工，李某实为案涉工程的实际施工人，对于李某的实际施工人身份，双方并无异议。根据《最高人民法院关于审理建设工程施工合同纠纷案件适用法律问题的解释》第二十六条的规定：“实际施工人以转包人、违法分包人为被告起诉的，人民法院应当依法受理。实际施工人以发包人为被告主张权利的，人民法院可以追加转包人或者违法分包人为本案当事人。发包人只在欠付工程价款范围内对实际施工人承担责任。”本案中，栖霞公司作为发包人，并没有付清全部工程价款。根据上述司法解释条款的规定，其对于实际施工人存在法律上的支付工程款的责任，故其对于实际施工人李新华的付款，可以视为对合同相对人安徽某建设投资集团公司的付款。安徽某建设投资集团公司主张其对案涉工程实际投入大量资金，不认可李某有权从安徽某置业有限公司公司领取工程款的意见，该院不予采信。安徽某建设投资集团公司对案涉工程的投入，可在其与李某的结算中予以解决。如果安徽某建设投资集团公司认为安徽某置业有限公司向李某的直接付款，违反了双方的合同约定，给其造成了损失，可就该部分损失向安徽某置业有限公司公司另行主张权利。

问题28：挂靠人与被挂靠人是否有权直接向发包人请求支付工程款？

有关规定

一、《建筑工程施工发包与承包违法行为认定查处管理办法》

第九条　本办法所称挂靠，是指单位或个人以其他有资质的施工单位的名义承揽工程的行为。

前款所称承揽工程，包括参与投标、订立合同、办理有关施工手续、从事施工等活动。

第十条　存在下列情形之一的，属于挂靠：

（一）没有资质的单位或个人借用其他施工单位的资质承揽工程的；

（二）有资质的施工单位相互借用资质承揽工程的，包括资质等级低的借用资质等级高的，资质等级高的借用资质等级低的，相同资质等级相互借用的；

（三）本办法第八条第一款第（三）至（九）项规定的情形，有证据证明属于挂靠的。

二、《最高人民法院关于审理建设工程施工合同纠纷案件适用法律问题的解释（二）》

第二十四条 实际施工人以发包人为被告主张权利的，人民法院应当追加转包人或者违法分包人为本案第三人，在查明发包人欠付转包人或者违法分包人建设工程价款的数额后，判决发包人在欠付建设工程价款范围内对实际施工人承担责任。

◆ 实务提醒 ◆

一、挂靠是建设工程施工合同纠纷中常见的情况，对于挂靠人和被挂靠人的诉讼地位一直存在分歧。

二、对于挂靠人能否直接起诉发包人向发包人请求支付工程款，这一问题存在两种截然相反的观点。

第一种观点认为，根据合同相对性原则，挂靠人无权突破合同相对性。挂靠人不属于最高人民法院司法解释二中转包和违法分包的情形。典型的案例有两个：一个是《天津某地基基础工程有限公司与某建工集团有限公司、天津市某岩土工程有限公司建设工程施工合同纠纷案》（最高人民法院〔2017〕最高法民申 3613 号民事裁定书）；另一个是《曾某、贵阳某房地产开发有限公司建设工程施工合同纠纷二审民事裁定书》（〔2017〕最高法民终 377 号）。这两个案例判决认为："在挂靠施工情形中，存在两个不同性质、不同内容的法律关系，一为建设工程法律关系，一为挂靠法律关系。根据合同相对性原则，各方的权利义务关系应当根据相关合同分别处理"，无权突破合同相对性，直接向非合同相对方即发包人主张建设工程合同权利。

第二种观点认为，挂靠人可以请求发包人支付工程款。理由是：合同相对性原则的适用前提应当是合同有效，在合同无效的情况下并不适用。挂靠人是实际施工人，工程施工均系挂靠人所为，被挂靠人并无任何投入，故在合同无效后，发包人因工程施工而获益，被挂靠人并无任何损失，自然无权要求发包人折价补偿即主张工程款，而挂靠人因工程施工无法返还而受损，故应由挂靠人要求发包人折价补偿即主张工程款。

三、对于被挂靠人能否起诉发包人，向发包人请求支付工程款，这一问题更是复杂，争议很大。比如，下面实务中常见的一个案件会出现多种不同的观点。

【基本案情】原告某建筑公司承建被告一项办公楼工程。因工程款纠纷，诉至法院。在庭审中，法院查明该工程系实际施工人 A 挂靠在原告公司名下施工。被告答辩认为：原告没有实际施工，无权请求支付工程款，请法庭驳回原告的诉讼请求。

【意见分歧】一个建设工程领域最常见的案件竟然会有三种不同意见。

第一种意见：支持原告的诉讼请求。理由如下：

1. 本案审理的是原告起诉被告支付工程款，诉讼主体和请求与是否挂靠无关，根据合同的相对性原则，原告依据合同约定有权要求支付工程款。

2. 即便发包方对实际施工人有付款义务，也不能因此就否定发包人对被挂靠人的付款义务。让实际施工人突破合同相对性只是为了保护农民工利益，不能由此否认了真正的合同相对方即承包人的权利。

第二种意见：驳回原告的诉讼请求。理由如下：

1. 被挂靠人并没有实际施工，根据权利和义务相一致的原则，无权要求工程款。

2. 被挂靠人出借资质，允许他人挂靠，系违法行为，挂靠合同无效，不仅不能要求支付工程款，而且挂靠费还应该追缴。

3. 发包人有向实际施工人付款的义务，因此本案应该通知实际施工人参加诉讼。

第三种意见：区分情况，具体对待。

1. 如果发包方在签订施工合同开始就明知挂靠，那么法院不应该支持原告的诉讼请求。理由是：三方开始就有明确的意思表示，即挂靠人收取工程款，被挂靠人收取挂靠费。此外，这种情况下，三方明知违法，为了规避法律，属于虚意通谋，法院也不应该支持原告的诉讼请求。

2. 如果发包方不知道挂靠或者施工过程中才知道是挂靠，那么应该支持原告的诉讼请求，但企业管理费、规费和利润不应计取，不能让挂靠人获取违法的利益。

◆ 相关案例 ◆

《成都市某丝绸有限责任公司、四川某建筑工程有限公司建设工程施工合同纠纷再审审查与审判监督民事裁定书》(最高人民法院〔2018〕最高法民申 3111 号)

判决摘录：本院认为，在挂靠施工情形中，存在两个不同性质、不同内容的法律关系：一为建设工程法律关系，一为挂靠法律关系。根据合同相对性原则，各方的权利义务应当按照各自的法律关系分别处理。

问题 29：行政审计情形下，如何结算工程款？

◆ 有关规定 ◆

一、《最高人民法院关于建设工程承包合同案件中双方当事人已确认的工程决算价款与审计部门审计的工程决算价款不一致时如何适用法律问题的电话答复意见》(〔2001〕民

一他字第 2 号 2001 年 4 月 2 日）

经研究认为，审计是国家对建设单位的一种行政监督，不影响建设单位与承建单位的合同效力。建设工程承包合同案件应以当事人的约定作为法院判决的依据。只有在合同明确约定以审计结论作为结算依据或者合同约定不明确、合同约定无效的情况下，才能将审计结论作为判决的依据。

二、《最高人民法院关于常州证券有限责任公司与常州星港幕墙装饰有限公司工程款纠纷案的复函》（2001 年 4 月 24 日〔2001〕民一他字第 19 号）

你院关于常州证券有限责任公司（以下简称证券公司）与常州星港幕墙装饰有限公司工程款纠纷案的请示收悉。经研究，我们认为，本案中的招投标活动及双方所签订的合同合法有效，且合同已履行完毕，依法应予保护。证券公司主张依审计部门作出的审计结论否定合同约定不能支持。

三、《全国民事审判工作会议纪要（2015 年 4 月征求意见稿）》

第 49 条　依法有效的建设工程施工合同，双方当事人均应依约履行。除合同另有约定，当事人请求以审计机关作出的审计报告、财政评审机构作出的评审结论作为工程价款结算依据的，一般不予支持。

四、《江苏省高级人民法院关于审理建设工程施工合同纠纷案件若干问题的意见》（苏高法审委〔2008〕26 号）

第十三条　由国家财政投资的建设工程，当事人未在合同中约定以国家财政部门或国家审计部门的审核、审计结果作为工程价款结算依据的，承包人要求按照合同约定结算工程价款的，人民法院应予支持。

五、《深圳市中级人民法院关于审理建设工程施工合同纠纷案件的指导意见》（2010 年 3 月 9 日修订）

第十四条　合同约定工程价款或双方已经委托中介机构审价并确认的价款，与政府行政审计确定的价款不一致的，应以双方确认的为结算依据。但在合同明确约定以审计结论作为结算依据，或者合同约定不明确、合同约定无效，或者双方当事人恶意串通损害国家利益的情况下，可以将审计结论作为结算依据。

六、《广东省高级人民法院关于审理建设工程施工合同纠纷案件若干问题的意见》（粤高法发〔2011〕37 号）

当事人已对政府投资项目进行结算的，应确认其效力。财政部门或审计部门对工程款的审核，是监控财政拨款与使用的行政措施，对民事合同当事人不具有法律的约束力。发包人以财政部门或审计部门未完成竣工决算审核、审计为由拒绝支付工程款或要求以财政部门、审计部门的审核、审计结果作为工程款结算依据的，不予支持。但双方当事人明确约定以财政部门、审计部门的审核、审计结果作为工程款结算依据或双方当事人恶意串通损害国家利益的除外。

七、《安徽省高级人民法院关于审理建设工程施工合同纠纷案件适用法律问题的指导意见（二）》

第十条　政府投资和以政府投资为主的建设项目，当事人在合同中约定以审计机关出具的审计报告、财政评审机构出具的评审结论作为工程价款结算依据，发包人请求依据审计报告、评审结论结算工程价款的，予以支持。

八、2017 年 2 月 22 日，法工委印发《对地方性法规中以审计结果作为政府投资建设项目竣工结算依据有关规定的研究意见》，要求各省、自治区、直辖市人大常委会对所制定或者批准的与审计相关的地方性法规开展自查，对有关条款进行清理纠正。

实务提醒

一、实务中的认识混乱

对于工程款的结算，到底是以审计报告为准，还是以当事人之间的合同约定为准，目前似乎已成定论。但是，在具体案件中，依然存在错误的认识，甚至有的施工人为了配合审计，获取合同中应该得到的工程款而不得已制造一些虚报工程量和工程款的工程资料，而被以诈骗罪追究刑事责任。

二、审计、审核与鉴定的区别

1. 审计

按审计活动执行主体的性质分类，审计可分为政府审计、第三方审计和内部审计三种。政府审计是由政府审计机关依法进行的审计；第三方审计也称民间审计，即由审计单位受托有偿进行的审计活动；内部审计是指由本单位内部专门的审计机构或人员进行的审计。

2. 审核

审核是指发包人收到承包人递交的竣工结算报告及结算资料后，按照合同约定和法律规定对工程款进行审查核实的行为。既可以自己审核，也可以委托其他审计单位或造价咨询机构协助自己审核。

3. 鉴定

鉴定即司法鉴定，根据《建设工程造价鉴定规范》GB/T 51262—2017，委托人只能是人民法院或仲裁机构。

三、“以审计为准”条款应当“严格适用”

1. 只有在明确约定时，才能认定成立“以审计为准”条款。

对“以审计为准”的约定必须具体明确，不能通过解释推定来认定以审计为准。

2. 对“以审计为准”条款的突破，也应严格限制。

在当事人明确约定适用审计条款为依据的时候，只有当“以审计为准”条款导致合同的正常履行受到阻碍，当事人才应有权突破该条款的限制。比如：非因承包人的原因，审计机关迟迟无法启动审计程序或无法出具审计结论时，当事人才可以要求进行工程价款的司法鉴定。

◆ 相关案例 ◆

【基本案情】发包方与承包方签订《建设工程施工合同》，约定：工程固定总价为 180 万元，出现工程量清单错误时，合同价格不予调整。工程完工后，经过审计部门审计发现：工程量清单与施工图纸不符（部分工程施工图纸上没有而工程量计价清单上有），故此将没有实际施工的该部分工程的价款从固定总价中扣除。发承包双方为此发生争议：发包方认为应以审计报告作为结算工程款的依据；承包人认为应当以合同约定作为支付工程款的依据。

【分析意见】

一、从《建设工程施工合同》约定的价格形式以及价格调整因素来看

合同约定的价格是固定总价，出现工程量清单错误时，合同价格不予调整。支付工程款的前提是质量合格，只要工程质量合格，就应当按照合同约定来结算。

二、从审计的性质、目的和约束力来看

审计的性质是监督，对财政资金的管理和使用情况，对财务收支的真实、合法和效益进行审计监督。审计的目的是对审计事项作出评价，出具审计意见书；对违反国家规定的财政收支、财务收支行为，需要依法给予处理、处罚的，在法定职权范围内作出审计决定或者向有关主管机关提出处理、处罚意见。审计报告的约束力只能对政府有关部门以及工作人员，结算工程款的依据也不能是审计报告（除非是合同中明确约定）。

三、从中标价款、合同价款、施工图纸、工程量清单、审计价款几者之间的关系来看

图纸是施工的依据，清单是计价的依据。实际完工的工程不可能和施工图纸完全一致，工程量清单不可能和施工图纸完全一致，不同的审计机关对工程款的审计结果也不可能完全一致。对施工图纸和工程量清单负责的是招标人，而不是投标人或施工人。当事人不得另行签订与招投标文件内容背离的条款。合同价款如果和中标通知书不一致，一般还应当以中标通知书为准。

四、从最高法院以及地方法院的相关指导意见来看

最高院及地方法院相关指导意见认为：审计是国家对建设单位的一种行政监督，不影响建设单位与承包单位的合同约定及依合同约定进行的工程结算，除非合同双方明确约定结算以政府审计为准，否则发包人不得以审计或财政评审的金额作为合同结算依据。

问题 30：发包人如何向实际施工人追偿超付的工程款？

◆ 有关规定 ◆

一、《中华人民共和国民法总则》

第一百二十二条　因他人没有法律根据，取得不当利益，受损失的人有权请求其返还

不当利益。

二、《中华人民共和国民法典》

第九百八十五条　得利人没有法律根据取得不当利益的，受损失的人可以请求得利人返还取得的利益，但是有下列情形之一的除外：

（一）为履行道德义务进行的给付；

（二）债务到期之前的清偿；

（三）明知无给付义务而进行的债务清偿。

第九百八十六条　得利人不知道且不应当知道取得的利益没有法律根据，取得的利益已经不存在的，不承担返还该利益的义务。

第九百八十七条　得利人知道或者应当知道取得的利益没有法律根据的，受损失的人可以请求得利人返还其取得的利益并依法赔偿损失。

第九百八十八条　得利人已经将取得的利益无偿转让给第三人的，受损失的人可以请求第三人在相应范围内承担返还义务。

◆ 实务提醒 ◆

一、发包人因自身原因导致向实际施工人超付工程款，应由其直接向该实际施工人追偿，而不应将该履行风险转嫁给被挂靠人或其他实际施工人。

二、能否要求支付资金占用的利息，这要结合双方过错大小来确定。

◆ 相关案例 ◆

《刘某与青岛某国际集装箱储运有限公司、青岛某建筑公司建设工程施工合同纠纷案》（一审山东省胶州市人民法院〔2007〕胶民初字第1158号；二审青岛市中级人民法院〔2007〕青民一终字第1133号）

判决书摘录：刘某以青岛某建筑公司名义承包了青岛某国际集装箱储运公司的办公楼、仓库后续工程建设，是该后续工程的实际施工人，具有独立的诉讼主体地位。青岛某国际集装箱储运公司作为涉案工程的建设使用单位，在有关建筑工程（预）决算表上加盖公章，并直接向实际施工人支付工程款，与刘某形成了事实上的建设工程发承包关系，是本案适格被告。

青岛某国际集装箱储运公司认为刘某的工程款被案外人鹿某侵占，应当由刘某或向鹿某追偿其超支的工程款问题。法院认为，刘某曾以案外人鹿某、王某为被告追索涉案工程款，经一审、二审及重审程序审理，结果因诉讼主体错误被驳回起诉。青岛某国际集装箱储运公司并没有将该130万元案款支付给青岛某建筑公司，而是直接支付给了案外人鹿某，故青岛某建筑公司也没有权利义务向案外人鹿某追索超支工程款。鹿某出具的相关发票上加盖的只是青岛某建筑公司第三工程处财务专用章，说明青岛某国际集装箱储运公司在向案外人鹿某履行给付工程款义务时存在重大瑕疵。若因此而超付工程款，只能由青岛某国际集装箱储运公司自行追偿。

问题31：工程质量问题与竣工验收合格证书的关系以及如何结算工程款？

法律规定

一、《中华人民共和国合同法》

第二百六十九条　建设工程是承包人进行工程建设，发包人支付价款的合同。

第二百七十九条　建设工程竣工后，发包人应当根据施工图纸及说明书、国家颁发的施工验收规范和质量检验标准及时进行验收。验收合格的，发包人应当按照约定支付价款，并接收该建设工程。

建设工程竣工经验收合格后，方可交付使用；未经验收或者验收不合格的，不得交付使用。

二、《中华人民共和国民法典》

第七百八十八条　建设工程合同是承包人进行工程建设，发包人支付价款的合同。

建设工程合同包括工程勘察、设计、施工合同。

第七百九十九条　建设工程竣工后，发包人应当根据施工图纸及说明书、国家颁发的施工验收规范和质量检验标准及时进行验收。验收合格的，发包人应当按照约定支付价款，并接收该建设工程。

建设工程竣工经验收合格后，方可交付使用；未经验收或者验收不合格的，不得交付使用。

三、《建设工程质量管理条例》

第十六条　建设单位收到建设工程竣工报告后，应当组织设计、施工、工程监理等有关单位进行竣工验收。

建设工程竣工验收应当具备下列条件：

（一）完成建设工程设计和合同约定的各项内容；

（二）有完整的技术档案和施工管理资料；

（三）有工程使用的主要建筑材料、建筑构配件和设备的进场试验报告；

（四）有勘察、设计、施工、工程监理等单位分别签署的质量合格文件；

（五）有施工单位签署的工程保修书。

建设工程经验收合格的，方可交付使用。

实务提醒

一、建设工程一旦验收合格或擅自使用，一般就不得再以质量不合格为由拒付工程款。

二、客观存在的明显的质量问题，任何合格证明也不能予以对抗。

三、如何看待质量验收报告，应区分下面两种情况。

1. 大缺陷

实事求是、客观事实是我们一贯的原则，一张质量合格证书和一个真实存在的破烂工程相比，采信哪一个，答案很明显。

2. 小瑕疵

和谐相处，差不多就行，也是我们的传统，明显的错误要纠正，但是一星半点的小问题就算了。

四、推而广之。

1. 工程质量问题的裁判原则是工程实际存在明显的质量问题，承包人以工程竣工验收合格证明等主张工程质量合格的，人民法院不应支持。

2. 工程质量小问题、中标后小幅度让利问题，对不可竞争的文明措施费的小幅度下浮，都是可以考虑支持的。

相关案例

相关案例一：《江苏南通某集团有限公司与吴江某房地产开发有限公司建设工程施工合同纠纷案》（江苏省高级人民法院 2012 年 12 月 15 日）

判决书摘录：江苏省高级人民法院二审认为：屋面广泛性渗漏属客观存在并已经法院确认的事实，竣工验收合格证明及其他任何书面证明均不能对该客观事实形成有效对抗，故南通某集团公司根据验收合格抗辩屋面广泛性渗漏，其理由不能成立。

相关案例二：《李某、江门市蓬江区某房地产发展有限公司商品房销售合同纠纷二审民事判决书》（广东省江门市中级人民法院〔2017〕粤 07 民终 3406 号）

判决书摘录：涉案房屋渗漏属客观存在并已经法院确认的事实，亦经相关鉴定部门核验被鉴定为不合格，故竣工验收合格证明及其他任何书面证明均不能对该客观事实形成有效对抗。

问题 32：不交付竣工验收资料能否拒付工程款？

有关规定

一、《中华人民共和国合同法》

第六十六条　当事人互负债务，没有先后履行顺序的，应当同时履行。一方在对方履行之前有权拒绝其履行要求。一方在对方履行债务不符合约定时，有权拒绝其相应的履行要求。

第六十七条　当事人互负债务，有先后履行顺序，先履行一方未履行的，后履行一方有权拒绝其履行要求。先履行一方履行债务不符合约定的，后履行一方有权拒绝其相应的履行要求。

二、《建设工程质量管理条例》

第十六条　建设单位收到建设工程竣工报告后，应当组织设计、施工、工程监理等有关单位进行竣工验收。

建设工程竣工验收应当具备下列条件：

（一）完成建设工程设计和合同约定的各项内容；

（二）有完整的技术档案和施工管理资料；

（三）有工程使用的主要建筑材料、建筑构配件和设备的进场试验报告；

（四）有勘察、设计、施工、工程监理等单位分别签署的质量合格文件；

（五）有施工单位签署的工程保修书。

建设工程经验收合格的，方可交付使用。

三、《中华人民共和国民法典》

第五百二十五条　当事人互负债务，没有先后履行顺序的，应当同时履行。一方在对方履行之前有权拒绝其履行请求。一方在对方履行债务不符合约定时，有权拒绝其相应的履行请求。

第五百二十六条　当事人互负债务，有先后履行顺序，应当先履行债务一方未履行的，后履行一方有权拒绝其履行请求。先履行一方履行债务不符合约定的，后履行一方有权拒绝其相应的履行请求。

◆ 实务提醒 ◆

一、支付工程款与交付竣工验收资料是两种不同性质的义务，前者是合同的主要义务，后者是承包方的附随义务，两者不具有对等关系。

二、实务中可以在合同专用条款中明确约定，发包人支付工程结算款的前提必须是承包人提交竣工验收资料；否则，发包人不应以承包人未能提交竣工资料作为拒绝支付工程价款的理由。

◆ 相关案例 ◆

《青海某投资建设有限公司、某建设集团有限公司与江西某建设工程集团公司青海分公司建设工程施工合同纠纷二审民事判决书》（青海省高级人民法院〔2017〕青民终 143 号）

判决书摘录：本案系建设工程施工合同纠纷，青海某投资建设公司作为发包方的委托履行人，其主要义务是依照合同约定及时支付工程款；江西某建设工程集团公司青海分公司作为承包方，其主要义务则是按照合同约定时间施工并交付合格工程。根据双务合同的本质，合同抗辩的范围仅限于对价义务。一方不履行对价义务的，相对方才享有抗辩权。支付工程款与交付竣工验收资料是两种不同性质的义务，前者是合同的主要义务，后者是承包方的附随义务，两者不具有对等关系，被告以江西某建设工程集团公司青海分公司未及时交付工程施工资料作为拒绝支付工程余款的抗辩理由不能成立。如果因承包人不交付工程资料给发包人造成损失，发包人可以要求赔偿，但不能作为拒绝支付工程余款的抗辩理由。

问题 33：质保金、质保期、缺陷责任期、工程款优先权的关系以及如何结算工程款？

◆ 有关规定 ◆

《建设工程质量管理条例》

第四十条　在正常使用条件下，建设工程的最低保修期限为：

（一）基础设施工程、房屋建筑的地基基础工程和主体结构工程，为设计文件规定的该工程的合理使用年限；

（二）屋面防水工程、有防水要求的卫生间、房间和外墙面的防渗漏，为 5 年；

（三）供热与供冷系统，为 2 个采暖期、供冷期；

（四）电气管线、给水排水管道、设备安装和装修工程，为 2 年。其他项目的保修期限由发包方与承包方约定。建设工程的保修期，自竣工验收合格之日起计算。

◆ 实务提醒 ◆

一、缺陷责任期与工程质量保修期的区别。

1. 缺陷责任期。①含义：是指承包人按照合同约定承担缺陷修复义务，且发包人预留质量保证金的期限。②起算：自工程实际竣工日期（如果工程验收合格，就是承包人提交竣工验收报告之日）起计算。③期限：无最低期限，最长不超过 24 个月。④是否强制：仅仅是约定，并非法定，不是强制性规定，也可以不约定缺陷责任期。⑤实质意义：是对质量保证金的扣留与返还的期限。即使没有约定缺陷责任期，在保修期内发生的缺陷责任，承包人仍然要承担修复义务。

2. 工程质量保修期。①含义：是指承包人按照合同约定对工程承担保修责任的期限。②起算：从工程竣工验收合格之日（即承包人提交竣工验收报告至验收完毕之日期）起计算。③期限：有法律法规的最低限度，不能低于规定。如防水的质量保修期最低为五年。④是否强制？约定+法定：虽然当事人可以在合同中约定具体的保质期，但是不得低于最低法定保修期限。在保修期内，承包人对工程的保修义务属于法定义务，不能通过合同约定予以排除。

二、合同无效，质量保修条款是否无效，可以从以下几个角度来理解。

1. 无效

建设工程施工合同无效，合同约定的质量保修条款也无效，这是通说。

2. 无效≠免责

无效不等于免除了承包人的保修义务，承包人仍应按照相关法律法规承担法定保修义务，不影响发包人按合同约定、承包人出具的质量保修书或法律法规的规定，请求承包人承担工程质量责任。

3. 承包人无资质，承包人不能自己维修

若施工合同是由于承包人没有相应的资质而被确认无效的，则不能由承包人自己来承担质量瑕疵的维修义务。可由承包人自行委托具有相应资质的施工队伍，来替代承包人承担质量瑕疵的维修义务；也可由发包人自行维修，修复的费用由承包人承担。

三、合同无效，保证金返还条款是否有效？

有两种观点。第一种意见认为，合同无效，保证金返还条款也无效（见相关案例一）。第二种意见认为，合同无效，质保金返还条款有效（见相关案例二）。

四、合同解除的，关于质量保证金的返还如何处理？

《最高人民法院关于审理建设工程施工合同纠纷案件适用法律问题的解释（一）》并没规定合同解除时候，质量保证金的处理，但是根据相关法律规定和公平原则：1. 有约定按约定。解除合同之前有约定或者解除合同时有约定，按约定。2. 没有约定，又不能达成一致意见的，扣除保证金的数额可以按照工程完成量的比例以及双方过错大小处理，返还期限可以参照《最高人民法院关于审理建设工程施工合同纠纷案件适用法律问题的解释（二）》第八条的规定处理。

五、工程质量保证金不属于建设工程优先受偿权的范围（见相关案例三）。

相关案例

相关案例一：《某建设有限责任公司、德化某置业有限公司建设工程施工合同纠纷案》（〔2017〕最高法民终 766 号）

裁判要点：案涉建设工程施工合同无效，故合同关于质保金的约定也无效，一审法院据此未预留质保金，并无不当。

相关案例二：《尉氏县某建筑劳务有限公司、某集团郑州工程有限公司、某铁路局建设工程施工合同纠纷案》（〔2014〕云高民一终字第 243 号）

裁判要点：合同无效，但双方合同涉及的工程至今没有进行交工验收，双方合同约定扣除的质量保证金在工程保修期满后，视工程质量情况不计利息返还。因此，质量保证金返还的条件还未成就，一审认定质量保证金不予返还符合合同约定。

相关案例三：《会昌县某房地产开发有限公司、江西省某建设工程有限责任公司建设工程施工合同纠纷二审民事判决书》（江西省高级人民法院〔2019〕赣民终 23 号）

判决书摘录：关于工程质量保证金应否纳入优先受偿权的问题。工程质量保证金是对工程质量的保障，如果出现质量问题应作为维修基金。工程质量保证金不属于建设工程优先受偿权的范围。

问题 34：建设工程案件诉讼主体如何确定？

有关规定

一、《中华人民共和国民法总则》

第七十四条 【法人分支机构】法人可以依法设立分支机构。法律、行政法规规定分支机构应当登记的，依照其规定。

分支机构以自己的名义从事民事活动，产生的民事责任由法人承担；也可以先以该分支机构管理的财产承担，不足以承担的，由法人承担。

二、《中华人民共和国民法典》

第七十四条 法人可以依法设立分支机构。法律、行政法规规定分支机构应当登记的，依照其规定。

分支机构以自己的名义从事民事活动，产生的民事责任由法人承担；也可以先以该分支机构管理的财产承担，不足以承担的，由法人承担。

第七十五条 设立人为设立法人从事的民事活动，其法律后果由法人承受；法人未成立的，其法律后果由设立人承受，设立人为二人以上的，享有连带债权，承担连带债务。

设立人为设立法人以自己的名义从事民事活动产生的民事责任，第三人有权选择请求法人或者设立人承担。

三、《中华人民共和国公司法》

第十四条 公司可以设立分公司。设立分公司，应当向公司登记机关申请登记，领取营业执照。分公司不具有法人资格，其民事责任由公司承担。

四、《最高法院关于适用〈中华人民共和国民事诉讼法〉若干问题的意见》

40. 民事诉讼法第四十九条规定的其他组织是指合法成立、有一定的组织机构和财产，但又不具备法人资格的组织，包括：

（1）依法登记领取营业执照的私营独资企业、合伙组织；

（2）依法登记领取营业执照的合伙型联营企业；

（3）依法登记领取我国营业执照的中外合作经营企业、外资企业；

（4）经民政部门核准登记领取社会团体登记证的社会团体；

（5）法人依法设立并领取营业执照的分支机构。

五、《最高人民法院关于审理建设工程施工合同纠纷案件适用法律问题的解释》

第二十七条第二款　保修人与建筑物所有人或者发包人对建筑物毁损均有过错的，各自承担相应的责任。

六、《中华人民共和国建筑法》

第二十七条　大型建筑工程或者结构复杂的建筑工程，可以由两个以上的承包单位联合共同承包。共同承包的各方对承包合同的履行承担连带责任。两个以上的不同资质等级的单位实行联合共同承包的，应当按照资质等级低的单位的业务许可范围承揽工程。

第二十九条　总承包单位和分包单位就分包工程对建设单位承担连带责任。

七、《中华人民共和国招标投标法》

第三十一条　两个以上法人或者其他组织可以组成一个联合体，以一个投标人的身份共同投标。联合体各方均应当具备承担招标项目的相应能力；国家有关规定或者招标文件对投标人资格条件有规定的，联合体各方均应当具备规定的相应的资格条件。

八、《最高人民法院关于审理涉及国有土地使用权合同纠纷案件适用法律问题的解释》

第十四条　本解释所称的合作开发房地产合同，是指当事人订立的以提供出让土地使用权、资金等作为共同投资，共享利润、共担风险合作开发房地产为基本内容的协议。

实务提醒

一、内设机构、职能部门、下属机构等问题

注意区分“合同主体”与“诉讼主体”。

1. 合同主体

建设单位或承包单位不具有法人资格的内设机构、职能部门、下属机构等这些机构不具有独立的财产，不能独立承担民事责任，因此，也就不能对外签订建设工程合同。

实践中，不少建设工程合同是由上述这些部门签订的，加盖的也是部门的公章。从合同效力方面分析，一般不能认定建设工程施工合同无效。

2. 诉讼主体

建设单位或承包单位不具有法人资格的内设机构、职能部门、下属机构等机构不能对外签订合同，不能成为建设工程合同法律关系的主体，因此，这类案件应当由建设单位作为被告并承担民事责任。

二、分支机构、分公司的问题

主流观点是建筑公司为了施工需要往往设立很多分公司，建设工程分公司以分公司的名义和他人签订合同的，实践中应该列分公司和公司为共同被告。

三、筹建处、指挥部等临时性机构问题

1. 筹建处、指挥部等临时性机构，一般是发包方为建设工程成立。

2. 工程发生纠纷后的诉讼主体问题，关键要看筹建处、指挥部等临时性机构是否符合诉讼主体的要件：组织形式、独立财产。

3. 筹建处、指挥部等临时性机构，一般情况下，虽然有一定的组织形式，但没有自己独立的财产，仅是一个工程建设单位的分支机构或者只是代行建设单位的临时职责。当建设工程竣工后，该机构随之撤销。

4. 审判实践中，对于该类纠纷主体的确定，应考虑所涉及工程的投资单位和竣工工程的最后归口单位，遵循权利义务相一致的原则，列该工程的归口单位或者组织为当事人参加诉讼；如果归口单位不明确的，可以列投资单位或者工程主管部门为当事人。

四、委托代建合同纠纷的处理

目前，立法机关的立法理念是将占建筑市场很大份额的政府工程实行强制的委托代建制度。委托代建合同与施工合同是两个独立的法律关系，原则上在审理建设工程施工合同纠纷案件中，不宜追加委托人为本案当事人，不宜判令委托人对发包人偿还工程欠款承担连带责任。委托人也无权以承包人为被告向人民法院提起诉讼，主张承包人对工程质量缺陷承担责任。委托人与代建人就委托代建合同发生的纠纷，也不宜追加承包人为本案当事人（回顾与展望：写在《最高人民法院关于审理建设工程施工合同纠纷案件适用法律问题的解释》颁布实施三周年之际——作者冯小光）。

五、合作开发问题

合作开发建设工程并对合作建设工程享有共同权益的，其中合作一方与施工合同相对方发生争议的，其他合作人可以作为共同诉讼人。

关于责任承担，《最高法院关于印发〈全国民事审判工作会议纪要〉的通知》明确列举了两种截然相反的观点。

六、关于内部承包问题

内部承包人能不能起诉发包人呢？要注意区分两种不同的法律关系：实际施工人的特殊制度与代位权。如果以实际施工人的身份为由，则不能；如果以代位权为由，则能。

1. 不能

内部承包人不能依据《最高人民法院关于审理建设工程施工合同纠纷案件适用法律问题的解释》中关于实际施工人的规定起诉发包人。内部承包人不具有实际施工人身份，而是代表承包人行使建筑工程承包合同的相关权利义务。其重要特征是内部承包人与承包人相对于发包人的一体性，内部承包人的人员、机具和资金均来源于承包人。此时，内部承包人是受建筑企业委派的施工人，对建筑企业负责，履行建筑工程施工合同的权利义务。内部承包人并非独立第三方，不能基于实际施工人身份起诉发包人。

2. 能

内部承包人可以基于代位权起诉发包人。《中华人民共和国民法典》第五百三十五条规定了债权人的代位权，内部承包人作为建筑企业的债权人在建筑企业怠于履行对发包人的债权影响到内部承包人的利益时，内部承包人可以行使代位权起诉发包人。

七、关于联合承包问题

联合承包体内部的成员单位为共同承包人，对施工合同履行承担连带责任。换句话说，联合承包各方对外并不区分各自的合同义务，不能以联合各方内部分工对外抗辩发包人对不属于自己施工范围的部分不承担责任。联合承包各方对承包合同承担责任意味着承包各方对合同约定的全部责任和义务承担连带责任。如发包人对联合承包各方提起诉讼，联合承包各方的诉讼地位为共同被告。

八、关于合作开发房地产问题

合作开发房地产各方对内按照合同约定享有权利，承担义务；对外依照法律规定、合同约定承担连带责任，并不必然承担连带责任。

问题 35：建设工程案件管辖权如何确定？

有关规定

一、《最高人民法院关于适用〈中华人民共和国民事诉讼法〉的解释》

第二十八条规定，建设工程施工合同纠纷按照不动产纠纷确定管辖。

二、《中华人民共和国民事诉讼法》

第二十三条规定，由被告住所地或者合同履行地人民法院管辖。

三、《建设部关于加强村镇建设工程质量安全管理的若干意见》（建质〔2004〕216 号）

第三条第三项：对于村庄建设规划范围内的农民自建房（含两层）以下住宅的建设活动，县级建设行政主管部门以农民提供技术服务和指导作为主要工作方式。

实务提醒

一、对于建设工程施工合同中的“劳务纠纷”，很多法院认为不适用建设工程合同纠纷专属管辖（见相关案例一）。

二、建设工程施工合同中如果工程地点填写不明，可能会引起管辖权无法确定（见相关案例二）。

三、名为施工合同、实为民间借贷等，如何确定管辖权可能会有争议（见相关案例三）。

四、农村三层（含）以上房屋，应受《中华人民共和国建筑法》的调整。

农村三层（含）以上房屋，不属于农民自建底层住宅，应纳入《中华人民共和国建筑法》的调整范畴，施工合同性质属于农村建设施工合同。

相关案例

相关案例一：最高人民法院民事裁定书〔2016〕最高法民辖37号

【裁判观点】请求支付劳务费，属于在履行劳务合同过程中产生的纠纷，不符合装饰装修合同纠纷特点，不适用建设工程施工合同纠纷按照不动产纠纷专属管辖的规定。

【基本案情】原告：龙某，男，汉族，住重庆市璧山区。被告：陈某，男，汉族，住重庆市北碚区。被告：杨某，女，汉族，住重庆市北碚区。

原告龙某诉被告陈某、杨某劳务合同纠纷一案，重庆市北碚区人民法院于2015年7月14日立案。龙某诉称，原告为被告承包的装饰工程提供劳务工作。双方于2014年2月26日结算后，被告欠原告人工费368367元。之后，被告支付了191000元，尚欠原告人工费174367元。原告多次催收此款未果，请求判令：被告支付原告人工费174367元，以及以174367元为基数，从2014年2月26日起至欠款付清时止的利息；诉讼费由被告承担。

【一审法院意见】重庆市北碚区人民法院认为，根据被告提交的证据可认定其经常居住地为重庆市九龙坡区，因双方未约定合同履行地，接收货币一方即本案原告的住所地在重庆市璧山区，故本案被告住所地及合同履行地均不在重庆市北碚区，重庆市北碚区人民法院对本案无管辖权。该院于2015年9月25日作出〔2015〕碚法民管异初字第00218号民事裁定：本案移送重庆市九龙坡区人民法院审理。

【高级法院意见】2016年8月8日，重庆市高级人民法院以本案为装饰装修合同纠纷，属于建设工程施工合同纠纷专属管辖范畴，应由工程所在地的贵州省六盘水市钟山区人民法院管辖为由，报请本院指定管辖。

【最高法院意见】本院认为，本案中，原告龙某以个人名义给装饰工程承包方提供劳务，《工程量收方统计表》《贵州省六盘水乐美时尚购物中心装饰工程木工人工费单价》等证据中，注明了各项劳务的费用，以及按照龙某完成的工作量应向其支付的劳务费数额。龙某起诉请求支付该笔劳务费，属于在履行劳务合同过程中产生的纠纷。双方争议不符合装饰装修合同纠纷特点，不适用《最高人民法院关于适用〈中华人民共和国民事诉讼法〉的解释》第二十八条第二款关于建设工程施工合同纠纷按照不动产纠纷专属管辖的规定。作为劳务合同纠纷，应按照《中华人民共和国民事诉讼法》第二十三条的规定，由被告住所地或者合同履行地人民法院管辖。受移送的重庆市九龙坡区人民法院作为被告经常居住地人民法院，对本案有管辖权。

依照《中华人民共和国民事诉讼法》第三十六条规定，裁定如下：本案由重庆市九龙坡区人民法院审理。

相关案例二：工程地点填写不明，引起管辖权无法确定

【合同条款】《建设工程施工合同（示范文本）》（GF—2017—0201）第一部分“工程协议书”之“一、工程概况”以及“二、工程地点”。

【风险提示】对于“工程地点”的填写，没有人觉得是一个重点和疑难问题，但是实践中却有很多人在填写这一点的时候，因为填写得不够规范和详细，在发生争议诉讼到法院以后，带来了一系列的难题。因此，在填写工程所在地的时候，一定要填写详细地点，要具体到市县（区）。

【重要意义】

1. 对于确定管辖法院具有重要的意义。

《最高人民法院关于适用〈中华人民共和国民事诉讼法〉的解释》第二十八条规定，建设工程施工合同纠纷按照不动产纠纷确定管辖。这就需要确定工程在哪个法院管辖。

2. 对于确定法律适用有重要意义。

每个省高级人民法院都有不同的“指导意见”，每个中级人民法院都有自己不同的“会议纪要”，因此，工程地点和管辖法院的确定对“法律”适用的确定非常重要。

【案例实务】河南人张某和挂靠于山东某建筑公司的杭州人李某签订了一份《施工协议》，约定：1. 工程名称：G511 填海项目工程。2. 工程地点：山东烟台（编者注：其实根本就没有该项工程）。3. 张某向李某缴纳保证金 200 万元，李某将工程土方部分交给张某施工。后来，工程迟迟未开工，张某将李某以及山东烟台某建筑公司起诉到河南某法院。

本案审理中可能会出现两种情况：

1. 驳回原告张某的起诉

根据《最高人民法院关于适用〈中华人民共和国民事诉讼法〉的解释》第二百零八条规定，立案后不符合起诉条件或者属于民事诉讼法第一百二十四条规定情形的，裁定驳回起诉。因为建设工程施工合同纠纷属于不动产所在地专属管辖，即在工程所在地管辖，涉案工程不在河南，故此河南某法院可以以工程所在地不在河南为由驳回原告的起诉。

2. 被告提管辖权异议不能成立

山东烟台某建筑公司接到法院传票后，可以提出管辖权异议，认为工程所在地在烟台，应该由烟台法院管辖。但是，法院可以驳回烟台建筑公司的异议。因为法院移送需要有明确的法院，工程地点不明确，法官就是想给你移送，也不知道移送到何处。

相关案例三：名为施工合同实为民间借贷等，如何确定管辖权？

【问题提出】在建设工程施工合同纠纷案件中，往往会出现名为建设工程施工合同实为民间借贷等其他纠纷的案件。由于建设工程施工合同纠纷属于工程所在地法院专属管辖，而民间借贷等其他纠纷可能会属于一般管辖。在这种情况下，就出现了管辖权的争议。这个时候，如果在建设工程施工合同中又明确进行了约定管辖，那么则更容易发生管辖权的争议。那么，到底哪个法院具有管辖权呢？

【具体案例】某建筑公司与李某签订一份《建筑工程承包合同》，将自己承建的某工程承包给李某，但是李某仅仅负责资金的投入，其余安全生产、工程管理李某均不过问，仍由某建筑公司负责。无论工程盈亏，李某都收取固定利润。同时约定，如果发生纠纷，由某建筑公司所在地法院管辖。施工过程中，李某一共投资 8000 万元。后来，双方发生矛盾，李某起诉至工程所在地人民法院。某建筑公司接到起诉状后，提出管辖权异议，认为本案名为建设工程施工合同纠纷而实为民间借贷纠纷，应该按照合同约定的某建筑公司所在地法院审理。

在管辖权问题上，出现分歧：一审判决被告所在地法院管辖；二审判决工程所在地法院管辖。

【法理分析】本案应该适用专属管辖，即由工程所在地人民法院审理。主要理由：

1. 管辖以形式审查为原则，以专属管辖和级别管辖优先。

2. 在对于合同实质性质认定暂时不明的情况下，仅需要根据合同名义性质审查确定即可。

3. 无论是民间借贷关系还是其他关系，其也是因为垫资、违法分包或者转包等这一基础原因导致，也都和建筑工程具有实质的关联。

问题 36：立案案由和审理案由的冲突，如何处理？

有关规定

一、《最高人民法院关于民事诉讼证据的若干规定》

第三十五条第一款：诉讼过程中，当事人主张的法律关系的性质或者民事行为的效力与人民法院根据案件事实作出的认定不一致的，人民法院应当告知当事人可以变更诉讼请求。

二、《最高人民法院关于印发修改后的〈民事案件案由规定〉的通知》

1. 关于案由的确定标准。民事案件案由应当依据当事人主张的民事法律关系的性质来确定。

2. 各级人民法院要正确认识民事案件案由的性质与功能，不得以当事人的诉请在《民事案件案由规定》中没有相应案由可以适用为由，裁定不予受理或者驳回起诉，影响当事人行使诉权。

3. 当事人起诉的法律关系与实际诉争的法律关系不一致的，人民法院结案时应当根据法庭查明的当事人之间实际存在的法律关系的性质，相应变更案件的案由。

实务提醒

建设工程纠纷关联案件（商品房买卖合同纠纷案件、民间借贷纠纷案件、金融借款纠纷案件、以物抵债案件、执行异议之诉等）不断增多，两者关系越来越紧密，越来越不易区分，有时候原告起诉与法院立案、法院立案与审理判决中出现较大的分歧，出现如何解决三者之间的“冲突”问题（见相关案例）。

◆ 相关案例 ◆

《原告陈某、雷某、李某与被告甘肃某建筑工程集团有限公司、甘肃某建业工程有限公司、邬某建设工程施工合同纠纷》

【争议焦点】本案是建设工程纠纷还是民间借贷纠纷？

【裁判要点】原告起诉“给付欠款以及违约金”，立案确定“建设工程施工合同纠纷”，审理判决“偿还借款本金以及利息”。

【审理情况】

一、原告陈某、雷某、李某向法院提出诉讼请求

判令三被告立即给付欠款 13772758.72 元；2. 支付本工程验收后的违约金；3. 被告承担一切诉讼费用。

二、原告起诉的事实与理由

事实和理由：2012 年初，三被告合作做甘肃白银某工业集中区场地平整项目；2012 年 6 月 7 日，被告甘肃某建业工程公司代表三被告与原告达成《合资施工协议》，约定由原告投入 1500 万元以内的资金用于该项目基础工程柴油款，在工程完工验收后一个月内付应结算总投资款和利润的 60%，其余欠款在本期工程验收后 3 个月内付清，并约定了违约责任。

三、立案案由

原告陈某、雷某、李某与被告甘肃某建筑工程集团有限公司、甘肃某建业工程有限公司、邬某建设工程施工合同纠纷一案，本院立案受理后，依法适用普通程序，公开开庭进行了审理。

四、审理确定的案由

本院认为，一、关于本案法律关系的问题。根据三原告提交的《合资施工协议》内容看，原告虽对白银某工业集中区场地平整项目工程进行投资，但不参与工程的共同经营管理，也不承担经营风险，不论盈亏均按期收回本金和固定利润，故应认定原告与被告之间的关系名为投资合作，实为借贷，双方形成事实上的民间借贷关系。

五、判决结果

判决如下：一、被告甘肃某建业工程有限公司于本判决生效后十日内偿还原告陈某、雷某、李某借款本金 675 万元及利息（截至 2016 年 5 月 30 日的利息数额为 5608090 元，之后的利息按月利率 2%计算至本判决确定的还款之日止）；二、被告甘肃某建设工程集团有限公司对上述款项承担连带责任。

【分析总结】纵观该案审判过程，可以得出一个明确的结论：所谓的三者“冲突”，本来就不是“矛盾”，而是各司其职的正确选择。

一、原告起诉的根本点在于，有明确的诉讼请求和事实理由，这个诉讼请求的书写是根据当事人之间的协议中载明的约定，或是“投资款”，或是“欠款”，或是“资金”等。

二、立案法官仅仅应该做程序上的审查，此时根本见不到被告举证的材料，也只能根据现有材料“初步认定”，然后进入审理程序。

三、审理过程中，法官才能全面地审查证据材料，综合听取各方当事人的理由。此时，法官应该根据自己的判断作出合适的判决，而不能以原告起诉的是“投资款”或“欠款”不是“借款”为由，驳回诉讼请求；也不能以立案案由是建设工程施工合同纠纷，和本案实际案由不同拒绝作出实体判决。这种简单、粗暴的直线机械思维不是法律思维。

问题37：对一审判决结论满意但对部分事实认定有异议，可否上诉？

有关规定

《最高人民法院关于适用〈中华人民共和国民事诉讼法〉的解释》（法释〔2015〕5号）

第九十三条第一款　生效裁判文书确认的事实是无需证明的事实。

实务提醒

编者代理的某案件，历经一审、二审、发回重审、再次二审，最终省高级法院判令我方胜诉。但是，省高级法院二审判决某一方面的观点似乎很值得商榷。省高级法院二审判决判决观点：虽然某某对该鉴定意见质证提出异议不予认可，但对一审判决未提起上诉，故根据现有证据对一审判决关于“××”该节事实的认定予以确认。

从该判决可以看出，省高院的观点似乎认为：对于一审判决胜诉方，虽然对判决结论没有异议，但是如果对于事实认定部分有异议也应该上诉；如果不上诉，则视为对一审判决中事实部分的认可。编者认为，不能这样简单推论。对于“判决主文无异议，仅对事实认定有异议，能否上诉”这一问题，存在着两种观点：第一种观点认为，不能上诉。在当事人对判决主文没有异议，仅对事实认定不服的情况下提起的“上诉”，不存在上诉利益，上诉不能成立，应从程序上裁定予以驳回。第二种观点认为，可以上诉，而且应当上诉，如果不上诉，视为对一审事实认定的认可，当事人有权上诉要求对事实认定部分进行纠正（见相关案例）。

相关案例

《安徽某投资有限公司与某企业借贷纠纷》（〔2017〕皖民终657号安徽省高级人民法

院民事判决书）。

判决书摘录： 关于争议焦点二。涉案还款承诺书上公司印章经两次鉴定的鉴定意见互相矛盾，司法鉴定科学技术研究所司法鉴定中心鉴定意见认为，印章系扫描后喷墨打印形成，虽然某某对该鉴定意见质证提出异议不予认可，但对一审判决未提起上诉，故根据现有证据对一审判决关于“张某先在还款承诺书的承诺人处署名法人代表张某，后在此处喷墨打印留有公司的印章”该节事实的认定予以确认。

编者注： 虽然上述案件是笔者亲自代理的胜诉案件，但是本人认为判决书中的这种观点和做法是不妥的，第一种观点和判决才是正确的。如果让胜诉一方即对判决主文没有错误，仅仅部分事实认定有异议也需要上诉（防止败诉方上诉后，发回重审；防止再审中对自己不利），那么势必会造成大量的不必要上诉案件；还有，上诉费按照什么标准来缴纳呢？

问题 38：合同相对性与代位权的关系是什么？

有关规定

一、《最高人民法院关于适用〈中华人民共和国合同法〉若干问题的解释（一）》

第十四条　债权人依照《中华人民共和国合同法》第七十三条的规定提起代位权诉讼的，由被告住所地人民法院管辖。

二、《中华人民共和国民法典》

第五百三十五条　因债务人怠于行使其债权或者与该债权有关的从权利，影响债权人的到期债权实现的，债权人可以向人民法院请求以自己的名义代位行使债务人对相对人的权利，但是该权利专属于债务人自身的除外。代位权的行使范围以债权人的到期债权为限。债权人行使代位权的必要费用，由债务人负担。相对人对债务人的抗辩，可以向债权人主张。

三、《最高人民法院关于审理建设工程施工合同纠纷案件适用法律问题的解释（一）》

第四十三条　实际施工人以转包人、违法分包人为被告起诉的，人民法院应当依法受理。

实际施工人以发包人为被告主张权利的，人民法院应当追加转包人或者违法分包人为本案第三人，在查明发包人欠付转包人或者违法分包人建设工程价款的数额后，判决发包人在欠付建设工程价款范围内对实际施工人承担责任。

第四十四条　实际施工人依据民法典第五百三十五条规定，以转包人或者违法分包人怠于向发包人行使到期债权或者与该债权有关的从权利，影响其到期债权实现，提起代位权诉讼的，人民法院应予支持。

◆ 实务提醒 ◆

《最高人民法院关于适用〈中华人民共和国合同法〉若干问题的解释（一）》第十四条对代位权诉讼管辖规定的性质是一般地域管辖、特殊地域管辖还是专属地域管辖？笔者认为，考虑代位权诉讼的特殊性，应当理解为特殊地域管辖。理由如下。

首先，代位权诉讼与其他类型诉讼的最大区别在于诉讼的代位性，针对这一特点，有必要将代位权诉讼的管辖确定为特殊的地域管辖，以便于双方当事人的诉权的行使和法院对代位权的审理与裁判。如果将该管辖理解为一般的管辖，那么对于为数众多的代位权诉讼，均需要根据债务人与次债务人之间争议的实体法律关系的性质来确定管辖，亦即应当根据民事诉讼法针对具体案件的不同所确定的各种特殊地域管辖来处理，而民事诉讼法对很多案件都规定了多个法院供当事人选择。另外，如果要适用这些规定，首先要查明债务人与次债务人之间的实体法律关系性质，这样无疑使得代位权诉讼的管辖问题复杂化，不利于债债权人行使代位权。

其次，《最高人民法院关于适用〈中华人民共和国合同法〉若干问题的解释（一）》第十四条虽然与《中华人民共和国民事诉讼法》第二十二条关于一般地域管辖的规定相同，但前者是针对特殊类型的民事案件，而后者是针对一般的民事案件而言。因此，虽然在表述上相同，即都规定“由被告所在地法院管辖”，但应当认为，前者与后者是并不相同的特殊地域管辖。

最后，不能将《最高人民法院关于适用〈中华人民共和国合同法〉若干问题的解释（一）》第十四条的规定理解为专属管辖。从管辖理论上来说，某类民事案件是否专属管辖，应以法律的明文规定为准；否则，不得认为其为专属管辖。我国《中华人民共和国民事诉讼法》仅规定了四类案件属于专属管辖，《最高人民法院关于适用〈中华人民共和国合同法〉若干问题的解释（一）》第十四条也未明文规定该条关于管辖的规定为专属管辖，因此，该条关于管辖的规定并不属于专属管辖。因此，如果债务人与次债务人之间的法律关系属于次债务人住所地之外的法院专属管辖时，债权人对次债务人提起的代位权诉讼应该由有专属管辖权的法院进行管辖，不应一律由次债务人住所地法院管辖。

◆ 相关案例 ◆

相关案例一：〔2018〕浙 0102 民初 699 号

判决书摘录：原告上海某贸易有限公司诉被告浙江某房地产开发有限公司债权人代位权纠纷一案，本院于 2018 年 2 月 5 日立案受理。经原告申请，本院依法追加杭州某建设工程有限公司作为第三人参加诉讼。原告诉称，第三人结欠原告款项，该债务已经生效调解书确认。经执行，仍有欠款 2624919.82 元未清偿。经查，第三人与被告之间签订有施工承包合同，工程已于 2016 年 6 月 23 日竣工验收合格，但第三人怠于行使其债权，未向被告主张该笔到期债权，损害了原告的合法权益，故原告诉至法院，请求判令：1. 被告向原告支付 2624919.82 元；2. 原告对第三人在被告处的债权按照财产保全和执行中查封、扣押、冻结财产的先后顺序获得清偿。

本院经审查认为，原告的诉讼请求是要替代第三人向被告行使建设工程施工合同项下的债权，而建设工程施工合同纠纷按照不动产纠纷确定管辖，即不动产所在地人民法院专属管辖。因此，案涉工程所在地的杭州市滨江区人民法院，依法对本案享有专属管辖权。

相关案例二：〔2017〕渝 0112 民初 19168 号

判决书摘录：本院认为，《中华人民共和国合同法》第七十三条规定，因债务人怠于行使其到期债权，对债权人造成损害的，债权人可以向人民法院请求以自己的名义代位行使债务人的债权，但该债权专属于债务人自身的除外。代位权的行使范围以债权人的债权为限。债权人行使代位权的必要费用，由债务人负担。本案原告以第三人未向被告主张合理债权为由，向本案被告行使原告代位追偿权而提起诉讼，因此应当根据原告所代位的被告与第三人之间的法律关系来确定管辖法院。《中华人民共和国民事诉讼法》第三十四条规定："合同或者其他财产权益纠纷的当事人可以书面协议选择被告住所地、合同履行地、合同签订地、原告住所地、标的物所在地等与争议有实际联系的地点的人民法院管辖，但不得违反本法对级别管辖和专属管辖的规定"。本案中，案涉合同双方即被告与第三人约定若发生争议纠纷则由重庆市长寿区人民法院管辖，本案原告诉请所基于的系被告与第三人之间的合同法律关系，故本案应当根据被告与第三人之间签订的《劳务承包合同书》的管辖约定来确定管辖法院。综上所述，本院对该案无管辖权，根据被告与第三人双方约定确定的管辖依据，本案依法移送重庆市长寿区人民法院审理。

问题 39：涉及工程款转让有哪些需要注意的问题？

有关规定

一、《中华人民共和国合同法》

第七十九条　债权人可以将合同的权利全部或者部分转让给第三人，但有下列情形之一的除外：（一）根据合同性质不得转让；（二）按照当事人约定不得转让；（三）依照法律规定不得转让。

第八十条　债权人转让权利的，应当通知债务人。未经通知，该转让对债务人不发生效力。

债权人转让权利的通知不得撤销，但经受让人同意的除外。

第八十一条　债权人转让权利的，受让人取得与债权有关的从权利，但该从权利专属于债权人自身的除外。

第八十六条　债务人转移义务的，新债务人应当承担与主债务有关的从债务，但该从债务专属于原债务人自身的除外。

第八十八条　当事人一方经对方同意，可以将自己在合同中的权利和义务一并转让给第三人。

第二百八十六条　发包人未按照约定支付价款的，承包人可以催告发包人在合理期限内支付价款。发包人逾期不支付的，除按照建设工程的性质不宜折价、拍卖的以外，承包人可以与发包人协议将该工程折价，也可以申请人民法院将该工程依法拍卖。建设工程的价款就该工程折价或者拍卖的价款优先受偿。

二、《中华人民共和国民法典》

第五百四十五条　债权人可以将债权的全部或者部分转让给第三人，但是有下列情形之一的除外：

（一）根据债权性质不得转让；

（二）按照当事人约定不得转让；

（三）依照法律规定不得转让。

当事人约定非金钱债权不得转让的，不得对抗善意第三人。当事人约定金钱债权不得转让的，不得对抗第三人。

第五百四十六条　债权人转让债权，未通知债务人的，该转让对债务人不发生效力。

债权转让的通知不得撤销，但是经受让人同意的除外。

第五百四十七条　债权人转让债权的，受让人取得与债权有关的从权利，但是该从权利专属于债权人自身的除外。

受让人取得从权利不因该从权利未办理转移登记手续或者未转移占有而受到影响。

第五百四十八条　债务人接到债权转让通知后，债务人对让与人的抗辩，可以向受让人主张。

第五百五十四条　债务人转移债务的，新债务人应当承担与主债务有关的从债务，但是该从债务专属于原债务人自身的除外。

第五百五十五条　当事人一方经对方同意，可以将自己在合同中的权利和义务一并转让给第三人。

第八百零七条　发包人未按照约定支付价款的，承包人可以催告发包人在合理期限内支付价款。发包人逾期不支付的，除根据建设工程的性质不宜折价、拍卖外，承包人可以与发包人协议将该工程折价，也可以请求人民法院将该工程依法拍卖。建设工程的价款就该工程折价或者拍卖的价款优先受偿。

三、《最高人民法院关于建设工程价款优先受偿权问题的批复》

第五条　建设工程承包人行使优先权的期限为六个月，自建设工程竣工之日或者建设工程合同约定的竣工之日起计算。

实务提醒

一、数额确定的工程款，可以转让（见相关案例一）。

二、数额不确定的工程款，也可以转让（见相关案例二）。

三、工程款转让，无须发包方同意，只要通知即可。

四、如果发包方不希望转让，怎么办？可以在合同中约定不能转让。

五、工程款转让，优先受偿权是否随之转让？主要有以下两种观点。

第一种观点：工程价款优先受偿权可以随工程款债权一并转让。依据是《中华人民共和国民法典》第五百四十七条“债权人转让权利的，受让人取得与债权有关的从权利，但该从权利专属于债权人自身的除外”的规定。建设工程价款优先受偿权依附于工程款债权，承包人将建设工程价款债权转让的，建设工程价款优先受偿权随之转让。

第二种观点：工程价款优先受偿权不能随工程款债权一并转让。建设工程价款优先受偿权目的在于保护农民工利益，具有人身属性。《深圳市中级人民法院关于建设工程合同若干问题的指导意见》（2010 年）第三十一条规定：“承包人将其对发包人的工程款债权转让给第三人的，建设工程价款优先受偿权不能随之转让。”

相关案例

相关案例一：最高人民法院民事判决书〔2007〕民一终字第 10 号

相关案例二：最高人民法院院〔2013〕民申字第 1483 号

问题 40：材料价格发生重大变化，如何调整工程款？

有关规定

一、《中华人民共和国合同法》

第六十三条　执行政府定价或者政府指导价的，在合同约定的交付期限内政府价格调整时，按照交付时的价格计价。逾期交付标的物的，遇价格上涨时，按照原价格执行；价格下降时，按照新价格执行。逾期提取标的物或者逾期付款的，遇价格上涨时，按照新价格执行；价格下降时，按照原价格执行。

二、《建筑工程施工发包与承包计价管理办法》（中华人民共和国住房和城乡建设部第 16 号令）

第十三条　发承包双方在确定合同价款时，应当考虑市场环境和生产要素价格变化对合同价款的影响。

第十四条　发承包双方应当在合同中约定，发生下列情形时合同价款的调整方法：

（一）法律、法规、规章或者国家有关政策变化影响合同价款的；

（二）工程造价管理机构发布价格调整信息的。

三、《建设工程工程量清单计价规范》（GB 50500—2013）

3.4.1　建设工程发承包，必须在招标文件、合同中明确计价中的风险内容及其范围，不得采用无限风险、所有风险或类似语句规定计价中的风险内容及其范围。

8.2.1　工程量必须以承包人完成合同工程应予计量的按照现行国家计量规范规定的工程量计算规则计算得到的工程量确定。

四、《最高人民法院关于审理建设工程施工合同纠纷案件适用法律问题的解释》

第二十二条　当事人约定按照固定价结算工程价款，一方当事人请求对建设工程造价进行鉴定的，不予支持。

五、《安徽省高级人民法院关于审理建设工程施工合同纠纷案件适用法律问题的指导意见（二）》

第十五条　建设工程施工合同履行过程中，人工、材料、机械费用出现波动，合同有约定的，按照约定处理；合同无约定，当事人又不能协商一致的，参照建设行政主管部门的规定或者行业规范处理。

因工期延误导致上述费用增加造成损失的，由导致工期延误的一方承担；双方对工期延误均有过错的，应当各自承担相应的责任。

六、《北京市高级人民法院关于审理建设工程施工合同纠纷案件若干疑难问题的解答》

第十二条　固定价合同履行过程中，主要建筑材料价格发生重大变化，当事人要求对工程价款予以调整的，如何处理？

建设工程施工合同约定工程价款实行固定价结算，在实际履行过程中，钢材、木材、水泥、混凝土等对工程造价影响较大的主要建筑材料价格发生重大变化，超出了正常市场风险的范围，合同对建材价格变动风险负担有约定的，原则上依照其约定处理；没有约定或约定不明，该当事人要求调整工程价款的，可在市场风险范围和幅度之外酌情予以支持；具体数额可以委托鉴定机构，参照施工地建设行政主管部门关于处理建材差价问题的意见予以确定。

因一方当事人原因导致工期延误或建筑材料供应时间延误的，在此期间的建材差价部分工程款，由过错方予以承担。

七、《财政部、住房和城乡建设部关于印发〈建设工程价款结算暂行办法〉的通知》

第八条　发包、承包人在签订合同时对于工程价款的约定，可选用下列一种约定方式：

（一）固定总价。合同工期较短且工程合同总价较低的工程，可以采用固定总价合同方式。

（二）固定单价。双方在合同中约定综合单价包含的风险范围和风险费用的计算方法，在约定的风险范围内综合单价不再调整。风险范围以外的综合单价调整方法，应当在合同中约定。

八、《中华人民共和国民法典》

第五百一十三条　执行政府定价或者政府指导价的，在合同约定的交付期限内政府价格调整时，按照交付时的价格计价。逾期交付标的物的，遇价格上涨时，按照原价格执行；价格下降时，按照新价格执行。逾期提取标的物或者逾期付款的，遇价格上涨时，按照新价格执行；价格下降时，按照原价格执行。

九、《最高人民法院关于审理建设工程施工合同纠纷案件适用法律问题的解释（一）》

第二十八条　当事人约定按照固定价结算工程价款，一方当事人请求对建设工程造价进行鉴定的，人民法院不予支持。

实务提醒

一、部分法院支持调整工程款（见相关案例一、二、三）

实践中，很多法院本着公平原则，在人工费、材料费出现大幅上涨的情况下，酌情对人工费、材料费予以调整。也有的法院认为，合同中约定投标人承担无限风险违反了《建设工程工程量清单计价规范》（GB 50500—2013）的规定，属于无效条款。

二、关于“有约定按约定”以及“无限风险”的理解

“合同有约定的，按照约定处理”，这里的约定不仅应该是合法的约定，而且应该是有明确具体范围的约定；如果不是合法的、范围明确的约定，那么则属于没有约定，应该参照无约定的情形处理。现实中，承包方承担“无限风险”的约定可视为属于不合法的约定。

三、关于对“固定价”的理解

固定总价的条件是必须是工程量的固定和施工条件的固定。在合同履行过程中，如发生施工图、合同约定的施工内容、施工条件变化的，则固定总价就丧失了固定的基础，当事人有权要求调整。

实践中，很多《承包协议》约定：“不论工程数量如何变化，本合同约定的计价方式及人材机单价，均不作调整；人工、材料及机械台班单价等均不作调整”。编者认为，在此情况下，《承包协议》中约定的‘固定总价’只能理解为“暂定价”而非《最高人民法院关于审理建设工程施工合同纠纷案件适用法律问题的解释（一）》第二十八条所规定的按固定价款结算情形。

四、签订合同的注意事项

尽量在合同中约定固定价的同时，明确合同的风险范围，在风险范围之内的价和量的

变动不调整，同时约定在风险范围之外的调整幅度和计算标准。由于物资材料涨跌受市场供需影响而不依当事人意志为转移，签约双方无法预测合同履行过程中的市场变化。如果不约定风险范围，可能出现当事人利益失衡的情况。

◆ 相关案例 ◆

相关案例一：《四川省泸州某建筑工程有限公司与雅江某水电开发有限公司建设工程施工合同纠纷二审民事判决书》（四川省甘孜藏族自治州中级人民法院〔2018〕川33民终79号）

判决书摘录：2010年12月14日发布的川建发〔2010〕42号《关于对成都市等17个市、州2009年〈四川省建设工程工程量清单计价定额〉人工费调整的批复》载明，雅江县建筑项目人工费调整幅度为129%。本院认为，在发生人工、材料大幅涨价的情况下坚持按固定单价结算，可能将承包人置于严重不公平的地位。雅江某水电开发公司与泸州某建筑工程公司签订了固定单价合同后并未立即履行，而人工费、材料费出现大幅上涨，应当酌情对人工费、材料费予以调整，否则显失公平。本院综合考虑本案合同的签订及履行情况、参考鉴定意见，对泸州某建筑工程公司主张的人工费、材料费调整金额酌情支持80万元。

相关案例二：《阿克苏某建筑安装有限责任公司、新疆维吾尔自治区塔里木河流域阿克苏管理局建设工程施工合同纠纷二审民事判决书》（新疆维吾尔自治区高级人民法院〔2017〕新民终261号）

判决书摘录：关于人工费调差、材料费调差在合同约定为固定单价的情况下是否应当进行调差的问题。虽然涉案工程的建设工程施工招标文件中约定“除设计单位出具的设计变更外，其余任何情况不予调整，风险由投标人自行承担”，但该内容违反《建设工程工程量清单计价规范》（GB 50500—2013）中施工阶段风险采用分摊的原则，且该招标文件属于要约邀请，具体双方的权利义务要根据双方签订的建设工程施工合同确定，双方签订的建设工程施工合同中专用条款部分23.3双方约定合同价款的其他调整因素为设计变更＋现场签证＋清单漏项＋政策性文件调差，因此人工费、材料费的调差应当计入工程款。

相关案例三：《某纪念馆与北京某建筑工程有限公司建设工程施工合同纠纷申诉、申请民事裁定书》（湖南省怀化市中级人民法院〔2018〕湘12民申3号）

判决书摘录：本院经审查认为，再审申请人某纪念馆与被申请人北京某建筑有限公司于2009年10月30日签订《太和塔主体建筑工程施工合同》，在通用条款中明确约定“适用于合同的法律包括中华人民共和国法律、行政法规、部门规章，以及工程所在地的地方法规、自治条例、单行条例和地方政府规章”。但是，招标文件9.2.1款载明的“投标人所填写的单价和总价在合同实施期间不因市场变化因素而变动，投标人在计算报价时应考虑一定的风险系数”内容，有悖住房和城乡建设部现行的《建设工程工程量清单计价规范》（GB 50500—2013）和湖南省人民政府《湖南省建设工程造价管理办法》的相关规定，应属无效条款，因此，原判认定属无效条款并无不当。本案中，因发包人某纪念馆的资金不到位、设计变更、装饰标准难以确认等自身原因，导致工期延误三年有余，期间人工工资及材料价格上涨，导致工程造价上升。经鉴定，合同内项目已结算工程款与上升后的工程造价款差价达 3147566.77 元。根据现行的《建设工程工程量清单计价规范》（GB 50500—2013）3.4.2 款规定，施工延长期间物价波动引起的价格调整，其价差应由发包人承担。故原判此差价款应由某纪念馆承担，是妥当的。

问题 41：因发包人原因造成工程量减少，承包人的合理利润是否应予补偿？

有关规定

一、《中华人民共和国合同法》

第一百一十三条 【损害赔偿的范围】当事人一方不履行合同义务或者履行合同义务不符合约定，给对方造成损失的，损失赔偿额应当相当于因违约所造成的损失，包括合同履行后可以获得的利益，但不得超过违反合同一方订立合同时预见到或者应当预见到的因违反合同可能造成的损失。经营者对消费者提供商品或者服务有欺诈行为的，依照《中华人民共和国消费者权益保护法》的规定承担损害赔偿责任。

第一百一十九条 【减损规则】当事人一方违约后，对方应当采取适当措施防止损失的扩大；没有采取适当措施致使损失扩大的，不得就扩大的损失要求赔偿。当事人因防止损失扩大而支出的合理费用，由违约方承担。

二、《中华人民共和国民法典》

第五百八十三条　当事人一方不履行合同义务或者履行合同义务不符合约定的，在履行义务或者采取补救措施后，对方还有其他损失的，应当赔偿损失。

第五百八十四条　当事人一方不履行合同义务或者履行合同义务不符合约定，造成对方损失的，损失赔偿额应当相当于因违约所造成的损失，包括合同履行后可以获得的利益；但是，不得超过违约一方订立合同时预见到或者应当预见到的因违约可能造成的损失。

第五百九十一条　当事人一方违约后，对方应当采取适当措施防止损失的扩大；没有采取适当措施致使损失扩大的，不得就扩大的损失请求赔偿。

当事人因防止损失扩大而支出的合理费用，由违约方负担。

三、《建设工程工程量清单计价规范》（GB 50500—2013）

9.3.4　如果发包人提出的工程变更，因为非承包人原因删减了合同中的某项原定工作或工程，致使承包人发生的费用或（和）得到的收益不能被包括在其他已支付或应支付的项目中，也未被包含在任何替代的工作或工程中，则承包人有权提出并得到合理的利润补偿。

实务提醒

一、多数法院认为，合理利润应予补偿。

二、合理利润应予补偿的前提是引起工程量减少的原因是发包方，而不是施工方。

三、由于利润很难从工程价款中区分，再由于承包人确实没有施工，因此对于利润部分一般酌情补偿。

相关案例

相关案例一：《商丘市某建筑安装有限公司与某殡仪馆建设工程合同纠纷一审民事判决书》（三门峡市陕州区人民法院〔2016〕豫1222民初1165号）

判决书摘录：被告某殡仪馆给原告出具的主楼及骨灰堂工程量清单计价表可以证明，工程量减少了2085589元。根据《建设工程工程量清单计价规范》（GB 50500—2013）9.3.3规定：当发包人提出的工程变更因非承包人原因删减了合同中的某项原定工作或工程，致使承包人发生的费用或（和）得到的收益不能被包括在其他已支付或应支付的项目中，也未被包含在任何替代的工作或工程中时，承包人有权提出并应得到合理的费用及利润补偿。据此，原告作为承包人有权得到合理的费用及利润补偿。依双方施工合同，该部分利润以6%，即125135.34元为宜。

相关案例二：《上诉人李某与被上诉人南京某建设工程有限公司承包经营合同纠纷一案的民事判决书》（江苏省南京市中级人民法院〔2013〕宁商终字第1283号）

判决书摘录：关于违约损失认定问题，现有证据证明，双方在履行《管理协议书》中，南京某建设工程公司未按约定至少向李某交付66万元所对应的工程量，故南京某建设工程公司已构成违约，对李某造成的损失应予赔偿。本案中，李某要求南京某建设工程公司赔偿损失302383元[支付工资222383元、可得利益（利润）80000元]。本院认为，《中华人民共和国合同法》规定："当事人一方不履行合同义务或者履行不符合约定，给对方造成损失的，损失赔偿额应相当于因违约所造成的损失，包括合同履行后可以获得的利益。当事人一方违约后，对方应当采取适当措施防止损失的扩大"，南京某建设工程公司在协议履行过程中仅向李某提供了110917.80元工程量，远远低于双方约定的66万元保底量，客观上势必给李某造成一定的损失。李某作为承包人，在工程量锐减的情况下，应及对工人进行调整，结合李某的举证及本案实际情况，本院酌定李某的损失为90000元。

问题 42：社保费是否应当计入工程款支付给承包人或实际施工人？

有关规定

一、《建筑安装工程劳动保险费用管理办法》

第十六条 ……建设单位不得将应缴纳的劳保费转嫁给施工企业。

第十七条 任何单位和个人不得以任何理由减免或截留建设单位应缴纳的劳保费。

二、山东省住房和城乡建设厅发布的《山东省建设工程费用项目组成及计算规则》（鲁建标字〔2011〕19 号）

编制竣工结算时，若建设单位已按规定缴纳社会保障费的，该费用仅作为计税基础，结算时不包括该费用；若建设单位未缴纳社会保障费的，结算时应包括该费用。

实务提醒

一、对于社保费是否应计入工程款支付给承包人或实际施工人这一问题，一直存在两种截然相反的观点。

第一种观点认为，应该计算在工程款之内，支付给承包人或实际施工人（见相关案例一、二）。理由：工程造价不论是从费用构成要素，还是从工程造价形成来看，都应包含社保费用。由于建设单位没有向当地的建设主管部门缴纳相应的社保费用，施工单位无法从项目所在地的建设主管部门领取相应的设备费用。

比如，山东省住房和城乡建设厅发布的《山东省建设工程费用项目组成及计算规则》（鲁建标字〔2011〕19 号）规定，编制竣工结算时，若建设单位已按规定缴纳社会保障费的，该费用仅作为计税基础，结算时不包括该费用；若建设单位未缴纳社会保障费的，结算时应包括该费用。

第二种观点认为，应当支付给建设主管部门，不应当直接向施工方支付（见相关案例三）。理由：该笔费用本应由施工企业自行缴纳，由社保机构直接向建设单位收取的主要目的，就是为了防止施工单位在收取了建设单位拨付的工程款后，却不为从业人员缴纳劳动保险费用现象的发生。如果施工企业没有实际缴纳社保，那么则不应当计算在工程款内支付给施工方。

二、实务中，还有少数人认为社保问题不属于人民法院的受理范围。

◆ 相关案例 ◆

相关案例一：《日照市某建筑工程有限公司与日照市岚山某房地产开发有限责任公司建设工程施工合同纠纷二审民事判决书》（山东省高级人民法院〔2015〕鲁民一终字第 96 号）

判决书摘录：关于社会保障费问题。参照相关规定，编制竣工结算时，若建设单位已按规定交纳社会保障费的，该费用仅作为计税基础，结算时不包括该费用；若建设单位未缴纳社会保障费的，结算时应包括该费用。日照市岚山某房地产公司没有提供证据证明其已按规定交纳社会保障费，原审将该项费用计入工程结算并无不当。

相关案例二：《某建筑有限公司与王某建设工程施工合同纠纷》（河南省开封市中级人民法院〔2008〕汴民终字第 1014 号）

判决书摘录：工程社保费属于工程款的组成部分，应由建设单位支出，建筑企业收取。实际施工人虽非企业，但其负责组织人员施工，向施工人员发放薪酬，为施工人员提供施工安全和其他保障，并且王某是以万里公司的代理人身份行使相关权利，还要和被挂靠企业对社保费用提取问题协商议定，其担负了相关风险和责任，可以主张相关社保费用。

相关案例三：《原告河南某建筑集团有限公司诉被告河南省某置业有限公司、河南省永城市某发展投资公司建设工程施工合同纠纷》（河南省商丘市中级人民法院民事判决书〔2007〕商民一初字第 46 号）

判决书摘录：针对本案的第二个焦点，即河南省某置业公司是否应向河南某建筑集团公司支付社会保险费及应支付社会保险费的数额问题。虽然建设部《建筑安装工程劳动保险费用管理办法》第十六条规定：“……建设单位不得将应缴纳的劳保费转嫁给施工企业。”第十七条规定：“任何单位和个人不得以任何理由减免或截留建设单位应缴纳的劳保费。”《河南省建筑和装饰工程综合基价计价办法》第九条之规定：“……由市、县建设行政主管部门设立的劳保费用管理办公室统一向建设单位收取，统一向施工企业拨付、调剂”。“……任何单位不得减免和挪作他用”。依照上述规定，社会保险费应由河南省某置业公司向劳保费用管理办公室缴纳，而不是直接向河南某建筑集团公司支付。故河南某建筑集团公司该诉讼请求不予支持。

问题 43：开工日期如何确定？

◆ 有关规定 ◆

一、《最高人民法院关于审理建设工程施工合同纠纷案件适用法律问题的解释（二）》

第五条规定：当事人对建设工程开工日期有争议的，人民法院应当分别按照以下情形予以认定：

（一）开工日期为发包人或者监理人发出的开工通知载明的开工日期；开工通知发出后，尚不具备开工条件的，以开工条件具备的时间为开工日期；因承包人原因导致开工时间推迟的，以开工通知载明的时间为开工日期。

（二）承包人经发包人同意已经实际进场施工的，以实际进场施工时间为开工日期。

（三）发包人或者监理人未发出开工通知，亦无相关证据证明实际开工日期的，应当综合考虑开工报告、合同、施工许可证、竣工验收报告或者竣工验收备案表等载明的时间，并结合是否具备开工条件的事实，认定开工日期。

二、《最高人民法院关于审理建设工程施工合同纠纷案件适用法律问题的解释（一）》

第八条　当事人对建设工程开工日期有争议的，人民法院应当分别按照以下情形予以认定：

（一）开工日期为发包人或者监理人发出的开工通知载明的开工日期；开工通知发出后，尚不具备开工条件的，以开工条件具备的时间为开工日期；因承包人原因导致开工时间推迟的，以开工通知载明的时间为开工日期。

（二）承包人经发包人同意已经实际进场施工的，以实际进场施工时间为开工日期。

（三）发包人或者监理人未发出开工通知，亦无相关证据证明实际开工日期的，应当综合考虑开工报告、合同、施工许可证、竣工验收报告或者竣工验收备案表等载明的时间，并结合是否具备开工条件的事实，认定开工日期。

实务提醒

一、工程实务中可能涉及的开工日期

1. 开工令（开工通知）中的开工日期；2. 开工申请书（开工报告）的开工日期；3. 施工条件具备的日期；4. 承包人实际进场施工的日期；5. 施工许可证载明的开工日期；6. 计划开工日期；7. 约定开工日期。

二、开工日期的区分

1. 计划开工日期与实际开工日期

约定开工日期是计划开工日期，其具有不确定性，实际施工中，受政府政策、许可手续办理进度等影响，发包人可能迟迟无法确定开工日期，无法发出开工通知。

2. 施工许可日期与实际进场日期

施工许可只是关于开工合法性的文件，与开工日的认定并无直接关系；同时，由于工程审批的严格及市场主体的逐利，经发包人许可，施工单位可能在施工许可之前，甚至施工条件不完全具备前，就先前进场施工。

3. 开工令的开工日期与开工申请书（开工报告）的开工日期

两者尤易混淆，应予区分。发包方准备完毕同时考虑承包方必要准备时间后确定的日期，表现为《开工令》；承包人向发包人声明施工准备完毕可开始施工的日期，表现为承包人向发包人呈递的开工申请书（开工报告）。

三、开工日期的确定

1. 开工通知中的开工日期

若开工通知确定的开工日期前，开工条件均已具备的，则以开工通知确定的开工日期为合法的开工日期；这一确定应同时具备两个条件：发包人或监理人发出开工通知载明的开工日期；工程现场具备开工条件。

2. 施工条件具备的日期

若开工通知确定的开工日期已至，但工程现场不具备上述条件，则以实际具备条件的时间为开工日期。

若因承包人不配合导致工程现场不具备开工条件的，则以开工通知载明的日期为开工日期。

3. 承包人实际进场施工的日期

当发包人和监理人均未发出开工通知，但发包人与承包人就承包人实际进场施工已达成一致意见的，则以承包人实际进场施工的日期为开工日期。

4. 综合认定的日期

当发包人和监理人均未发出开工通知，又无法证明实际进场施工的日期时，由法院按照开工报告、合同、施工许可证、竣工验收报告或者竣工验收备案表等载明的时间，与工程实际具备开工条件的日期，综合认定。

此前，有观点认为，施工许可证载明的开工日期具有优先效力，但《最高人民法院关于审理建设工程施工合同纠纷案件适用法律问题的解释（二）》第五条明确在无开工通知又不能确定实际进场施工日期时，将施工许可证和开工报告、竣工验收报告或竣工备案载明的时间等并列作为综合考虑因素，即施工许可证载明的开工日期不具有优先效力。

四、实务中特别注意事项

1. 作为承包人

若发包人强令承包人在不具备施工条件或未取得《施工许可证》的前提下进场施工，则承包人应保存相关证据，如现场施工的照片、发包人出具的有关函件。

2. 作为发包人

如承包人拖延或拒绝配合发包人办理开工的有关手续，则发包人应保存相关证据，作为索赔的依据，如要求承包人配合提供相关材料的函件、承包人的复函等。

相关案例

《甘肃某公路建筑有限公司与甘肃某水利科技发展有限公司建设工程施工合同纠纷二审民事判决书》（甘肃省高级人民法院〔2019〕甘民终 289 号）

判决书摘录：关于甘肃某公路建筑公司开工日期如何认定的问题。甘肃某公路建筑公司认为应从被上诉人实际取得建设用地规划许可证、建设工程规划许可证的时间 2017 年 4 月开始认定，本院认为，庭审中双方均认可甘肃某公路建筑公司于 2016 年 6 月 1 日准时入场。根据《建设工程施工合同司法解释（二）》第五条，当事人对建设工程开工日期有争议的，人民法院应当分别按照以下情形予以认定：……（二）承包人经发包人同意已经实际进场施工的，以实际进场施工时间为开工日期的规定，本案开工日期应当认定为 2016 年 6 月 1 日。

问题 44：月进度款的累加能否作为工程款的结算依据？

有关规定

《建设工程价款结算暂行办法》

第十三条　工程进度款结算与支付应当符合下列规定：

（一）工程进度款结算方式

1. 按月结算与支付

即实行按月支付进度款，竣工后清算的办法。合同工期在两个年度以上的工程，在年终进行工程盘点，办理年度结算。

2. 分段结算与支付

即当年开工、当年不能竣工的工程按照工程形象进度，划分不同阶段支付工程进度款。具体划分在合同中明确。

（二）工程量计算

1. 承包人应当按照合同约定的方法和时间，向发包人提交已完工程量的报告。发包人接到报告后 14 天内核实已完工程量，并在核实前 1 天通知承包人。承包人应提供条件并派人参加核实。承包人收到通知后不参加核实，以发包人核实的工程量作为工程价款支付的依据。发包人不按约定时间通知承包人，致使承包人未能参加核实，核实结果无效。

2. 发包人收到承包人报告后 14 天内未核实完工程量，从第 15 天起，承包人报告的工程量即视为被确认，作为工程价款支付的依据，双方合同另有约定的，按合同执行。

3. 对承包人超出设计图纸（含设计变更）范围和因承包人原因造成返工的工程量，发包人不予计量。

（三）工程进度款支付

1. 根据确定的工程计量结果，承包人向发包人提出支付工程进度款申请。14 天内，发包人应按不低于工程价款的60%，不高于工程价款的90%向承包人支付工程进度款。按约定时间发包人应扣回的预付款，与工程进度款同期结算抵扣。

2. 发包人超过约定的支付时间不支付工程进度款，承包人应及时向发包人发出要求付款的通知，发包人收到承包人通知后仍不能按要求付款，可与承包人协商签订延期付款协议，经承包人同意后可延期支付，协议应明确延期支付的时间和从工程计量结果确认后第15天起计算应付款的利息（利率按同期银行贷款利率计）。

3. 发包人不按合同约定支付工程进度款，双方又未达成延期付款协议，导致施工无法进行，承包人可停止施工，由发包人承担违约责任。

实务提醒

一、进度款与结算款的区别

工程进度款是指在施工过程中，按逐月（季）、形象进度或控制界面等完成的工程数量支付工程款。

工程结算款是指工程全部完成或合同虽然未完但解除合同，质量合格的基础上进行的最终结算款。

二、进度款能否作为结算依据

进度款只是为了保证工程顺利实施而支付的工程款项，它只是与工程进度大致匹配，但不一致，有可能会超前，也有可能会拖后，有可能不足，也有可能超付，所以工程进度款一般不能作为最终的结算依据。

相关案例

《西安某农产品全球采购有限公司与江苏省某建工集团有限公司建设工程施工合同纠纷二审民事判决书》（陕西省西安市中级人民法院〔2017〕陕01民终3356号）

判决书摘录：一审判决：关于江苏省某建工公司已施工工程的造价问题，江苏省某建工公司认为应以呈批报告、工程款支付证书等所载工程进度款累加结果作为认定施工工程总造价的意见，根据西安某农产品全球采购公司、江苏省某建工公司签订的补充协议书第一条之约定，工程造价结算时应按实际施工图纸工程量进行重新计算，故江苏省某建工公司的该项意见缺乏事实及法律依据，依法不予采信。

二审判决：因该款项系进度款，并不是结算款，且双方签订的补充协议中亦约定结算时按实际施工图纸工程量进行重新计算，故江苏省某建工公司以该工程量总价作为确定实际施工工程量的依据的上诉主张，依据不足，不能成立。

问题 45：企业管理费、利润、规费、税费是否应当支付给实际施工人？

法律规定

一、《中华人民共和国合同法》

第五十八条　合同无效或者被撤销后，因该合同取得的财产，应当予以返还；不能返还或者没有必要返还的，应当折价补偿。有过错的一方应当赔偿对方因此所受到的损失，双方都有过错的，应当各自承担相应的责任。

二、《中华人民共和国民法典》

第一百五十七条　民事法律行为无效、被撤销或者确定不发生效力后，行为人因该行为取得的财产，应当予以返还；不能返还或者没有必要返还的，应当折价补偿。有过错的一方应当赔偿对方由此所受到的损失；各方都有过错的，应当各自承担相应的责任。法律另有规定的，依照其规定。

三、《最高人民法院关于审理建设工程施工合同纠纷案件适用法律问题的解释（二）》

第十一条　当事人就同一建设工程订立的数份建设工程施工合同均无效，但建设工程质量合格，一方当事人请求参照实际履行的合同结算建设工程价款的，人民法院应予支持。

四、《住房和城乡建设部、财政部关于印发〈建筑安装工程费用项目组成〉的通知》（建标〔2013〕44 号）

《费用组成》调整的主要内容：

（一）建筑安装工程费用项目按费用构成要素组成，划分为人工费、材料费、施工机具使用费、企业管理费、利润、规费和税金。

（二）为指导工程造价专业人员计算建筑安装工程造价，将建筑安装工程费用按工程造价形成顺序划分为分部分项工程费、措施项目费、其他项目费、规费和税金。

实务提醒

一、根据《建筑安装工程费用项目组成》（建标〔2013〕44 号），建筑安装工程费用项目按费用构成要素组成划分为人工费、材料费、施工机具使用费、企业管理费、利润、规费和税金，按工程造价形成顺序划分为分部分项工程费、措施项目费、其他项目费、规费和税金。

《中华人民共和国民法典》第一百五十七条规定，民事法律行为无效、被撤销或者确定不发生效力后，行为人因该行为取得的财产，应当予以返还；不能返还或者没有必要返还的，应当折价补偿；第七百九十三条规定，建设工程施工合同无效，但是建设工程经验收合格的，可以参照合同关于工程价款的约定折价补偿承包人。但是补偿的范围没有确定，是只仅仅补偿直接费，还是全部补偿，实践中争议很大。

二、关于企业管理费、利润

第一种观点认为，应予支持。理由是虽然合同无效，但是实际施工人已经施工完成了工程，该费用是组织施工过程中均会产生的费用，亦是工程造价的必要组成部分，仅因资质问题剥夺实际施工人必要的费用支出，不符合公平原则。

第二种观点认为，不应支持。理由是实际施工人大多数为自然人，不是企业，不会产生企业管理费支出，所以不应获得企业管理费这一额外收入。

从下面的相关案例一中可以看出来，对这一问题法院存在严重的分歧。一审和二审法院仅仅支持了直接费，对其他费用均未支持，山东省人民检察院和山东省高级人民法院均认为包含间接费、利润、规费等在内的工程造价都应当支持，最高人民法院认为一审和二审只判定支付直接费是正确的。

三、关于规费、税收

大部分判例认为，应当从工程款中扣除。理由是建设工程的税金与规费系国家或行政管理部门向企业法人或者其他组织收取的法定税费，作为没有施工资质的自然人，并不是上述费用的征缴对象。

也有观点认为，规费和税收包含在工程造价之内，不应予以扣除。

相关案例

相关案例一：《齐河某钢结构有限公司与济南某物资有限责任公司建设工程施工合同纠纷案》（〔2011〕民提字第104号2011年11月17日）

该案是最高人民法院公报案例，从起诉到一审、二审，再到检察机关抗诉、省高院再审，最后最高法院再审，历时5年6个月，其中对合同无效、如何折价补偿，即间接费、利润和税金等是否应当计入工程造价中，支付给实际施工人这一问题争议很大。

1. 一审、二审判决“应按鉴定机构依据定额结算方式计算的工程总造价无异议部分中直接费总额给付齐河某钢结构公司公司工程款”，即间接费、利润、税金均没有支持，只判决支付直接费。

2. 山东省人民检察院抗诉认为“合同被确认无效后，已经履行的内容不能适用返还的方式使合同恢复到签约前的状态，而只能按照折价补偿的方式处理。而所谓的‘价’，从工程施工管理的角度来讲，应当包括直接费、间接费、税金及利润等各种实际发生的价款，而非仅仅指原材料费、人工费等直接费。”

“如果合同无效后承包人只能主张合同约定价款中的直接费和间接费，则承包人融入建筑工程产品当中的利润及税金就将被发包人获得。发包人依据无效合同取得了利润，这也与无效合同的处理原则不符，对施工方不公平，违背了等价有偿的原则。”

3. 山东省高级人民法院再审认为“仅支持了齐河某钢结构公司公司无异议部分的直接费用12097423.01元，而对间接费、税金、利润等均未予以支持不当。检察机关关于本案应当保护环盾公司整体工程造价（包括直接费、间接费、利润及税金）的抗诉意见成立，予以支持。”

4. 最高人民法院判决维持济南市中级人民法院〔2008〕济民五终字第44号民事判决和济南市历城区人民法院〔2006〕历城民商初字第825号民事判决。

相关案例二：《江苏某工贸有限公司与傅某、胡某建设工程施工合同纠纷二审民事判决书》（江苏省宿迁市中级人民法院〔2018〕苏13民终3049号）

1. 关于管理费的问题

虽然在工程造价鉴定意见书中表述的是“企业管理费”，但该部分费用是组织施工过程中均会产生的费用，亦是工程造价的必要组成部分。因傅某对涉案工程已进行施工，故依据定额计算出的“企业管理费”，不应从工程造价中扣除。

2. 关于利润的问题

虽然双方之间的施工合同属于无效合同，但该施工合同是双方当事人自愿达成，江苏某工贸公司对傅某有无施工资质亦应当是明知，故江苏某工贸公司对本案的合同无效也应当承担相应的责任。鉴于傅某施工的工程项目已被江苏某工贸公司接收并投入使用，故依据定额计算出的“利润”，亦不应从工程造价中扣除。

相关案例三：《焦某、大兴安岭某建筑工程有限公司建设工程分包合同纠纷一案二审民事判决书》（最高人民法院〔2016〕最高法民申2092号）

判决书摘录：原审判决大兴安岭某建筑工程公司支付焦某企业管理费、安全文明施工费、利润等102万余元并无不当。《鉴定意见》确认企业管理费36.292206万元、安全文明施工费254.42324万元，利润41.246145万元属于工程款的一部分，且本案工程依法应视为竣工验收合格，发包人某林业局也已经将工程款支付给总承包人大兴安岭某建筑工程公司。在这种情况下，原审判决大兴安岭某建筑工程公司支付焦某相应部分工程价款并无不当。

相关案例四：《南通某集团有限公司、曹某建设工程施工合同纠纷二审民事判决书》（黑龙江省高级人民法院〔2018〕黑民终131号）

判决书摘录：关于企业管理费是否应予以扣除的问题。实际施工人因组织施工的需要，必然会产生管理费用，本案中，曹某作为实际施工人，虽然没有建设工程施工资质，但工程经竣工验收合格，其组织施工过程中进行了必要的管理，会产生相应的管理费用，仅因资质问题剥夺实际施工人必要的费用支出，不符合公平原则。因此，一审法院将企业管理费作为工程造价的组成部分判决支付给实际施工人曹某并无不当。

建设工程的税金与规费系国家或行政管理部门向企业法人或者其他组织收取的法定税、费，曹某作为没有施工资质的自然人，并不是上述费用的征缴对象，曹某也无法缴纳上述费用，一审法院将含有规费和税金的工程款判决支付给曹某，由曹某获取税金与规费部分的价款缺乏事实和法律依据，亦不符合权利义务对等原则，本院予以纠正，该税金、规费从应支付曹某的工程款中予以扣除。

问题 46：合同无效质量合格，参照合同支付工程款，是否应当支付利息？

◆ 有关规定 ◆

一、《中华人民共和国合同法》

第五十八条　合同无效或者被撤销后，因该合同取得的财产，应当予以返还；不能返还或者没有必要返还的，应当折价补偿。有过错的一方应当赔偿对方因此所受到的损失，双方都有过错的，应当各自承担相应的责任。

二、《最高人民法院关于审理建设工程施工合同纠纷案件适用法律问题的解释》

第十七条　当事人对欠付工程价款利息计付标准有约定的，按照约定处理；没有约定的，按照中国人民银行发布的同期同类贷款利率计息。

三、《中华人民共和国民法典》

第一百五十七条　民事法律行为无效、被撤销或者确定不发生效力后，行为人因该行为取得的财产，应当予以返还；不能返还或者没有必要返还的，应当折价补偿。有过错的一方应当赔偿对方由此所受到的损失；各方都有过错的，应当各自承担相应的责任。法律另有规定的，依照其规定。

四、《最高人民法院关于审理建设工程施工合同纠纷案件适用法律问题的解释（一）》

第二十五条　当事人对垫资和垫资利息有约定，承包人请求按照约定返还垫资及其利息的，人民法院应予支持，但是约定的利息计算标准高于垫资时的同类贷款利率或者同期贷款市场报价利率的部分除外。

当事人对垫资没有约定的，按照工程欠款处理。

当事人对垫资利息没有约定，承包人请求支付利息的，人民法院不予支持。

第二十六条　当事人对欠付工程价款利息计付标准有约定的，按照约定处理。没有约定的，按照同期同类贷款利率或者同期贷款市场报价利率计息。

◆ 实务提醒 ◆

一、关于利息的性质，存在几种不同的观点。

第一种观点：违约责任说。该种观点认为，利息属于违约责任，在施工合同无效，建设工程质量合格的情形下，“参照合同约定支付工程价款”实际上是《中华人民共和国合同法》第五十八条规定的折价补偿款，不应当支付利息。

第二种观点：法定孳息说。该种观点认为，即便合同无效，只要质量合格，利息也应当支付。最高人民法院民事审判第一庭编制的《最高人民法院关于审理建设工程施工合同纠纷案件适用法律问题的解释（二）理解与适用》一书认为：承包人向发包人请求支付的拖欠工程价款的利息在性质上属于法定孳息，与工程价款具有附随性，与合同效力无关，与是否支付工程款相关。根据《最高人民法院关于审理建设工程施工合同纠纷案件适用法律问题的解释》第十七条的规定，只要发包人应当支付工程款，就应当支付利息。利息计付标准有约定的，遵从约定；没约定的，按照中国人民银行发布的同期同类贷款利率计息。

第三种观点：利息标准无效，参照银行说。该种观点认为，虽然约定了利息计算标准，但因施工合同无效，该计息标准条款随着合同的无效而归于无效，故应依法按照中国人民银行发布的同期贷款基准利率作为利息计算标准（见相关案例一）。

二、关于利息是否应当支持，也有几种不同观点。

第一种观点：利息应予支持。具体见上述“利息法定孳息说”和“利息标准无效参照银行说”。

第二种观点：利息不予支持。见上述“违约责任说”，该观点认为利息本质来说是违约责任，合同无效违约条款也无效，利息约定也无效，利息不予支持。

第三种观点：利息不予支持，但是可以计算损失，损失按照银行同期贷款利息计算（见相关案例二）。

◆ 相关案例 ◆

相关案例一：《成都市青羊区某建筑工程总公司、银川某工业园区管理委员会建设工程施工合同纠纷二审民事判决书》（最高人民法院〔2019〕最高法民终44号）

判决书摘录：关于青羊区某建筑工程公司主张的利息和违约金应否得到支持的问题。如前所述，案涉施工合同系无效合同，根据《中华人民共和国合同法》第五十六条规定，无效合同自始没有法律约束力。在此情况下，案涉合同约定的付款周期条款及违约金条款均应无效，故青羊区某建筑工程公司要求某管委会支付违约金的主张于法无据，不应予以支持。根据《最高人民法院关于审理建设工程施工合同纠纷案件适用法律问题的解释》第二条的规定，对青羊区某建筑工程公司请求支付工程价款的主张应予支持，而利息属于法定孳息，故青羊区某建筑工程公司有权要求某管委会承担欠付工程款的利息。但同时，青羊区某建筑工程公司主张利息所依据的付款周期和利息标准条款无效，故应当依法确定利息标准、计息时间和计息基数。

关于利息计算标准，《最高人民法院关于审理建设工程施工合同纠纷案件适用法律问题的解释》第十七条规定：“当事人对欠付工程价款利息计付标准有约定的，按照约定处理；没有约定的，按照中国人民银行发布的同期同类贷款利率计息。”本案当事人虽然约定了利息计算标准，但因案涉施工合同无效，该计息标准条款亦无效，故应依法按照中国人民银行发布的同期贷款基准利率作为利息计算标准。

相关案例二：《周某与冯某、蒋某建设工程合同纠纷二审民事判决书》（湖南省永州市中级人民法院〔2015〕永中法民二终字第40号）

判决书摘录：因原、被告签订的《建筑工程承包合同》为无效合同，合同中有关利息计算的条款不发生法律效力，故原告要求被告按《建筑工程承包合同》的约定支付利息的诉讼请求，不予支持。无效合同中有过错的一方应当赔偿对方因此所受到的损失，双方都有过错的，应当各自承担相应的责任。被告在未取得土地使用权证的情形下将工程发包给原告，同时也未认真严谨审查原告蒋某、冯某的施工资质，其自身具有一定的过错，对损害结果的发生应承担相应缔约过失责任。故酌定被告赔偿原告按中国人民银行发布的同期同类贷款利率为标准以履约保证金200000元为基数进行计算的利息，计算日期从2014年1月29日起至200000元偿付完毕之日止。

问题47：关于窝工、停工损失如何计算?

有关规定

一、《中华人民共和国合同法》

第二百七十八条　隐蔽工程在隐蔽以前，承包人应当通知发包人检查。发包人没有及时检查的，承包人可以顺延工程日期，并有权要求赔偿停工、窝工等损失。

第二百八十三条　发包人未按照约定的时间和要求提供原材料、设备、场地、资金、技术资料的，承包人可以顺延工程日期，并有权要求赔偿停工、窝工等损失。

二、《第八次全国法院民事商事审判工作会议（民事部分）纪要》

1. 因发包人未按照约定提供原材料、设备、场地、资金、技术资料的，隐蔽工程在隐蔽之前，承包人已通知发包人检查，发包人未及时检查等原因致使工程中途停、缓建，发包人应当赔偿因此给承包人造成的停（窝）工损失，包括停（窝）工人员人工费、机械设备窝工费和因窝工造成设备租赁费用等停（窝）工损失。

2. 发包人不履行告知变更后的施工方案、施工技术交底、完善施工条件等协作义务，致使承包人停（窝）工，以至难以完成工程项目建设的，承包人催告在合理期限内履行，发包人逾期仍不履行的，人民法院视违约情节，可以依据《中华人民共和国合同法》第二百五十九条、第二百八十三条规定裁判顺延工期，并有权要求赔偿停（窝）工损失。

三、《中华人民共和国民法典》

第七百九十八条　隐蔽工程在隐蔽以前，承包人应当通知发包人检查。发包人没有及时检查的，承包人可以顺延工程日期，并有权请求赔偿停工、窝工等损失。

第八百零三条　发包人未按照约定的时间和要求提供原材料、设备、场地、资金、技术资料的，承包人可以顺延工程日期，并有权请求赔偿停工、窝工等损失。

第八百零四条　因发包人的原因致使工程中途停建、缓建的，发包人应当采取措施弥补或者减少损失，赔偿承包人因此造成的停工、窝工、倒运、机械设备调迁、材料和构件积压等损失和实际费用。

第八百零五条　因发包人变更计划，提供的资料不准确，或者未按照期限提供必需的勘察、设计工作条件而造成勘察、设计的返工、停工或者修改设计，发包人应当按照勘察人、设计人实际消耗的工作量增付费用。

实务提醒

一、发生停工的原因是复杂的，有发包方单方面的原因，也有承包方单方面的原因，但是更多的时候是双方共同的原因，区分原因和划分责任是比较困难的。

二、无论发包方还是承包方，都要在施工过程中做好签证，及时固定停工的原因和事实，及时做好索赔。

三、在双方均存在过错的情况下，应当结合各方面原因，综合考虑，尽量做到公平、公正、合理的裁决。

四、发生停工对各方都有损失，各方均应本着诚实信用、协力合作的原则，以客观的态度查找原因，以积极的态度采取善后措施，而不是不同程度地向别人推卸责任，回避自己应承担的责任。

相关案例

《河南省偃师市某建安工程有限公司与洛阳某学院、河南省某建筑工程公司索赔及工程欠款纠纷案》(〔2011〕民提字第 292 号)

河南省高级人民法院二审判决摘录：关于损失计算的依据问题。因洛阳某学院成教楼出现裂缝后需要查清裂缝的原因，停工后一直在寻找和分析裂缝的原因，在裂缝原因没有查明的情况下，洛阳某学院、河南省某建筑工程公司一直未给某建安工程公司明确的态度，虽然河南省某建筑工程公司于 1999 年 4 月 20 日、4 月 25 日两次向施工单位发出停工撤场通知，当时并未明确该工程不让某建安工程公司继续施工，撤场通知也未明确是人员撤场，还是人员和设备一并撤场。在此情况下，某建安工程公司于停止施工后留下人员看场并将机械设备、周转材料继续留存于工地，以备将来复工之用合情、合理。并且，导致停工的原因并不能完全归责于某建安工程公司，对因停工所产生的人员窝工损失、机械设备停滞损失、建筑材料周转损失等也不能只让某建安工程公司承受，根据造成停工和某建安工程公司机械设备、周转材料不能及时撤场的原因，某建安工程公司、河南省某建筑工程公司、洛阳某学院对因停工所造成的损失应承担与自身原因相适应的责任。鉴于成教楼裂缝的主要原因是由于洛阳某学院提供的岩土工程勘察报告有误，导致地基不均匀沉降所致。裂缝出现后，洛阳某学院既不正视自身的原因，也没有对是否复工、是否还让某建安工程公司继续施工做出明确的指令，导致某建安工程公司是去是留难于及时决断，因此对因停工给某建安工程公司造成的机械设备停滞、周转材料、人员窝工等损失，洛阳某学院应承担主要责任。具体承担责任的比例确定为50%。河南省某建筑工程公司沟通协调不力，对导致某建安工程公司长期停工而又没让其及时撤场有因果关系，对停窝工损失也应承担相应的责任，其承担责任的比例确定为20%，其余损失由某建安工程公司自负。但计算停窝工损失的期限一审认定为691天过长，根据河南省建设厅豫建标定〔1999〕21号《关于记取暂停工程有关损失费用规定的通知》，暂停施工的期限一般为3个月。超过3个月的，双方应协商工程缓建停建。本案洛阳某学院成教楼出现裂缝导致工程施工不能继续进行的事由时，三方当事人均没有本着诚实信用、协力合作的合同法原则，以客观的态度查找原因，以积极的态度采取善后措施，而是不同程度地向别人推卸责任，回避自己应承担的责任。但由此导致停工持续一段时间后，某建安工程公司自身应当意识到在短期内已经不能复工，自己应立即采取措施避免损失的扩大，其无权就扩大的损失要求赔偿。

河南省高级人民法院再审判决摘录：本案当事人某建安工程公司、洛阳某学院和河南省某建筑工程公司在停工的事由发生后，不是积极协商解决，而是相互指责推诿，导致停工损失进一步扩大。特别是作为实际施工方的某建安工程公司，在停工持续一段时间后，应采取必要的措施防止损失扩大而没有采取，对某建安工程公司停工的损失，二审法院参照河南省建设厅豫建标定〔1999〕21号《关于记取暂停工程有关损失费用规定的通知》的有关规定，酌定6个月，并不违反法律规定，亦是正确的。

问题48：工程未完部分未经验收另行发包给他人施工视为擅自使用质量合格并结算工程款？

有关规定

一、《中华人民共和国建筑法》

第六十一条　交付竣工验收的建筑工程，必须符合规定的建筑工程质量标准，有完整的工程技术经济资料和经签署的工程保修书，并具备国家规定的其他竣工条件。建筑工程竣工经验收合格后，方可交付使用；未经验收或者验收不合格的，不得交付使用。

二、《最高人民法院关于审理建设工程施工合同纠纷案件适用法律问题的解释》

第十条　建设工程施工合同解除后，已经完成的建设工程质量合格的，发包人应当按照约定支付相应的工程价款；已经完成的建设工程质量不合格的，参照本解释第三条规定处理。因一方违约导致合同解除的，违约方应当赔偿因此而给对方造成的损失。

第十三条　建设工程未经竣工验收，发包人擅自使用后，又以使用部分质量不符合约定为由主张权利的，不予支持；但是，承包人应当在建设工程的合理使用寿命内，对地基基础工程和主体结构质量承担民事责任。

三、《建设工程质量管理条例》

第十六条　建设单位收到建设工程竣工报告后，应当组织设计、施工、工程监理等有关单位进行竣工验收。

实务提醒

一、"擅自使用"与"视为合格"

未经验收，发包方擅自使用，视为工程质量合格。如果是使用期间出现的质量问题，属于保修范围（见相关案例一）。

二、"视为合格"与"部分责任"

发包方擅自使用只是部分免除承包人的质量责任，承包人应当在建设工程的合理使用寿命内对地基基础工程和主体结构质量承担民事责任。

三、"验收合格"与"质量抗辩"的关系

擅自使用不能就意味着工程实际上验收合格，不能推定认为工程符合验收标准，只是丧失质量抗辩权。

四、"擅自使用"的理解

如果仅仅偶尔或短时间内进入建筑物，不应构成擅自使用。

五、未完工程另行发包给他人施工，可以认为擅自使用（见相关案例二）

相关案例

相关案例一：《江苏省某建设集团股份有限公司与某房地产开发集团哈尔滨有限公司建设工程施工合同纠纷一案一审民事判决书》（黑龙江省高级人民法院〔2016〕黑民初 28 号）

判决书摘录：关于工程质量问题。案涉工程业已交付被告使用，一般工程质量问题依法应由被告自行承担。如果是使用期间出现的质量问题，属于保修范围，应按照两份《施工合同》的约定，其保修责任双方应另行解决。

相关案例二：《重庆黔江某旅游集团房地产开发有限公司与临海市某建筑工程有限公司建设工程施工合同纠纷二审民事判决书》（重庆市高级人民法院〔2016〕渝民终 191 号）

判决书摘录：针对黔江某旅游房地产公司的工程质量鉴定申请，一审法院认为，首先，临海市某建筑公司举示的 16 份《地基与基础分部（子分部）工程质量验收记录》、16

份《桩基础分部（子分部）工程质量验收记录》及16份《主体分部（子分部）工程质量验收记录》等证据，能够证明其施工的涉案工程基础与主体结构经验收质量合格；其次，虽然尚未完成的内墙抹灰、外墙保温、门窗安装、水电安装等工程项目未经验收，但黔江某旅游房地产公司在其与临海市某建筑公司的施工合同解除前，已将该未完成的工程项目另行发包给其他建筑公司施工，因此，即或该未完成部分未经验收，也应视为黔江某旅游房地产公司认可其质量合格；再次，由于黔江某旅游房地产公司已将未完成的部分另行发包给其他建筑公司施工，造成该工程项目中临海市某建筑公司已完成部分的质量验收、鉴定存在一定障碍；最后，黔江某旅游房地产公司未举示相反证据证明临海市某建筑公司完成的工程存在质量问题。因此，对黔江某旅游房地产公司的质量鉴定申请，不予采纳。

问题49：层层转包或违法分包情形下，总承包人、层层转包或违法分包人对实际施工人的工程款以及材料供应商材料款的责任如何承担？

有关规定

一、《最高人民法院关于适用〈中华人民共和国民事诉讼法〉的解释》

第五十四条　以挂靠形式从事民事活动，当事人请求由挂靠人和被挂靠人依法承担民事责任的，该挂靠人和被挂靠人为共同诉讼人。

二、《最高人民法院关于审理建设工程施工合同纠纷案件适用法律问题的解释》

第二十六条　实际施工人以转包人、违法分包人为被告起诉的，人民法院应当依法受理。

实际施工人以发包人为被告主张权利的，人民法院可以追加转包人或者违法分包人为本案当事人。发包人只在欠付工程价款范围内对实际施工人承担责任。

三、《最高人民法院关于审理建设工程施工合同纠纷案件适用法律问题的解释（二）》

第二十四条　实际施工人以发包人为被告主张权利的，人民法院应当追加转包人或者违法分包人为本案第三人，在查明发包人欠付转包人或者违法分包人建设工程价款的数额后，判决发包人在欠付建设工程价款范围内对实际施工人承担责任。

四、《中华人民共和国建筑法》

第二十八条　禁止承包单位将其承包的全部建筑工程转包给他人，禁止承包单位将其承包的全部建筑工程肢解以后以分包的名义分别转包给他人。

实务提醒

一、总承包人、次承包人、层层转包人、违法分包人是否应对实际施工人的工程款承担连带责任，存在两种观点。

1. 应当承担

主要理由是作为总承包人、次承包人、层层转包、违法分包人将工程发包给无资质的人，在多手转包中具有明显的过错，对欠付实际施工人的工程款应当承担连带支付责任。比如，相关案例一。

2. 不应当承担

主要理由是不能突破合同相对性，判决承担连带责任没有法律依据。比如相关案例二，法院判决："在建设工程施工合同纠纷中，根据合同相对性原则，工程款的支付主体应当是建设工程施工合同的相对方，实际施工人向与其签订合同的转包人或违法分包人主张工程款，除法律特别规定的情形下，不应突破合同相对性，即建设公司并非本案发包人，而是总承包人，要求其承担连带责任的诉讼请求违背了合同相对性原则，于法无据，不予支持。"

二、总承包人、次承包人、层层转包人、违法分包人是否应在欠付范围内对实际施工人的工程款承担责任，存在两种观点。

1. 不应当承担

主要理由是对发包人的理解，应当理解发包人仅限于业主，而不包括总包人、次承包人、层层转包人、违法分包人等。由于总承包人、次承包人、层层转包、违法分包人不属于发包人，所以不应是欠付范围内付款责任。比如，相关案例三。

2. 应当承担

主要理由是对发包人的理解，应当理解是在建设工程被层层转包的情况下，发包人与承包人的地位是相对的，上一个合同的承包人可能是下一个合同的发包人。比如，相关案例四。

三、对于向实际施工人供应材料的供应商，能否要求总承包人、次承包人、层层转包人、违法分包人承担责任，存在两种观点。

1. 应当承担

主要理由是对合同相对人的概念应做实质性理解，在层层转包、违法分包情形下，应当全面审查确定各当事人之间形成的实质法律关系，不能机械套用合同相对性原理作出表象认识判断，总承包人、层层转包人、违法分包人均层层收取转让费或管理费获得相应不同利益，工程款亦经他们之间依次传递转付，因而在对外从事工程施工中发生的正常生产经营活动应当视为共同实施的无意思联络的民事行为，均应归属于材料出卖人的名义的、隐名的合同相对人范畴（编者认为这种观点有待商榷）。参见相关案例五。

2. 不应承担

主要理由是不能突破合同相对性。材料供应商应尽到谨慎注意义务。特别是在当下建设施工领域层层转包盛行的现实情形下，作为经营建材批发零售的商事主体更有责任履行必要的谨慎注意义务，当然包括对交易对象以及合同责任承担主体的辨别和审查。参见相关案例六。

相关案例

相关案例一：《蔡某与王某、陈某等建设工程施工合同纠纷申诉、申请民事裁定书》（江苏省高级人民法院〔2017〕苏民申 1025 号）

判决书摘录：某公司将涉案工程转包给王某，杨某是基于王某才承接该工程并进行层层分包。王某作为分包人的事实清楚，一、二审判决其对陈某给付蔡某剩余工程款承担连带责任并无不当。

作出类似判决的还有《马鞍山市某吊装有限公司与安徽某建筑安装工程有限公司、韩某建设工程施工合同纠纷二审民事判决书》（安徽省马鞍山市中级人民法院〔2016〕皖 05 民终 1042 号）；《上诉人福建省某建筑装饰有限公司、上诉人陈某与被上诉人闫某建设工程施工合同纠纷二审判决书》（新疆维吾尔自治区阿勒泰地区中级人民法院〔2015〕阿中民二终字第 3 号）；《冯某与苏州工业园区某建筑工程有限公司、黄某等建设工程分包合同纠纷二审民事判决书》（江苏省苏州市中级人民法院〔2015〕苏中民终字第 03106 号）；《徐某、某集团有限公司与霍某等建设工程施工合同纠纷二审民事判决书》（福建省龙岩市中级人民法院〔2016〕闽 08 民终 146 号）

相关案例二：《蒙某与南宁市某排水有限责任公司、林某建设工程施工合同纠纷二审民事判决书》（〔2015〕南市民一终字第 856 号）

判决书摘录：一、关于蒙某与黄某及建设公司、排水公司之间的法律关系问题。本案中，排水公司经过合法的招投标程序，将涉案工程发包给建设公司，排水公司是发包人，建设公司是承包人。后建设公司将涉案工程转包给黄某，建设公司是转包人，黄某是次承包人，黄某随后又将涉案工程转包给蒙某，黄某是次转包人，蒙某是实际施工人。以上事实系经已生效的〔2007〕青民一初字第 1328 号民事判决认定，故应予以确认。

五、关于建设公司应否承担连带责任的问题。建设工程施工合同纠纷中，根据合同相对性原则，工程款的支付主体应当是建设工程施工合同的相对方，实际施工人向与其签订合同的转包人或违法分包人主张工程款，除法律特别规定的情形下，不应突破合同相对性，即建设公司并非本案发包人，而是总承包人，蒙某要求其承担连带责任的诉讼请求违背了合同相对性原则，于法无据，不予支持。

相关案例三：《杨某与代某、余某等建设工程施工合同纠纷申诉、申请民事判决书》（最高人民法院〔2016〕最高法民再 30 号）

判决书摘录：根据本院《关于审理建设工程施工合同纠纷案件适用法律问题的解释》

第二十条第二款的规定，实际施工人以发包人为被告主张权利的，人民法院可以追加转包人或者违法分包人为当事人；发包人在欠付工程价款范围内对实际施工人承担责任。在本案中，案涉工程的发包人是诚投公司。某建筑公司、余某、代某是承包人和违法转包人，不属上述司法解释规定的发包人。故杨某主张某建筑公司、余某因违法转包而在欠付工程款范围内承担连带责任，不符合法律规定，应不予支持。

需要说明的是，有的观点认为虽然总承包人、转包人不是业主，不应当在欠付范围内承担责任，但是却应当承担连带责任。比如，《某建设集团有限公司与某集团第二工程有限公司、原审被告陈某、上海某建筑劳务有限公司建设工程施工合同纠纷二审民事判决书》（安徽省阜阳市中级人民法院〔2017〕皖12民终2207号）判决：《最高人民法院关于审理建设工程施工合同纠纷案件适用法律问题的解释》第二十六条的规定："发包人只在欠付工程价款范围内对实际施工人承担责任"，这里的"发包人"仅指"业主"，某建设集团公司公司、上海某建筑劳务公司均不是司法解释中的"发包人"。本案中，某建设集团公司公司是总承包人，上海某建筑劳务公司是违法的转包人。某建设集团公司公司、上海某建筑劳务公司把自己作为"发包人"，是对该司法解释的错误理解。判决结果如下：一、陈某于本判决生效之日起十日内支付给某集团第二工程有限公司工程款537600元及利息40590元；二、某建设集团有限公司、上海某建筑劳务有限公司对上述工程款及利息承担连带清偿责任。

相关案例四：《佛山市南海区某房产建筑工程有限公司地基与基础分公司、蔡某建设工程施工合同纠纷二审民事判决书》（广东省佛山市中级人民法院〔2017〕粤06民终4961号）

判决书摘录：在建设工程被层层转包的情况下，发包人与承包人的地位是相对的，上一个合同的承包人可能是下一个合同的发包人；同时，在《最高人民法院关于审理建设工程施工合同纠纷案件适用法律若干问题的解释》第二十六条的规定中，并未排除违法转包人对欠付工程款的责任。某公司在与检测中心的合同中是作为承包人，但其在与蔡某的合同中则是发包人，故某公司以其不是工程的发包人为由，主张其不应按照《最高人民法院关于审理建设工程施工合同纠纷案件适用法律若干问题的解释》第二十六条的规定承担责任缺乏理据。

相关案例五：《某工程集团有限公司与兰某、甘肃某建筑工程有限公司等买卖合同纠纷二审民事判决书》（甘肃省庆阳市中级人民法院〔2017〕甘10民终536号）

判决书摘录：本院认为，本案所涉拖欠兰某的工程材料款系甘肃某建筑工程公司及吴某、某工程集团公司及李某之间层层转包涉案工程形成款项支付不能的问题。李某持有"镇原县下原至牛心、段掌至赵川建制村通畅工程XD合同段项目经理部"印章与兰某形成买卖合同关系，并欠付工程材料款825096元的事实，应当全面审查确定各当事人之间形成的实质法律关系，不能机械套用合同相对性原理作出表象认识判断。该项目经理部印章虽为发包人某交通局制作发放，但工程施工中对外到底代表甘肃某建筑工程公司还是某工程集团公司，相对于社会不特定的善意第三人在表面上有正当理由相信，该项目经理部印章对外代表作为涉案工程的承包人甘肃某建筑工程公司的名义，而对内关系中涉案工程转包后该项目经理部又能够代表某工程集团公司所属机构的身份地位标志，因而使用该项目经理部印章的行为应当属于代表甘肃某建筑工程公司、某工程集团公司的混同名义和性能对外从事工程施工的生产经营活动。

各方当事人事后披露的事实真相表明，甘肃某建筑工程公司与吴某、某工程集团公司与李某之间通过借用资质承包、转包工程在法律上构成挂靠关系，甘肃某建筑工程公司与某工程集团公司之间通过订立合同表面形成工程转包关系，实质上转承包工程的当事人为实际控制人吴某与实际施工人李某，甘肃某建筑工程公司、吴某、某工程集团公司均层层收取转让费或管理费获得相应不同利益，工程款亦经由甘肃某建筑工程公司及吴某、某工程集团公司及李某之间依次传递转付，因而在对外从事工程施工中发生的正常生产经营活动应当视为甘肃某建筑工程公司及吴某、某工程集团公司及李某共同实施的无意思联络的民事行为，均应归属于出卖人兰某的名义的、隐名的合同相对人范畴。现造成兰某的工程材料款支付不能的民事行为后果，按照《最高人民法院关于适用〈中华人民共和国民事诉讼法〉的解释》第五十四条“以挂靠形式从事民事活动，当事人请求由挂靠人和被挂靠人依法承担民事责任的，该挂靠人和被挂靠人为共同诉讼人”和第六十五条“借用业务介绍信、合同专用章、盖章的空白合同书或者银行账户的，出借单位和借用人为共同诉讼人”及《中华人民共和国民法通则》第四十三条“企业法人对它的法定代表人和其他工作人员的经营活动，承担民事责任”和《最高人民法院关于贯彻执行〈中华人民共和国民法通则〉若干问题的意见（试行）》第58条：“企业法人的法定代表人和其他工作人员，以法人名义从事的经营活动，给他人造成经济损失的，企业法人应当承担民事责任”的规定，实际行为人李某、吴某应当承担民事责任外，甘肃某建筑工程公司、某工程集团公司未能尽到准许挂靠名义或借用资质的勤勉管理责任和谨慎注意义务，亦应承担对其名义被许可使用行为产生的法律后果。甘肃某建筑工程公司及吴某、某工程集团公司及李某以挂靠关系或借用关系形成的内部关系相互推诿借口逃避责任，无法对抗外部不知情的善意第三人兰某。由于各当事人的民事责任在本案中不能完全作出严格、准确的界限区分，对外符合适用连带责任法则的精神。一审判决适用法律不够全面。至于甘肃某建筑工程公司及吴某、某工程集团公司及李某承担连带责任后，可以按照各当事人内部之间形成的法律关系依法律设定的程序和规则另行追索或追偿。

相关案例六：《合肥某商贸有限公司、广西某集团有限公司买卖合同纠纷二审民事判决书》（安徽省合肥市中级人民法院〔2017〕皖01民终587号）

判决书摘录：在当下建设施工领域层层转包盛行的现实情形下，合肥某商贸有限公司作为经营建材批发零售的商事主体有责任履行必要的谨慎注意义务，当然包括对交易对象以及合同责任承担主体的辨别和审查。

问题 50：仲裁庭直接认定合同无效是否构成超裁？

有关规定

一、《中华人民共和国民事诉讼法》

第二百三十七条　对依法设立的仲裁机构的裁决，一方当事人不履行的，对方当事人可以向有管辖权的人民法院申请执行。受申请的人民法院应当执行。

被申请人提出证据证明仲裁裁决有下列情形之一的，经人民法院组成合议庭审查核实，裁定不予执行：

（一）当事人在合同中没有订有仲裁条款或者事后没有达成书面仲裁协议的；

（二）裁决的事项不属于仲裁协议的范围或者仲裁机构无权仲裁的；

（三）仲裁庭的组成或者仲裁的程序违反法定程序的；

（四）裁决所根据的证据是伪造的；

（五）对方当事人向仲裁机构隐瞒了足以影响公正裁决的证据的；

（六）仲裁员在仲裁该案时有贪污受贿，徇私舞弊，枉法裁决行为的。

人民法院认定执行该裁决违背社会公共利益的，裁定不予执行。

裁定书应当送达双方当事人和仲裁机构。

仲裁裁决被人民法院裁定不予执行的，当事人可以根据双方达成的书面仲裁协议重新申请仲裁，也可以向人民法院起诉。

二、《中华人民共和国仲裁法》

第五十八条　当事人提出证据证明裁决有下列情形之一的，可以向仲裁委员会所在地的中级人民法院申请撤销裁决：

（一）没有仲裁协议的；

（二）裁决的事项不属于仲裁协议的范围或者仲裁委员会无权仲裁的；

（三）仲裁庭的组成或者仲裁的程序违反法定程序的；

（四）裁决所根据的证据是伪造的；

（五）对方当事人隐瞒了足以影响公正裁决的证据的；

（六）仲裁员在仲裁该案时有索贿受贿，徇私舞弊，枉法裁决行为的。

人民法院经组成合议庭审查核实裁决有前款规定情形之一的，应当裁定撤销。

人民法院认定该裁决违背社会公共利益的，应当裁定撤销。

三、《中华人民共和国仲裁法》

第十九条　仲裁协议独立存在，合同的变更、解除、终止或者无效，不影响仲裁协议的效力。

仲裁庭有权确认合同的效力。

实务提醒

一、仲裁庭审理过程中，发现合同无效的，如果当事人没有主张，仲裁庭应该释明。如果不进行释明而直接径行变更申请人请求，违反法定程序，构成超裁。

二、仲裁庭虽然对合同效力作出认定，但不属于裁决主文的内容的，不属于超裁。

相关案例

相关案例一：《申请人洪泽县某房地产有限公司与被申请人某建工集团有限公司建筑施工合同纠纷一案民事裁定书》（江苏省淮安市中级人民法院〔2013〕淮中民仲审字第0039号）

判决书摘录：本院认为，一、关于仲裁庭所作裁决有无超出仲裁协议范围或存在无权仲裁的情形。

经查，仲裁庭在仲裁中，某建工集团公司从未认可双方所订合同为无效合同，并依据补充合同第一条第4、8款约定，要求洪泽县某房地产公司支付逾期付款的违约金50万元（仲裁第4项请求）、以补充合同第一条第9款约定，要求洪泽县某房地产公司支付从2012年11月26日起至实际结算完成之日止每日5万元的经济补偿（仲裁第6项请求）。经仲裁庭审理后认为，因双方所签《建设工程施工合同》违反了《中华人民共和国招标投标法》的强制性规定，应属无效合同。双方应对产生的后果承担大致相当的责任。根据法律规定，仲裁庭应告知申请人是否同意变更其请求。因为合同效力的认定直接影响到当事人的诉求，两者的请求权基础不同，守约方基于有效合同，即使在没有给其造成损失的情况下，仍有权要求违约方承担违约责任；而无效合同，自始不具约束力，当事人不能基于无效合同向对方主张违约责任，而只能主张损失赔偿，该损失的赔偿还需在分清无效合同的原因和责任后，并根据各自过错由当事人分担该损失。而仲裁庭在审理中，未能向中设公司进行法律释明，直接进行变更申请人请求，所作裁决违反法定程序，构成超裁和无权仲裁。其理由：

第一、《最高人民法院关于适用〈中华人民共和国仲裁法〉若干问题的解释》第十九条规定："当事人以仲裁裁决事项超出仲裁协议范围为由申请撤销仲裁裁决的，经审查属实的，人民法院应当撤销仲裁裁决中超裁部分，但超裁部分与其他裁决事项不可分的，人民法院应当撤销仲裁裁决"。而考量仲裁裁决有无超出仲裁协议范围或存在仲裁庭无权仲裁的判断标准有两个：一是审查仲裁协议的范围；二是审查当事人提请的仲裁事项，对仲裁庭能够进行仲裁的事项，必须有当事人的提请，仲裁庭不得对当事人未提请仲裁的事项进行仲裁，否则将构成超裁或无权仲裁。仲裁庭在审理中，未能向中设公司进行法律释明，径行变更申请人请求，所作裁决违反法定程序，构成超裁和无权仲裁。

第二、依据《中华人民共和国仲裁法》第四十条规定："当事人在仲裁过程中有权进行辩论。辩论终结时，首席仲裁员或独任仲裁员应当征询当事人的最后意见”。而当事人的辩论和陈述权是诉讼中的重要权利，因仲裁庭自行改变当事人诉求，剥夺了本案当事人辩论和陈述的权利。

相关案例二：《武汉市某桥梁工程有限公司与某建设集团股份有限公司申请撤销仲裁裁决特殊程序民事裁定书》(湖北省武汉市中级人民法院〔2016〕鄂01民特82号)

申请人的理由：仲裁庭超出被申请人仲裁请求范围进行裁决属于超裁。某建设集团公司的仲裁请求是要求继续履行分包合同并按合同约定支付剩余工程款及利息，而仲裁庭在未向当事人释明合同无效的法律后果并征询当事人是否变更仲裁请求的情况下，直接裁决认定双方的分包合同无效并作出相应处理，超出了中太公司的仲裁请求范围。

法院裁判：仲裁庭对双方间的合同效力依法作出认定，不属于裁决主文的内容。因此，某桥梁公司称仲裁庭超裁也没有事实依据。

问题51:《最高人民法院关于审理建设工程施工合同纠纷案件适用法律问题的解释（一）》中实质性内容如何理解?

有关规定

一、《最高人民法院关于审理建设工程施工合同纠纷案件适用法律问题的解释（二）》

第一条　招标人和中标人另行签订的建设工程施工合同约定的工程范围、建设工期、工程质量、工程价款等实质性内容，与中标合同不一致，一方当事人请求按照中标合同确定权利义务的，人民法院应予支持。

二、《最高人民法院关于审理建设工程施工合同纠纷案件适用法律问题的解释》

第二十一条　当事人就同一建设工程另行订立的建设工程施工合同与经过备案的中标合同实质性内容不一致的，应当以备案的中标合同作为结算工程价款的根据。

三、《中华人民共和国招标投标法》

第四十六条　招标人和中标人应当自中标通知书发出之日起三十日内，按照招标文件和中标人的投标文件订立书面合同。招标人和中标人不得再行订立背离合同实质性内容的其他协议。

四、《最高人民法院关于审理建设工程施工合同纠纷案件适用法律问题的解释（一）》

第二条招标人和中标人另行签订的建设工程施工合同约定的工程范围、建设工期、工程质量、工程价款等实质性内容，与中标合同不一致，一方当事人请求按照中标合同确定权利义务的，人民法院应予支持。

招标人和中标人在中标合同之外就明显高于市场价格购买承建房产、无偿建设住房配套设施、让利、向建设单位捐赠财物等另行签订合同，变相降低工程价款，一方当事人以该合同背离中标合同实质性内容为由请求确认无效的，人民法院应予支持。

实务提醒

一、《中华人民共和国招标投标法》第四十六条和《最高人民法院关于审理建设工程施工合同纠纷案件适用法律问题的解释》第二十一条虽然规定了“招标人和中标人不得再行订立背离合同实质性内容的其他协议”“当事人就同一建设工程另行订立的建设工程施工合同与经过备案的中标合同实质性内容不一致的，应当以备案的中标合同作为结算工程价款的根据”，但是都没有规定哪些内容属于“实质性条款”，所以《最高人民法院关于审理建设工程施工合同纠纷案件适用法律问题的解释（二）》对实质性内容进行了补充规定。实质性内容包含工程范围、建设工期、工程质量、工程价款四个方面。

二、《最高人民法院关于审理建设工程施工合同纠纷案件适用法律问题的解释（一）》第一条规定的“实质性内容”包括“工程范围、建设工期、工程质量、工程价款等”，这里的“等”，是等内还是等外？实践中，这存在争议。

第一种观点：此处的“等”不应该再扩大解释，仅限于本条规定的四个方面。

第二种观点：此处的“等”为列举式，目的在于解释“权利义务”的“实质性”改变，如果其他内容也构成对权利义务的实质性改变，也应该属于“等”的内容。比如：施工的方式、争议解决方式、违约责任。此外，对于这四个方面也不应该仅仅做狭义的理解。比如：工程价款应当理解为工程价款的数量和支付方式等。

三、“结算依据”与“合同效力”的区别。“当事人就同一建设工程另行订立的建设工程施工合同与经过备案的中标合同实质性内容不一致的，应当以备案的中标合同作为结算工程价款的根据”。这里说的是结算依据，并不是合同无效，还是有效的区分标准。

相关案例

《江山市某房地产有限公司与浙江某建设有限公司建设工程施工合同纠纷再审民事判决书》（浙江省高级人民法院〔2014〕浙民提字第123号）

判决书摘录：关于是否应以本案双方签订的《补充协议》中的有关约定作为工程款结算的依据问题。浙江某建设公司再审提出，其与江山市某房地产公司签订的《建设工程施工合同》依法进行了备案，属于“白合同”；而之后双方签订的《补充协议》对工期、工程价款等实质性内容进行了变更，属于“黑合同”，原判以此作为工程款结算和认定违约金计算标准的依据属适用法律错误。经查：《最高人民法院关于建设工程施工合同纠纷案件适用法律问题的解释》第二十一条规定：“当事人就同一建设工程另行订立的建设工程施工合同与经过备案的中标合同实质性内容不一致的，应当以备案的中标合同作为结算工程价款的根据”。就合同的备案而言，政府规定对建设工程的招投标合同需要进行备案，它关系到该合同项目涉及社会公共利益和公共安全，因此，对该类合同要依法采取有效的监管措施，以保障公共利益和安全，维护工程建设市场的交易规则和交易秩序。但除法律另有明确规定的中标合同外，中标合同是否已经备案通常不能作为合同生效的标志。因此，本案的《建设工程施工合同》在未明确属于法律另有明确规定的除外情形的中标合同的情况下，作为已经备案的《建设工程施工合同》和事后签订的《补充协议》均应认定有效。在此基础上，本案工程的价款结算应以哪份合同为据，应看双方事后签订的《补充协议》是否改变了原备案的《建设工程施工合同》的实质性内容。所谓实质性内容，目前法无明确界定，结合建筑业市场的普遍认同及司法实践，主要包括：工程价款、工程质量和工程期限三个方面。而其中工程价款及其结算依据，应看当事人签约时的真实意思表示和具体约定。本案中，双方在《建设工程施工合同》中约定，对合同价款（即工程价款）采可调价格，调整方法为工程量按实结算。以何种定额按实结算，未作明确约定。为此，双方事后签订了《补充协议》，对此明确约定了工程款结算办法，本工程按1994年版《浙江省建筑安装工程费用定额》（上、下册）直接费（包括直接工程费及措施费）的110%计算；水电安装按《全国统一按照工程预算定额浙江省单位估价表（1994）》中的直接费（包括直接费及措施费）的93%计算。该《补充协议》系当事人对《建设工程施工合同》未约定的工程价款、取费标准予以明确不属对备案合同内容实质性变更。且在纠纷发生后，双方共同委托联合咨询公司对已完工程量按《补充协议》的相关约定进行审计，浙江某建设公司在一审庭审中也认可系按照《补充协议》与江山市某房地产公司进行结算，联合咨询公司依双方《补充协议》中约定的定额、结合工程施工设计图、设计变更单、签证单、隐蔽工程验收记录、现场勘查记录及照片等作出了已完工程的造价结算，《补充协议》也已实际履行。因此，一、二审法院以《补充协议》作为讼争工程款的结算依据并无不当。浙江某建设公司再审提出以备案的《建设工程施工合同》作为工程款结算依据，理由不能成立。

问题52：非必须招标项目、实质性内容与中标合同的关系如何？

有关规定

一、《最高人民法院关于审理建设工程施工合同纠纷案件适用法律问题的解释（二）》

第一条 【必须招标工程进行招标后的工程价款结算依据】招标人和中标人另行签订的建设工程施工合同约定的工程范围、建设工期、工程质量、工程价款等实质性内容，与中标合同不一致，一方当事人请求按照中标合同确定权利义务的，人民法院应予支持。《最高人民法院关于审理建设工程施工合同纠纷案件适用法律问题的解释（一）》第二十三条也做了同样的规定。

招标人和中标人在中标合同之外就明显高于市场价格购买承建房产、无偿建设住房配套设施、让利、向建设单位捐赠财物等另行签订合同，变相降低工程价款，一方当事人以该合同背离中标合同实质性内容为由请求确认无效的，人民法院应予支持。

第九条 【非必须招标工程进行招标后的工程价款结算依据】发包人将依法不属于必须招标的建设工程进行招标后，与承包人另行订立的建设工程施工合同背离中标合同的实质性内容，当事人请求以中标合同作为结算建设工程价款依据的，人民法院应予支持，但发包人与承包人因客观情况发生了在招标投标时难以预见的变化而另行订立建设工程施工合同的除外。

二、《最高人民法院关于审理建设工程施工合同纠纷案件适用法律问题的解释》

第二十一条 当事人就同一建设工程另行订立的建设工程施工合同与经过备案的中标合同实质性内容不一致的，应当以备案的中标合同作为结算工程价款的根据。

三、《中华人民共和国招标投标法》

第四十六条 招标人和中标人应当自中标通知书发出之日起三十日内，按照招标文件和中标人的投标文件订立书面合同。招标人和中标人不得再行订立背离合同实质性内容的其他协议。

四、《最高人民法院关于审理建设工程施工合同纠纷案件适用法律问题的解释（一）》

第二十三条 发包人将依法不属于必须招标的建设工程进行招标后，与承包人另行订立的建设工程施工合同背离中标合同的实质性内容，当事人请求以中标合同作为结算建设工程价款依据的，人民法院应予支持，但发包人与承包人因客观情况发生了在招标投标时难以预见的变化而另行订立建设工程施工合同的除外。

实务提醒

一、“必”与“非”的相同规定

对于必须招标的项目，适用《最高人民法院关于审理建设工程施工合同纠纷案件适用法律问题的解释》第二十一条“当事人就同一建设工程另行订立的建设工程施工合同与经过备案的中标合同实质性内容不一致的，应当以备案的中标合同作为结算工程价款的根据”，这一点没有人质疑。对于不属于必须招标的建设工程项目，是否同样适用《最高人民法院关于审理建设工程施工合同纠纷案件适用法律问题的解释》第二十一条的规定，在司法实践中产生了巨大的争议，不同地方法院对前述争议的看法也有所不同。

为解决建设工程合同纠纷司法裁判实践中的上述争议，统一司法裁判标准，《最高人民法院关于审理建设工程施工合同纠纷案件适用法律问题的解释（二）》作出了统一规定，比较一下第一条和第九条，前半句内容是一样的。对于不属于必须招标的建设工程项目，如果发包人仍然决定采用招标的方式选定承包人的，则要严格依照《中华人民共和国招标投标法》《招标投标法实施条例》等相关招标投标法律法规的规定，依法开展招标活动，并依照约定履行中标合同的相关内容。

二、“必”与“非”的不同规定

“必”规定了“变相降低工程价款”条款；“非”却没有规定。《最高人民法院关于审理建设工程施工合同纠纷案件适用法律问题的解释（二）》第一条（《最高人民法院关于审理建设工程施工合同纠纷案件适用法律问题的解释（一）》第二条）。规定了“变相降低工程价款”的情形，《最高人民法院关于审理建设工程施工合同纠纷案件适用法律问题的解释（二）》第九条（《最高人民法院关于审理建设工程施工合同纠纷案件适用法律问题的解释（一）》第二十三条）并没有规定”。

编者认为：在变相降低的情况下，无论是“必”项目还是“非”项目，这种情形一般都是发包人利用市场优势地位，在不公平的前提下与承包人签订的合同。承包人在建筑市场中处于弱势地位，有时候为了承接工程，不顾风险而签订合同。因此，变相降低工程款的情况下，为保证工程质量合格及公平原则，“必”项目和“非”项目都应当按中标合同价结算工程款。

三、“但书”的规定

但是，毕竟必须招标与不必须招标的项目有所不同，因此该条作出了“但书”的规定，即因客观情况发生了在招标投标时难以预见的变化，发包人与承包人双方可以另行订立建设工程施工合同。即使背离中标合同实质性内容，人民法院也予以保护，这是在一定程度上体现对当事人意思自治的尊重，防止因客观情况的变化而造成发包人与承包方权利义务的失衡。

四、无效的中标合同并不必然是工程款的结算依据

本条适用的前提条件有两个：一个是经过政府招标投标管理部门监管下的公开招标和邀请招标，且招标、投标合法有效；另一个是招标人和投标人签订的中标合同合法、有效。

◆ 相关案例 ◆

相关案例一：《苏州某建筑设计院有限公司与昆山某电子科技有限公司建设工程监理合同纠纷二审民事判决书》（江苏省苏州市中级人民法院〔2017〕苏 05 民终 10445 号）

判决书摘录：本院认为，本案涉案工程为非强制招投标项目。非强制招投标项目经过招标，当事人实际履行的建设工程施工合同与中标合同实质性内容不一致的，两份合同均有效，以中标合同作为工程价款的结算依据。

相关案例二：《漳州市某房地产开发有限公司、福建省某建设工程有限公司建设工程施工合同纠纷二审民事判决书》（福建省高级人民法院〔2017〕闽民终 605 号）

判决书摘录：虽然双方当事人《补充协议》约定总价款为 4414.4607 万元的合同仅作为备案用，不作为工程款结算依据，但《最高人民法院关于审理建设工程施工合同纠纷案件适用法律问题的解释》第二十一条规定：“当事人就同一建设工程另行订立的建设工程施工合同与经过备案的中标合同实质性内容不一致的，应当以备案的中标合同作为结算工程价款的根据。”该条规定就是规范建筑市场签订黑白合同的问题，虽涉案项目并非强制

招标项目，但因双方当事人已自愿进行招投标，也应受《中华人民共和国招标投标法》的约束，当事人不得在此之外另行签订“黑合同”。

问题53：工程规划许可证与合同效力的关系如何？

有关规定

《最高人民法院关于审理建设工程施工合同纠纷案件适用法律问题的解释（二）》

第二条　当事人以发包人未取得建设工程规划许可证等规划审批手续为由，请求确认建设工程施工合同无效的，人民法院应予支持。

《最高人民法院关于审理建设工程施工合同纠纷案件适用法律问题的解释（一）》

第三条　当事人以发包人未取得建设工程规划许可证等规划审批手续为由，请求确认建设工程施工合同无效的，人民法院应予支持，但发包人在起诉前取得建设工程规划许可证等规划审批手续的除外。

发包人能够办理审批手续而未办理，并以未办理审批手续为由请求确认建设工程施工合同无效的，人民法院不予支持。

实务提醒

《最高人民法院关于审理建设工程施工合同纠纷案件适用法律问题的解释（一）》第三条只列出了一个证，即建设工程规划许可证，这里的“一等”如何理解，为什么只规定了一种情况下的等？对此，实践中有两种理解。

第一种理解：名义是一证，实际包括两证。条文中之所以会使用“等规划审批手续”的表述，原因有两个：首先，这里的“等”事实上包括两个证，即建设用地规划许可证与建设工程规划许可证；其次，因为实践中对“建设工程规划许可证”的称呼不同，“等”字是立法技术的需要。

建设用地规划许可证与建设工程规划许可证的关系。从法律规定和办证程序看，取得建设用地规划许可证是取得建设工程规划许可证的前提条件，取得了建设工程规划许可证必然取得了建设用地规划许可证，所以仅需规定建设工程规划许可证即可。

第二种理解：名义是一证，实际也是一证。“等”是语气助词。

相关案例

《上海某建筑工程有限公司与沭阳县某建设实业有限公司建设工程施工合同纠纷二审

民事判决书》（江苏省高级人民法院〔2016〕苏民终 572 号）

判决书摘录： 涉案工程系双方经过招投标程序签订的建设工程施工合同，虽然双方在签订合同时尚未取得建设工程规划许可证等许可证件，但沭阳县某建设实业公司事后已经完善手续，故双方签订的建设工程施工合同应认定为有效。双方在合同中约定承包人应在工程竣工后一个月内免费提供四套完整的竣工图纸和竣工结算及其资料；否则，每迟延一天向发包人支付合同价款万分之五的违约金。该约定为当事人真实意思表示，不违反法律、行政法规的强制性规定，依法应认定为有效，对双方当事人均有约束力。现上海某建筑工程公司未按约定提供资料，沭阳县某建设实业公司要求其承担违约责任，有合同依据。

问题 54：建设工程合同效力的补正时间是什么？

有关规定

一、《最高人民法院关于审理建设工程施工合同纠纷案件适用法律问题的解释（二）》

第二条　当事人以发包人未取得建设工程规划许可证等规划审批手续为由，请求确认建设工程施工合同无效的，人民法院应予支持，但发包人在起诉前取得建设工程规划许可证等规划审批手续的除外。

发包人能够办理审批手续而未办理，并以未办理审批手续为由请求确认建设工程施工合同无效的，人民法院不予支持。

二、《中华人民共和国城乡规划法》

第四十条　在城市、镇规划区内进行建筑物、构筑物、道路、管线和其他工程建设的，建设单位或者个人应当向城市、县人民政府城乡规划主管部门或者省、自治区、直辖市人民政府确定的镇人民政府办理建设工程规划许可证。

第六十六条　建设单位或者个人有下列行为之一的，由所在地城市、县人民政府城乡规划主管部门责令限期拆除，可以并处临时建设工程造价一倍以下的罚款：（1）未经批准进行临时建设的；（2）未按照批准内容进行临时建设的；（3）临时建筑物、构筑物超过批准期限不拆除的。

三、《城镇房屋租赁合同司法解释》

第二条　出租人就未取得建设工程规划许可证或未按照建设工程规划许可证的规定建设的房屋，与承租人订立的租赁合同无效。但在一审法庭辩论终结前取得建设工程规划许可证或者经主管部门批准建设的，人民法院应当认定有效。

实务提醒

一、关于合同效力的补正时间节点

《最高人民法院关于审理建设工程施工合同纠纷案件适用法律问题的解释（一）》第三条为什么把合同效力的补正时间节点确定为“起诉前”，而不是“一审辩论终结前”？

建设工程施工合同纠纷案具有复杂性，争议焦点多，审理期限长，将效力补正时间节点确定为“一审法庭辩论终结前”，会导致涉案合同效力在法庭审理期限内存在不确定性，从公平、便于案件审理和法律价值判断角度，将效力补正时间确定为“起诉前”更加合理。

如果在一审辩论终结前补办了规划许可证，那么真的会认定合同无效吗？编者认为，司法解释二把效力补正时间节点规定为起诉之前，是一种提倡性的规定。如果在一审辩论终结前补办了规划许可证，那么也应当认定合同有效。

如果在起诉之前或一审辩论终结之前不能办理规划手续，那么合同应当认定无效（见相关案例一）。

二、发包人能办而不办的情况

发包人能够办理审批手续而未办理，并以未办理审批手续为由请求确认建设工程施工合同无效的，人民法院不予支持。

三、如何理解“建设工程规划许可证等规划审批手续”

建设工程规划许可证等规划审批手续并不能狭义地理解为建设工程规划许可证。在特殊情形下，有相关部门出具的相关审批意见也可以视为有相关手续（见相关案例二）。

相关案例

相关案例一：《上海市松江某建筑工程公司与上海某餐饮有限公司、上海某智能科技有限公司建设工程合同纠纷一审民事判决书》（上海市松江区人民法院〔2018〕沪0117民初5192号）

判决书摘录：审理中，当事人均未提供本案工程的建设工程规划许可证等规划审批手续，亦未提供证据证明被告上海某餐饮公司或者其他案外人能够办理本案工程的审批手续而未办理。

因被告上海某餐饮公司并未就本案工程取得建设工程规划许可证等审批手续，故原、被告之间的《建设工程施工合同》应属无效。虽然合同无效，但工程经竣工验收合格的，原告仍有权按照结算价格向被告上海某餐饮公司主张工程价款。

相关案例二：《湖北某建设工程有限公司、湖北某再生资源有限公司建设工程施工合同纠纷二审民事判决书》（湖北省宜昌市中级人民法院〔2019〕鄂05民终1492号）

判决书摘录：关于某再生资源公司与某建设工程公司签订的建设工程施工合同是否有效。某建设工程公司上诉称该工程未取得建设工程规划许可证，故合同应属无效。结合某再生资源公司在二审中提交的枝江市住房和城乡建设局出具的《选址意见函》、建设用地规划许可证、枝江市人民政府出具的《关于某再生资源公司再生资源回收与综合利用项目与长江岸线距离确认的函》、枝江市自然资源和规划局出具的《项目规划方案审批情况的回复》等，案涉工程属于政府招商引资项目，规划方案已经枝江市规委会 2013 年第 3 次会议审定，选址亦符合《枝江市城市总体规划》和《姚家港化工园产业发展总体规划》，故可以认定案涉工程属于合法建设项目，未办理完建设工程规划许可证系受当地政策因素影响，基于对交易安全的保护，不宜认定某再生资源公司与某建设工程公司签订的建设工程施工合同无效。

问题 55：因履行无效合同所受到的损失范围是什么以及如何举证？

有关规定

《最高人民法院关于审理建设工程施工合同纠纷案件适用法律问题的解释（一）》

第六条　建设工程施工合同无效，一方当事人请求对方赔偿损失的，应当就对方过错、损失大小、过错与损失之间的因果关系承担举证责任。

损失大小无法确定，一方当事人请求参照合同约定的质量标准、建设工期、工程价款支付时间等内容确定损失大小的，人民法院可以结合双方过错程度、过错与损失之间的因果关系等因素作出裁判。

实务提醒

一、从上述规定可以看出，因履行无效合同受到损失的，请求赔偿损失，应予支持。

二、损失的范围应当以实际损失为原则。

三、在实际损失难以确定的情况下，可以参照合同约定的质量标准、建设工期、工程价款支付时间等内容确定损失大小。

四、主张损害赔偿的一方应对“对方具有过错、损失的大小、对方的过错同损害结果之间存在因果关系”承担举证责任。

建设单位的过错：根据《中华人民共和国城乡规划法》的规定，应当由建设单位向相关管理部门申请办理相关建设工程规划许可证，建设单位没有办理，存在过错。

施工单位的过错：建筑工程已经取得建设工程规划许可证的，方能申请领取施工许可证，未取得施工许可证的，一律不得开工，作为施工方在施工前应当对施工许可证进行审查核实，如果发现没有办理的，有权拒绝施工，施工方没有审查核实施工许可证的情况下即进行施工，也存在过错。

◆ 相关案例 ◆

《江阴市某生物技术有限公司与李某建设工程施工合同纠纷一审民事判决书》（江阴市人民法院〔2014〕澄民初字第01327号）

判决书摘录：本院认为：违反法律、行政法规强制性规定的合同无效。本案涉案工程，截至法庭辩论结束之日尚未办理相关建设工程规划许可证，违反了《中华人民共和国城乡规划法》关于建设工程必须取得规划许可证的强制性规定，规避了国家对规划体系、建筑产品质量、房地产交易市场等系列行为的监管，故本案的建设工程施工合同应依法认定为无效。

关于双方履行合同中过错大小。江阴市某生物技术公司称，李某施工的主体结构不合格，应承担主要责任；李某称，江阴市某生物技术公司没有办理审批手续，擅自建房，又发包给没有资质的个人承建，且江阴市某生物技术公司已经实际使用三年半的时间，故江阴市某生物技术公司应承担主要责任，李某可以承担30%的责任。

本院认为，双方履行合同中均存在过错，理由为：第一，根据《城乡规划法》的规定，应当由建设单位即江阴市某生物技术公司向相关管理部门申请办理相关建设工程规划许可证，但江阴市某生物技术公司没有办理，故江阴市某生物技术公司存在过错。第二，建筑工程，已经取得建设工程规划许可证的，方能申请领取施工许可证，未取得施工许可证的，一律不得开工，李某在施工前应当对施工许可证进行审查核实，如果发现没有办理的，有权拒绝施工，但李某在没有审查核实施工许可证的情况下即进行施工，故李某存在过错。第三，鉴于办理相关规划证、许可证系江阴市某生物技术公司的义务，即使在合同签订时没有办理，但存在事后补办的可能，同时李某在施工中将建筑材料物化到不动产当中，耗费了大量人力、物力，故对合同履行中的损失，本院酌情认定江阴市某生物技术公司承担70%的责任，李某承担30%的责任。

问题56：发包人如何向挂靠人和被挂靠人请求赔偿损失？

◆ 有关规定 ◆

《最高人民法院关于审理建设工程施工合同纠纷案件适用法律问题的解释（二）》

第四条　缺乏资质的单位或者个人借用有资质的建筑施工企业名义签订建设工程施工合同，发包人请求出借方与借用方对建设工程质量不合格等因出借资质造成的损失承担连带赔偿责任的，人民法院应予支持。

《最高人民法院关于审理建设工程施工合同纠纷案件适用法律问题的解释（一）》

第七条 缺乏资质的单位或者个人借用有资质的建筑施工企业名义签订建设工程施工合同，发包人请求出借方与借用方对建设工程质量不合格等因出借资质造成的损失承担连带赔偿责任的，人民法院应予支持。

实务提醒

一、损失的范围问题

问题还是出在“等”字上，从上述条款中“建设工程质量不合格等”之“等”可以看出，除建设工程质量不合格的损失之外，其他损失比如工期延误等，也应该予以赔偿。“最高人民法院民一庭负责人就《最高人民法院关于审理建设工程施工合同纠纷案件适用法律问题的解释（二）》答记者问”中指出，建筑施工企业出借资质造成的损失主要包括建设工程质量不合格、工期延误等损失。只要损失是由出借资质造成的，发包人就有权请求借用资质的单位或者个人与出借资质的建筑施工企业承担连带责任。

二、出借方与借用方对建设工程质量不合格等造成的损失承担的是连带赔偿责任。

三、建设工程质量不合格等损失与出借资质有因果关系，是因为出借资质造成的，这是请求赔偿损失的前提条件。

四、举证责任的分配与承担

上述司法解释第四条规定了应当承担责任，但是并没有明确举证责任如何分配。司法实践中，发包人要举证证明损失与出借资质之间的因果关系是很难证明的。编者认为，应当将举证责任分配给挂靠人与被挂靠人。因为在挂靠的情况下，挂靠人与被挂靠人的过错不言而喻非常明显。对于因果关系的证明，如果挂靠人与被挂靠人不能举证证明发包人存在过错的，则发包人对因果关系的存在也不需要再承担举证责任。

实践中，作为发包方，鉴于实际损失的难以举证，所以签订《施工合同》时，应当在条款中明确约定损失的计算方法；而作为承包方，鉴于转包与挂靠的难以区分，应当对印章、合同、委托书等加强管理，避免因管理疏漏造成被认定为挂靠的风险。

相关案例

相关案例一：《佛山市三水区某医疗器材有限公司、原某二审民事判决书》（广东省佛山市中级人民法院〔2018〕粤 06 民终 9619 号）

判决书摘录：某器材公司上诉主张某建筑公司应对原某、杜某向某器材公司支付的涉案工程修复费用 718944.42 元承担连带责任。某建筑公司、原某、杜某辩称某建筑公司只是提供资质为涉案项目办理施工报建和开具建筑发票，不参与工程款的管理，不承担任何责任。本案中，某建筑公司出借企业的资质证书和营业执照给原某、杜某使用，原某、杜某是涉案工程的实际施工人，根据《中华人民共和国建筑法》第二十六条“承包建筑工程的单位应当持有依法取得的资质证书，并在其资质等级许可的业务范围内承揽工程。禁止建筑施工企业超越本企业资质等级许可的业务范围或者以任何形式用其他建筑施工企业的名义承揽工程。禁止建筑施工企业以任何形式允许其他单位或者个人使用本企业的资质证书、营业执照，以本企业的名义承揽工程”的规定，某建筑公司与原某、杜某就出借资质证书所签订的协议为无效合同。涉案工程确实存在质量问题，原某、杜某向某器材公司支付涉案工程修复费用 718944.42 元，根据《中华人民共和国建筑法》第六十六条“建筑施工企业转让、出借资质证书或者以其他方式允许他人以本企业的名义承揽工程的，责令改正，没收违法所得，并处罚款，可以责令停业整顿，降低资质等级；情节严重的，吊销资质证书。对因该项承揽工程不符合规定的质量标准造成的损失，建筑施工企业与使用本企业名义的单位或者个人承担连带赔偿责任”以及《最高人民法院关于审理建设工程施工合同纠纷案件适用法律问题的解释（二）》第四条“缺乏资质的单位或者个人借用有资质的建筑施工企业名义签订建设工程施工合同，发包人请求出借方与借用方对建设工程质量不合格等因出借资质造成的损失承担连带赔偿责任的，人民法院应予支持”的规定，某建筑公司应对原某、杜某向某器材公司支付的涉案工程修复费用 718944.42 元承担连带赔偿责任。某器材公司的该项上诉主张合理有据，本院予以支持。一审判决认为，某建筑公司对原某、杜某向某器材公司支付的涉案工程修复费用 718944.42 元不需承担责任，处理不当，本院予以纠正。某器材公司上诉主张某建筑公司应对原某、杜某向某器材公司支付的涉案工程延期违约金承担连带责任，理由不成立，本院不予支持。一审判决对此处理正确，应予维持。

相关案例二：《范某、褚某等与湖南省某工程有限公司、赵某建设工程施工合同纠纷一审民事判决书》（洪湖市人民法院〔2018〕鄂 1083 民初 838 号）

判决书摘录：关于原、被告对损失的责任承担问题。

关于八原告与被告赵某的过错认定与责任承担问题。2013 年 3 月 8 日，原告方与被告叶某签订的补充协议上明确注明因承包方未按进度施工，导致发包方利益损失，且原告、被告签订的其他补充合同，原告方均按期支付工程款，而被告却没有按期施工，造成涉案工程竣工日期不断延误，建筑工程重复施工，成本上升，造价增加。被告赵某因资金不足，拖延施工，是造成原告方损失的根本原因。原告方明知被告赵某系无资质的个人，借用其他单位的资质，仍与其签订合同。因其选任无资质的个人赵某，而不是有资质财力雄厚的单位，客观上增加了工程延误的风险，存在一定的过失。综合本案情况，本院酌定原告方与被告赵朝阳损失承担比例为 2∶8。

关于被告湖南某工程公司的过错认定与责任承担问题。根据《最高人民法院关于审理建设工程施工合同纠纷案件适用法律问题的解释（二）》第四条规定“缺乏资质的单位或者个人借用有资质的建筑施工企业名义签订建设工程施工合同，发包人请求出借方与借用方对建设工程质量不合格等因出借资质造成的损失承担连带赔偿责任的，人民法院应予以支持”。本案中，被告赵某系无建筑施工资质的个人，借用被告湖南某工程公司的资质与原告方签订建设工程施工合同，因资金不足等原因造成工程至今未竣工，工期延误，工程造价增加，共计造成八原告损失 929965.88 元，根据原、被告双方的过错，被告湖南某工程公司应与被告赵某对该损失的 80%，即 743972.70 元承担连带赔偿责任。

问题 57：如何理解“工期顺延逾期失权”？

有关规定

《最高人民法院关于审理建设工程施工合同纠纷案件适用法律问题的解释（一）》

第十条　当事人约定顺延工期应当经发包人或者监理人签证等方式确认，承包人虽未取得工期顺延的确认，但能够证明在合同约定的期限内向发包人或者监理人申请过工期顺延且顺延事由符合合同约定，承包人以此为由主张工期顺延的，人民法院应予支持。

当事人约定承包人未在约定期限内提出工期顺延申请视为工期不顺延的，按照约定处理，但发包人在约定期限后同意工期顺延或者承包人提出合理抗辩的除外。

实务提醒

一、合同必须有约定。

二、承包人必须申请过。

三、逾期申请失权的例外。凡事都要实事求是，不能强人所难。应区分工期延误的原因，如果无法克服困难，有不可预见的不利条件，则是否申请过都不能成为顺延的要件。

四、承包人的申请形式多种。不拘泥于申请书形式，只要能证明承包人主张过即可。

相关案例

《无锡某传感科技有限公司与无锡某建筑工程有限公司建设工程施工合同纠纷一审民事判决书》（无锡高新技术产业开发区人民法院〔2016〕苏 0291 民初 2248 号）

判决书摘录：案涉工程开工时间较约定的开工日期顺延，相应的应竣工日期也应顺延至 2013 年 3 月 3 日，实际竣工日期已超出了上述应竣工日期，但仍应继续考察无锡某建筑工程公司是否有权主张工期顺延。当事人约定顺延工期应当经发包人或者监理人签证等方式确认，承包人虽未取得工期顺延的确认，但能够证明在合同约定的期限内向发包人或者监理人申请过工期顺延且顺延事由符合合同约定，承包人以此为由主张工期顺延的，人民法院应予支持。当事人约定承包人未在约定期限内提出工期顺延申请视为工期不顺延的，按照约定处理，但发包人在约定期限后同意工期顺延或者承包人提出合理抗辩的除外。

首先，检视合同约定，施工合同及补充协议关于工期顺延的方式及程序均有明确约定。施工合同约定无锡某建筑工程公司在出现工期延误情况后应在事件发生后 28 天内向无锡某传感科技公司发出索赔意向通知，后 28 天内提出延长工期的索赔报告，无锡某传感科技公司在 28 天内答复，未答复视为认可。补充协议约定出现可以顺延工期的情形须经无锡某传感科技公司、监理及无锡某建筑工程公司三方确认，作为工期顺延的依据，以三方共同签字盖章为准。所有签证无锡某建筑工程公司必须在事件发生后 14 天内且签证事件隐蔽前报出签证申请，经无锡某建筑工程公司、无锡某传感科技公司工程师、监理、无锡某传感科技公司审计员现场见证、签署，逾期作为对无锡某传感科技公司的让利。

证据材料中符合上述合同约定的签证单共有 3 张，分别是：①签证单 017 号载明"因桩基分部验收时间延误……人员窝工，时间段（6 月 20 日～7 月 8 日）"，签证意见时间为 2012 年 7 月 30 日，联系单 018 号载明"由于桩基施工单位准备资料拖延，导致桩基验收时间延后，现场出现总包单位误工状况"，签证意见时间为 2012 年 7 月 31 日。上述材料相互印证，2012 年 7 月 1 日至 7 月 8 日期间工期应顺延。②签证单 022 号载明"……施工方请业主总工期增加 6 天"，业主签证意见为同意总工期增加 3 天。故工期可顺延 3 天。③签证单 029 号载明"受台风海葵影响停工，工期顺延 4 天"，业主签证意见为停工时间为 3 天。故工期可顺延 3 天。除上述签证单、联系单外，现有证据材料中未有其他符合合同约定的签证单或联系单，故符合合同约定的双方确认可以顺延的工期共 14 天。

继续考察无锡某建筑工程公司提出的抗辩是否合理。关于无锡某建筑工程公司列出的其认为影响工期的签证单及联系单，虽该些材料载明的事项或有可能影响工期，但因在该些材料均未载有无锡某建筑工程公司提出工期顺延要求的内容，无锡某建筑工程公司也未提供证据证明其曾在合同约定的期限内以其他方式向无锡某传感科技公司或者监理单位申请过工期顺延，故无法确定相关事项是否必然造成工期的延误，更无法确定应顺延工期的天数，且无锡某建筑工程公司未提供证据证明无锡某传感科技公司后续曾同意其顺延工期，故无锡某建筑工程公司未按约且未及时主张权利的不利后果应由其自行承担。

关于无锡某建筑工程公司提出的因无锡某传感科技公司指定分包的工程影响工期的抗辩意见。第一，根据施工合同及补充协议，无锡某建筑工程公司是案涉工程的总承包方，须对无锡某传感科技公司指定分包的项目承担总承包管理与服务（即总分包管理、总分包配合）责任并给予工作配合，且无锡某传感科技公司为此统一支付无锡某建筑工程公司总承包服务费（即总包管理费及配合费），故无锡某建筑工程公司作为总承包人的义务除进行案涉工程的土建工程、安装工程、室外工程的施工外，还有对无锡某传感科技公司指定分包项目的部分管理、服务及配合工作。第二，如因无锡某传感科技公司指定分包项目的问题导致工期顺延的，无锡某建筑工程公司应按约向无锡某传感科技公司提出工期顺延的索赔或申请，但无锡某建筑工程公司未提供相应的证据予以证明，因此而导致的不利后果应由无锡某建筑工程公司自行承担。第三，签证单 042 号载明“无锡某建筑工程公司 2012 年 6 月 16 日～2012 年 12 月 6 日完成垫层—主体结构封顶。2012 年 9 月 28 日～2013 年 4 月 10 日完成主体填充墙砌筑。屋面防水及装饰后续。”无锡某建筑工程公司于 2014 年 9 月制作的《传感网产品研发生产基地工程完成节点时间表》也列明了其施工的详细时间，最后列明的市政工程结束时间为 2014 年 1 月。可以看出，无锡某建筑工程公司对其施工内容有明确的安排和规划，且上述材料为无锡某建筑工程公司提出或出具，但在该些材料中却未提及任何分包项目对其施工造成影响，更未因此提出工期顺延的索赔或申请，应认为无锡某建筑工程公司对上述材料中载明施工及工期情况是认可的，故无锡某建筑工程公司就 2014 年 1 月之前的工期主张顺延不应认定为合理的抗辩。第四，从质量验收记录看，案涉工程电气子分部工程于 2013 年 12 月 10 日经验收合格，室外市政工程于 2014 年 2 月 5 日经验收合格，而此后的验收记录绝大部分为无锡某传感科技公司指定分包项目。从签证单及联系单看，2014 年 2 月以后的签证单及联系单涉及的内容大多为因甲方要求或指定分包项目原因导致的增加工程量及修补工程量。2014 年 3 月 19 日的 1 份签证单载明“经双方协商，从 2013 年 12 月以后，水电费将由合普瑞公司自行承担，与荣诚公司无任何关系。”从履约保证金的退还情况看，无锡某传感科技公司是分 4 次将履约保证金 200 万元退还无锡某建筑工程公司，在 2014 年 1 月 22 日退还完毕，而根据补充协议的约定，履约保证金全部退还完毕的时间应在单体竣工验收合格后一周内。这几方面的情况综合来看，无锡某建筑工程公司在 2014 年 1 月前已基本完成了其主要的施工内容，此后主要是进行对分包单位的服务和配合工作，故无锡某建筑工程公司主张其施工的消防工程的验收时间为 2014 年 10 月系因无锡某传感科技公司先行对案涉工程进行二次装修所导致的意见，具有一定的合理性。第五，无锡某传感科技公司在对相关施工项目指定分包时，均未按约由其与无锡某建筑工程公司、分包单位签订三方合同，而是由其直接与分包单位签订合同，除桩基工程款外的其他指定分包工程的价款均由合普瑞公司直接向分包单位支付工程款，故无锡某传感科技公司主张其无法对分包单位进行施工管理、协调安排工序等工作的抗辩意见亦属合理。可以看出，造成 2014 年 2 月之后的工期延误情况的主要过错在于无锡某传感科技公司。

从上述情况综合分析来看，案涉工程确存在工期延误的情况，无锡某建筑工程公司应承担相应的违约责任。根据补充协议约定的工期延误的违约金的计算方式，考虑到工期延误的时间较长、无锡某建筑工程公司对 2014 年 1 月之前的工期延误应承担责任、无锡某传感科技公司对 2014 年 2 月之后的工期延误存在主要过错，结合双方当事人履行合同的情况、无锡某传感科技公司因工期延误导致的经济损失等情况综合考虑，并根据公平原则和诚实信用原则综合衡量，本院酌定无锡某建筑工程公司因工期延误所应承担的违约金为 100 万元。

问题 58：法院对鉴定的释明义务和当事人的举证责任如何理解？

有关规定

一、《最高人民法院关于审理建设工程施工合同纠纷案件适用法律问题的解释（二）》

第十四条　当事人对工程造价、质量、修复费用等专门性问题有争议，人民法院认为需要鉴定的，应当向负有举证责任的当事人释明。

一审诉讼中负有举证责任的当事人未申请鉴定，虽申请鉴定但未支付鉴定费用或者拒不提供相关材料，二审诉讼中申请鉴定，人民法院认为确有必要的，应当依照民事诉讼法第一百七十条第一款第三项的规定处理。

二、《最高人民法院关于审理建设工程施工合同纠纷案件适用法律问题的解释（一）》

第三十二条　同上。

三、《中华人民共和国民事诉讼法》

第一百七十条　第二审人民法院对上诉案件，经过审理，按照下列情形，分别处理：（三）原判决认定基本事实不清的，裁定撤销原判决，发回原审人民法院重审，或者查清事实后改判。

实务提醒

一、应当释明。法院在申请建设工程纠纷案件中，如果认为争议问题属于建筑行业的专门问题，需要由第三方鉴定机构予以鉴定，应当向当事人及时说明，并指出应当由哪一方当事人提出鉴定申请；如果不释明，则可能发回重审。

二、启动鉴定程序的决定权在于法院，但是提出鉴定申请仍然属于当事人的举证责任。鉴定申请应当由当事人提出，并按照鉴定程序要求，提交鉴定需要的材料，缴纳鉴定费用，配合鉴定事项实施与完成。

三、并不是只要当事人申请，法院就必须同意鉴定。

1. 是否同意鉴定，由法院决定。

当事人提出鉴定申请后，需人民法院进行审核，作出是否同意的决定，并不是只要当事人申请，人民法院就必须同意鉴定。

2. 鉴定的事项、范围，由法院决定。

并不是当事人提出什么，就必须鉴定什么。人民法院准许当事人提出的鉴定申请后，还应结合当事人申请及查明案件事实的需要，来确定委托鉴定的事项、范围、鉴定期限等。

实践中，有的当事人为了获取最大利益，有的当事人出于其他目的，有的当事人甚至为了恶意拖延，而提出质量、工期、造价等许多项的鉴定申请，不但导致诉讼程序拖延而迟迟无法结案，甚至有可能导致企业的正常生产经营都无法开展。

四、一审未提出鉴定，二审中申请鉴定，如何处理。

二审法院经审查认为，确有必须查明的事实的，可同意鉴定申请。双方当事人同意在二审启动鉴定的，可直接于二审程序中启动鉴定，有一方不同意的，二审法院应将案件发回重审。

相关案例

相关案例一：《江苏省某建工集团有限公司、云南某房地产开发有限公司建设工程施工合同纠纷二审民事裁定书》（最高人民法院〔2019〕最高法民终 398 号）

判决书摘录：关于停工损失金额大小的问题。根据《最高人民法院关于审理建设工程施工合同纠纷案件适用法律问题的解释（二）》第十四条的规定：“当事人对工程造价、质量、修复费用等专门性问题有争议，人民法院认为需要鉴定的，应当向负有举证责任的当事人释明。”江苏某建工公司在一审审理中提供了一份《昆明市五华区下马村“城中村”改造回迁安置房工程结算审核说明》，以证明云南某房地产开发公司通过电子邮件向其发送该结算审核说明并在该结算审核说明中确认了停工损失金额，原审法院对该证据未予采信，也未向负有举证责任的一方当事人释明是否通过司法鉴定来确定损失大小，致本案停工损失金额问题未能查清。经本院在二审中向江苏某建工公司释明后，其已向本院申请对案涉工程停工损失进行鉴定。同时，江苏某建工公司还在二审中提供了〔2018〕云昆明信证经字第 50981 号《公证书》，用以证明《昆明市五华区下马村“城中村”改造回迁安置房工程结算审核说明》电子邮件的真实性，并同时申请对电子邮件附件中云南某房地产开发公司印章的真实性及是否电子合成进行鉴定。上述两种鉴定方式均是解决停工损失认定的有效途径。为查清案件事实，维护当事人的实体权利和诉讼权利，本案应予发回重审。

相关案例二：《康某与张某装饰装修合同纠纷二审民事裁定书》（北京市第一中级人民法院〔2019〕京 01 民终 1288 号）

裁判书摘录：本院认为，当事人对工程造价、质量、修复费用等专门性问题有争议，人民法院认为需要鉴定的，应当向负有举证责任的当事人释明。当事人经释明未申请鉴定，虽申请鉴定但未支付鉴定费用或者拒不提供相关材料的，应当承担举证不能的法律后果。一审诉讼中负有举证责任的当事人未申请鉴定，虽申请鉴定但未支付鉴定费用或者拒不提供相关材料，二审诉讼中申请鉴定，人民法院认为确有必要的，应当发回原审法院重审。本案中，双方当事人对工程质量及修复费用等专门性问题产生争议。康某在二审中申请鉴定，本院认为确有必要，故将本案发回一审法院重新审理。

问题 59：放弃优先权条款中，如何认定损害建筑工人的利益？

有关规定

《最高人民法院关于审理建设工程施工合同纠纷案件适用法律问题的解释（一）》

第四十二条　发包人与承包人约定放弃或者限制建设工程价款优先受偿权，损害建筑工人利益，发包人根据该约定主张承包人不享有建设工程价款优先受偿权的，人民法院不予支持。

实务提醒

一、权利当然可以放弃。建设工程价款优先受偿权作为权利的一种，则当事人有自由处分的权利，故承包人原则上可以作出放弃或限制的处分。

二、放弃权利不能损害他人权益。建设工程价款优先受偿权作为法定的优先权，具有保护建筑工人利益的特殊立法目的。如果承包人同意放弃或限制建筑工人利益的行为侵害了建筑工人利益的，放弃或限制行为无效，即承包人仍可以行使享有建设工程价款优先受偿权。

三、损害建筑工人利益的认定。一般而言，放弃或限制建设工程价款优先受偿权，必然实质上影响建筑工人工资的清偿，从而损害建筑工人利益。但是，如果专门调拨资金全部清偿了建筑工人工资或者为建筑工人的工资另行提供了足额担保。在此类情形下，建筑工人的利益有了保障，则应当认定为建筑工人利益未受损害。

相关案例

相关案例一：《广东省某工程有限公司、仁化县某水电有限公司建设工程施工合同纠纷二审民事判决书》（广东省韶关市中级人民法院〔2019〕粤 02 民终 290 号）

判决书摘录：本院认为，本案是建设工程施工合同纠纷。根据《中华人民共和国民事诉讼法》第一百六十八条“第二审人民法院应当对上诉请求的有关事实和适用法律进行审查”的规定，本院仅对广东省某工程公司上诉请求的有关事实和法律适用进行审查。根据各方当事人的上诉和答辩意见，本案的争议焦点是广东省某工程公司对涉案建设工程价款是否享有优先受偿权。

《最高人民法院关于审理建设工程施工合同纠纷案件适用法律问题的解释（二）》第二十三条规定：“发包人与承包人约定放弃或者限制建设工程价款优先受偿权，损害建筑工人利益，发包人根据该约定主张承包人不享有建设工程价款优先受偿权的，人民法院不予支持。”根据该条文的规定，首先是尊重意思自治，承包人与发包人有权就包括建设工程价款优先受偿权在内的各项权利进行讨价还价，建设工程价款作为私权，原则上允许当事人依法处分；其次是维护《中华人民共和国合同法》第二百八十六条的立法目的，即承包人与发包人有权就事先放弃或限制建设价款优先受偿权的约定不得损害农民工等建筑工人的合法权益，不能导致建筑工人的工资权益受到损害。本案中，广东省某工程公司认为其与某水电公司约定及向某农信社承诺放弃建设工程价款的优先受偿权，损害了工人的利益，是无效的。首先，广东省某工程公司作为承包人，其可以与发包人某水电公司约定放弃建设工程价款的优先受偿权，这是其对自身权利的处分。虽然承包人与发包人之间的市场地位可能不平等，导致缔约地位不平等。但对于此种不平等，只要不超出一定的范围和界限，法律和司法应当予以尊重。承包人和发包人主要是商事主体，在商事交易中，应着重维护契约自由、市场秩序、交易效率和交易安全。这与民事交易中的价值取向有所区别。因此，对于广东省某工程公司事先与某水电公司约定部分放弃建设工程价款优先受偿权及向某农信社承诺放弃全部建设工程价款优先受偿权的行为，应予尊重。其次，广东省某工程公司不仅与某水电公司约定放弃其所负责施工的涉案工程一、二期工程价款的优先受偿权，其还向某农信社出具《承诺书》，承诺放弃全部优先受偿权。广东省某工程公司认为其放弃的只是一、二期工程的工程价款的优先受偿权，并未放弃三期工程价款的优先受偿权，但其在出具《承诺书》时应能理解全部与“一、二期”的含义，且广东省某工程公司在《周田水电站土建二期工程施工补充协议》与《承诺书》中所作的表述并不一致，这反映其对自己放弃的建设工程价款优先受偿权的范围有充分的认识。再次，如果损害了建筑工人的利益，即使承包人与发包人约定放弃建设工程价款的优先受偿权，也不会得到人民法院的支持。但广东省某工程公司所提交的四份结算汇总表只是其单方提供的剩余工程结算尾款的汇总材料，反映的是与有关单位和个人的结算，但不能据此证明广东省某工程公司拖欠了建筑工人的工资，也没有其他证据佐证广东省某工程公司至今仍拖欠上述剩余工程结算尾款。广东省某工程公司提交的证据不足以证明其放弃涉案工程价款的优先受偿权会损害建筑工人的利益。一审法院对广东省某工程公司主张涉案工程折价或拍卖款享有优先受偿权的诉讼请求不予支持并无不当，本院予以维持。

相关案例二：《某建设集团有限公司与洪湖市某置业有限公司建设工程施工合同纠纷一审民事判决书》（湖北省荆州市中级人民法院〔2019〕鄂10民初9号）

判决书摘录：关于工程款优先受偿权的问题。《中华人民共和国合同法》第二百八十六条规定：“发包人未按照约定支付价款的，承包人可以催告发包人在合理期限内支付价款。发包人逾期不支付的，除按照建设工程的性质不宜折价、拍卖的以外，承包人可以与发包人协议将该工程折价，也可以申请人民法院将该工程依法拍卖。建设工程的价款就该工程折价或者拍卖的价款优先受偿。”《最高人民法院关于建设工程价款优先受偿权问题的批复》第三条：“建筑工程价款包括承包人为建设工程应当支付的工作人员报酬、材料款等实际支出的费用，不包括承包人因发包人违约所造成的损失”、第四条：“建设工程承包人行使优先权的期限为六个月，自建设工程竣工之日或者建设工程合同约定的竣工之日起计算”。依据上述规定，原告行使优先权未超出六个月期限。2019年2月1日实施的《最高人民法院关于审理建设工程施工合同纠纷案件适用法律问题的解释（二）》第二十三条规定：“发包人与承包人约定放弃或者限制建设工程价款优先受偿权，损害建筑工人利益，发包人根据该约定主张承包人不享有建设工程价款优先受偿权的，人民法院不予支持。”根据上述规定，发包人与承包人可以约定放弃或限制建设工程价款优先受偿权。本案争议的关键在于2012年4月20日原告某建设集团公司向第三人某农商行出具《承诺书》是否表明原告某建设集团公司已放弃或限制优先受偿权。原告出具的承诺书核心内容为：“洪湖市某置业有限公司向洪湖市某农村信用合作联社公司业务部申请项目贷款8000万元，期限三年，用于项目建设及工程款支付。为配合洪湖市某置业有限公司工作，我公司同意“三民·第园”项目开盘销售起，销售资金首先用于支付已测算的除项目资本金和信用社贷款资金外的项目资金缺口，剩余销售款项按与贵社约定的还款比例和进度偿还贷款，我公司同意未收工程款待洪湖市某置业有限公司还清洪湖市某农村信用合作社公司业务部的全部项目贷款本息后，再行结算。”从承诺书的内容来看，该承诺书系某建设集团公司对其优先受偿权进行了限制，即在洪湖市某置业公司向洪湖某农商行偿还三年期贷款8000万元后行使优先受偿权。该承诺书的内容同时表明，原告某建设集团公司限制优先受偿权是附条件的，即被告应按照与第三人约定的还款比例和进度偿还贷款。被告洪湖市某置业公司与第三人洪湖某农商行签订的借款合同中约定：还款时间3年，当销售收入达到30%时，归还贷款比例40%；当销售收入达到50%时，归还贷款比例60%；当销售收入达到70%时，还清全部贷款。根据上述借款合同的约定，被告洪湖市某置业公司应在约定的时间3年内按照约定的销售进度和还款比例向第三人偿还贷款，但截止到本案本次诉讼时，承诺书约定的三年期贷款及约定的还款时间均已到期，被告洪湖市某置业公司既未按照借款合同的约定向第三人偿还贷款，第三人洪湖某农商行也未向被告洪湖市某置业公司主张权利以实现其债权，而是在贷款期限届满后与洪湖市某置业公司两次签订展期合同，对贷款展期至2021年，远远超过原告某建设集团公司在承诺书中对于其优先权限制行使的时间。本院认为，建设工程价款优先受偿权是法律赋予承包人的法定权利，本案原告某建设集团公司对于优先受偿权的限制涉及该公司重大权利。承诺书对于优先权的限制的条件为第三人应按照与被告签订的借款合同还款，在没有证据证明被告对于借款合同客观不能履行的情况下，第三人在借款合同约定的贷款到期日及还款时间内怠于行使债权，影响原告某建设集团公司权利的实现。在第三人及被告未告知原告某建设集团公司双方对于贷款展期，某建设集团公司也未对展期后的贷款重新作出新的意思表示时，如认为原承诺书仍系对原告行使优先受偿权的限制，则被告洪湖市某置业公司与第三人通过展期方式将长期阻碍原告行使权利，该行为对原告某建设集团公司明显不公，不能以原告某建设集团公司在承诺书中所作出的限制优先受偿权的表示认定其对于展期后的贷款也限制优先受偿权。故原告某建设集团公司对工程款6107.7万元享有优先受偿权。

问题 60：工程质量问题的反诉和抗辩，如何区分？

有关规定

《最高人民法院关于审理建设工程施工合同纠纷案件适用法律问题的解释（一）》

第十六条　发包人在承包人提起的建设工程施工合同纠纷案件中，以建设工程质量不符合合同约定或者法律规定为由，就承包人支付违约金或者赔偿修理、返工、改建的合理费用等损失提出反诉的，人民法院可以合并审理。

实务提醒

一、质量问题应当反诉或另诉。工程项目质量缺陷纠纷与工程款欠款纠纷属于不同的法律关系，发包人以抗辩的方式主张工程质量不合格请求支付违约金或者赔偿修理、返工、改建的合理费用等损失，应提出反诉。不构成反诉的，应当另行起诉。

二、反诉可以合并审理。如果发包人提出反诉的，人民法院可以和承包人的本诉请求合并审理。哪些可以分别审理，哪些应当合并审理并没有明确规定，法官可以根据情况决定。

三、反诉“可以”合并审理，而非“必须”合并。《民事诉讼法解释》第 232 条“可以合并审理的，人民法院应当合并审理”，根据《最高人民法院关于审理建设工程施工合同纠纷案件适用法律问题的解释（一）》的规定来看，是否合并审理的决定权由法官自由裁量。

四、如果发包人坚持提出抗辩主张的，人民法院应不予采纳其抗辩主张。

五、承包人的含义。此处的承包人，不仅单指总包人，还包括分包人、转承包人、违法分包人等实际施工人。因为这里是发包人就质量问题对施工责任主体提出主张，不应限于合法的第一手的承包人。

六、一审中没提出反诉，二审提出工程质量不合格请求支付违约金或赔偿修理、返工、改建的费用等损失问题，应另案起诉。

相关案例

相关案例一：《郑某与刘某建设工程施工合同纠纷二审民事判决书》（江苏省南京市中级人民法院〔2019〕苏 01 民终 1010 号）

判决书摘录：本院认为，《最高人民法院关于审理建设工程施工合同纠纷案件适用法律问题的解释（二）》第七条规定：“发包人在承包人提起的建设工程施工合同纠纷案件中，以建设工程质量不符合合同约定或者法律规定为由，就承包人支付违约金或者赔偿修理、返工、改建的合理费用等损失提出反诉的，人民法院可以合并审理。”本案中，郑某提出刘某施工过程将乳胶漆洒到了原有自流坪上，对自流坪造成损失。本院认为，当事人所提出的理由是否可以作为抗辩或需提出反诉或应另行起诉，人民法院应加以区分。郑某所称损害，超出案涉工程质量范畴，属于主张承包人在施工过程中造成其他财产损害，既超出原告诉讼请求范围，亦与建设工程施工合同纠纷不属于同一法律关系，该请求系侵权损害赔偿的独立诉讼请求，郑某应另行提起诉讼主张权利。据此，郑某的上诉理由不能作为拒付案涉工程欠款的抗辩，一审法院所作判决并无不当，本院予以维持。

相关案例二：《准格尔旗某汽贸有限责任公司与王某建设工程施工合同纠纷二审民事裁定书》（内蒙古自治区鄂尔多斯市中级人民法院〔2019〕内 06 民终 530 号）

裁判书摘录：本院认为，因工程项目质量缺陷纠纷与工程款欠款纠纷属于不同的法律关系。〔2015〕准民初字第 3362 号民事判决为王某起诉索要工程款案件，在该案件中某汽贸公司提出涉案涉案工程存在质量问题的抗辩。〔2015〕准民初字第 3362 号民事判决和〔2018〕内 06 民终 1631 号民事判决只是认定某汽贸公司关于涉案涉案工程存在质量问题的抗辩不能成立，对涉案是否存在质量问题并未进行实体审理。《最高人民法院关于审理建设工程施工合同纠纷案件适用法律问题的解释（二）》第七条规定：“发包人在承包人提起的建设工程施工合同纠纷案件中，以建设工程质量不符合合同约定或者法律规定为由，就承包人支付违约金或者赔偿修理、返工、改建的合理费用等损失提出反诉的，人民法院可以合并审理。”故工程是否存在质量问题，应以反诉的形式提出，否则无法对工程质量问题进行实体审理。原审裁定把生效判决对工程质量抗辩的认定当作对工程质量的实体认定，属于适用法律错误。某汽贸公司提起的质量问题诉讼系其第一次提起，符合起诉条件，准格尔旗人民法院应依法进行实体审理。

相关案例三：《某文体广电和旅游局与甘肃某建设集团股份有限公司建设工程施工合同纠纷二审民事判决书》（甘肃省高级人民法院〔2019〕甘民终 128 号）

判决书摘录：某广电局于 2017 年 7 月 12 日向甘肃某建设集团公司发出《关于广电大厦外墙真石漆严重脱落责令施工方整改的通知》，要求甘肃某建设集团公司对外墙面在保质期内出现真石漆脱落问题进行维修，并在二审中举证证明涉案工程地下室存在渗水问题。《最高人民法院关于审理建设工程施工合同纠纷案件适用法律问题的解释（二）》第七条规定：“发包人在承包人提起的建设工程施工合同纠纷案件中，以建设工程质量不符合合同约定或者法律规定为由，就承包人支付违约金或者赔偿修理、返工、改建的合理费用等损失提出反诉的，人民法院可以合并审理。”某广电局上诉提出涉案工程质量存在问题，但其未在一审中提出反诉。《最高人民法院关于适用〈中华人民共和国民事诉讼法〉的解释》第三百二十八条第一款规定：“在第二审程序中，原审原告增加独立的诉讼请求或者原审被告提出反诉的，第二审人民法院可以根据当事人自愿的原则就新增加的诉讼请求或者反诉进行调解；调解不成的，告知当事人另行起诉。双方当事人同意由第二审人民法院一并审理的，第二审人民法院可以一并裁判。”本院二审中，对某广电局提出的质量问题进行了调解，双方未能达成协议，且甘肃某建设集团公司不同意并案处理。因此，某广电局提出的涉案工程质量问题，本院不能合并审理，应另案处理。

问题 61：违法工程是否享有优先受偿权？

有关规定

一、《中华人民共和国民法典》

第八百零七条　发包人未按照约定支付价款的，承包人可以催告发包人在合理期限内支付价款。发包人逾期不支付的，除根据建设工程的性质不宜折价、拍卖外，承包人可以与发包人协议将该工程折价，也可以请求人民法院将该工程依法拍卖。建设工程的价款就该工程折价或者拍卖的价款优先受偿。

二、《中华人民共和国合同法》

第二百八十六条　发包人未按照约定支付价款的，承包人可以催告发包人在合理期限内支付价款。发包人逾期不支付的，除按照建设工程的性质不宜折价、拍卖的以外，承包人可以与发包人协议将该工程折价，也可以申请人民法院将该工程依法拍卖。建设工程的价款就该工程折价或者拍卖的价款优先受偿。

三、《中华人民共和国城乡规划法》

第四十条　在城市规划区内，未取得建设工程规划许可证件或者违反建设工程规划许可证件的规定进行建设，严重影响城市规划的，由县级以上地方人民政府城市规划行政主管部门责令停止建设，限期拆除或者没收违法建筑物、构筑物或者其他设施；影响城市规划，尚可采取改正措施的，由县级以上地方人民政府城市规划行政主管部门责令限期改正，并处罚款。

四、《最高人民法院第八次全国法院民事商事审判工作会议纪要》

关于违法建筑相关纠纷的处理问题，对于未取得建设工程规划许可证或者未按照建设工程规划许可证规定内容建设的违法建筑的认定和处理，属于国家有关行政机关的职权范围，应避免通过民事审判变相为违法建筑确权。

五、《广东省高级人民法院关于在审判工作中如何适用〈中华人民共和国合同法〉第286条的指导意见》

第七条　在建设工程承包合同无效的情形下，承包人主张建设工程价款优先受偿权的，人民法院不予支持。

实务提醒

对于违法建筑是否享有优先受偿权，实务中有分歧，两种不同的观点各自都有一定的理由。

一、不支持享有优先受偿权的理由

1. 从判决后的执行力来看。人民法院的判决书具有既判力、确定力和执行力，违法工程并不能保证判决书的“三力”。

2. 从物权取得来看。违法建筑不能依法取得相应物权。见相关案例一。

3. 从司法实践来看。一旦判决违法建筑享有优先受偿权，则容易造成变相的通过民事审判为违法建筑确权。

二、支持享有优先受偿权的理由

1. 从建设工程价款优先受偿权制度的目的来看。建设工程价款优先受偿权制度的目的主要在于保护工人的工资债权，起源于承揽人对工作成果的留置权。只要建筑物存在，就应该肯定建设工程价款对这种工作成果有优先受偿权。

2. 从建设工程价款优先受偿权的性质来看。建设工程价款对建设工程的法定抵押权由建设工程提供担保，在该建设工程未被拆除之前，建设工程价款优先受偿权的标的均客观存在，而在不存在《民法典》第三百九十三条规定“法定担保物权消灭”的情形下，应承认建设工程价款优先权客观存在。

3. 从担保物权物上代位的属性来看。违法建筑物可以事实上基于“租赁关系”或者“使用关系”而有收益，则工程价款受偿权人可以基于抵押权物上代位的规定而针对租赁收益或者使用收益获得清偿。通过承认建筑物收益的物上代位，可使工程价款对建筑物的收益进行取偿，且现实拍卖程序中，对此租赁收益或者使用收益也均是一并与建筑物进行拍卖而进行取偿。

4. 从违法建筑的持续状态来看。违法建筑其现状不宜折价、拍卖，但不等于一直处于此状态，且法律规定的是建设工程的“性质不宜”而非现状不宜。判断是否属于违法建筑的依据是是否办理了工程规划许可证，而有的虽然没有办理工程规划许可，但是取得了立项许可等手续，有的工程也许以后会办理工程规划许可手续。即便是违法建筑，其本身也具有使用权益，因此对违法建筑可以享有优先受偿权。

5. 从权力法定来看。工程价款优先受偿权是《中华人民共和国合同法》第二百八十六条赋予建设工程施工方的一项法定优先权，目的是保障施工方能够及时取得工程款。建设工程施工合同被认定无效，并非排除适用该法第二百八十六条的条件。

相关案例

相关案例一：《南通某建设集团有限公司、儋州某房地产开发有限责任公司建设工程

施工合同纠纷再审审查与审判监督民事裁定书》（最高人民法院〔2019〕最高法民申1250号）

判决书摘录：关于南通公司是否就案涉建设工程价款享有优先受偿权。根据《中华人民共和国合同法》第二百八十六条的规定，承包人有权请求就所涉工程折价或者拍卖的价款优先受偿。然而，根据本案查明的事实，案涉工程至本案一审庭审时仍未办理建设工程规划许可证、建设工程施工许可证，属于违法建筑，其不能依法取得相应物权，且相关工程一直处于停工状态，原审判决据此认定案涉工程属于依现状不宜折价、拍卖的建设工程，进而对南通公司就案涉工程价款享有优先受偿权的主张不予支持，并无不当。

相关案例二：《肖某、四川某房地产开发有限公司、彭某、四川某建筑工程有限公司建设工程价款优先受偿权纠纷一案再审民事判决书》（四川省达州市中级人民法院〔2018〕川17民再9号）

判决书摘录：关于优先受偿权的问题。《中华人民共和国合同法》第二百八十六条规定："发包人未按照约定支付价款的，承包人可以催告发包人在合理期限内支付价款。发包人逾期不支付的，除按照建设工程的性质不宜折价、拍卖的以外，承包人可以与发包人协议将该工程折价，也可以申请人民法院将该工程依法拍卖。建设工程的价款就该工程折价或者拍卖的价款优先受偿"。工程价款优先受偿权是《中华人民共和国合同法》第二百八十六条赋予建设工程施工方的一项法定优先权，目的是保障施工方能够及时取得工程款。建设工程施工合同被认定无效，并非排除适用该法第二百八十六条的条件。

问题62：合同无效情形下，违法建筑与合法建筑工程款结算有何不同？

相关规定

一、《中华人民共和国民法典》

第一百五十七条　民事法律行为无效、被撤销或者确定不发生效力后，行为人因该行为取得的财产，应当予以返还；不能返还或者没有必要返还的，应当折价补偿。有过错的一方应当赔偿对方由此所受到的损失；各方都有过错的，应当各自承担相应的责任。法律另有规定的，依照其规定。

第七百九十三条　建设工程施工合同无效，但是建设工程经验收合格的，可以参照合同关于工程价款的约定折价补偿承包人。

建设工程施工合同无效，且建设工程经验收不合格的，按照以下情形处理：

（一）修复后的建设工程经验收合格的，发包人可以请求承包人承担修复费用；

（二）修复后的建设工程经验收不合格的，承包人无权请求参照合同关于工程价款的约定折价补偿。

发包人对因建设工程不合格造成的损失有过错的，应当承担相应的责任。

二、《中华人民共和国合同法》

第五十八条　合同无效或者被撤销后，因该合同取得的财产，应当予以返还；不能返还或者没有必要返还的，应当折价补偿。有过错的一方应当赔偿对方因此所受到的损失，双方都有过错的，应当各自承担相应的责任。

三、《最高人民法院关于审理建设工程施工合同纠纷案件适用法律问题的解释》

第二条　建设工程施工合同无效，但建设工程经竣工验收合格，承包人请求参照合同约定支付工程价款的，应予支持。

第三条　建设工程施工合同无效，且建设工程经竣工验收不合格的，按照以下情形分别处理：

（一）修复后的建设工程经竣工验收合格，发包人请求承包人承担修复费用的，应予支持；

（二）修复后的建设工程经竣工验收不合格，承包人请求支付工程价款的，不予支持。

因建设工程不合格造成的损失，发包人有过错的，也应承担相应的民事责任。

四、《江苏高院建设工程施工合同案件审理指南》

建设工程施工合同无效的处理中应注意问题：（七）施工合同约定的建设工程是“三无”工程或被行政主管部门认定为违法建筑工程价款的结算。

什么是违法建筑，或者说是违章建筑？违法建筑是指未取得建设工程规划许可证或者未按照建设工程规划许可证规定内容建设的房屋及建筑物为违法建筑。所谓“三无”工程，指未取得土地使用权证、未取得建筑工程规划许可证、未办理报建手续的工程。对于这样的工程，如果发包人和承包人签订了施工合同，其效力如何？正式公布的法释〔2004〕14号未作明确规定。认为合同应当有效的理由是：房屋建设者违反《城乡规划法》等公法的规定，引起的法律后果是接受相关行政部门的处罚，其私法行为效力不受违反公法影响。《城乡规划法》第六十四条规定：未取得建设工程规划许可证或者未按照建设工程规划许可证的规定进行建设的，由县级以上地方人民政府城乡规划主管部门责令停止建设；尚可采取改正措施消除对规划实施的影响的，限期改正，处建设工程造价百分之五以上百分之十以下的罚款；无法采取改正措施消除影响的，限期拆除，不能拆除的，没收实物或者违法收入，可以并处建设工程造价百分之十以下的罚款。

我们认为应认定无效。一是2002年8月《最高法院关于审理建设工程合同纠纷的暂行意见》第十条规定：“发包人与承包人签订无取得土地使用权证、无取得建筑工程规划许可证、无办理报建手续的‘三无’工程建设施工合同，应确认无效；但在审理期间已补办手续的，应确认合同有效。”二是违章建筑具有违法性，具体体现在：①违法建筑违反了《中华人民共和国城乡规划法》规定。②《中华人民共和国城乡规划法》对此作出的规定是强制的规定，是有关合同效力性的规定。三是国家对违法建筑持否定性评价，是因为违法建筑损害了国家利益，规避了国家对规划体系、建筑产品质量、房地产交易市场等系列行为的监管，使得违法建筑在现行体制以外生存，直接危及社会的公共安全，直接危及人民群众的生命财产安全。故，违法建筑直接损害国家和社会公共利益，并不是在当事人私权范畴内就能解决的问题，人民法院作为公权力的行使者，应当旗帜鲜明地认定就违法建筑订立的合同无效。四是建设工程的特殊性决定了建设工程施工合同效力必然受建设审批手续的影响。建设工程具有不可移转、投资大、对周围环境影响大、涉及人民群众生命财产安全等特点，这些特点也决定了国家对建设工程从建设审批手续上必须作出严格规定和要求，否则有损公共利益。五是由于未取得土地使用权证、未取得建筑工程规划许可证的工程，无法进行竣工验收和备案，也就无法申领到相关权属证书。故该类合同应依据《中华人民共和国合同法》第五十二条的规定认定为无效合同。

因违法建筑或“三无”工程严重违反了《中华人民共和国土地管理法》《中华人民共和国城乡规划法》，这样的建设工程无论工程质量是否合格，都不作为支付工程价款的依据，均应立即拆除和返还所支付的工程款。发包人或承包人的损失，是发包人的过错，发包人对自己的损失自负，同时应赔偿承包人的施工中支付人工费、材料费等实际损失；是承包人的过错，承包人对自己的损失自负，同时应赔偿发包人材料费等实际损失。双方都有过错，按过错大小各自承担相应的赔偿责任。

实务提醒

一、“合法建筑的合同无效”与“违法建筑的合同无效”需要注意两个不同方面的问题。建筑可以分为合法建筑与违法建筑，合同可以分为有效合同与无效合同。

二、“违法建筑”和“合同无效”是两个不同的概念。合同无效的建筑并不必然就是违法建筑，而违法建筑的施工合同肯定是无效。

三、可以补办工程规划手续的不属于根本性违法建筑，合同有效。比如：最高人民法院公报案例〔2012〕民一终字第126号判决：“根据相关行政部门的决定，案涉项目并非根本性违章建筑，可以通过补办相关规划手续使之合法化。因此，虽然未成功办理规划手续，但并不属于根本性违约导致合同目的不能实现。”

四、合法建筑的合同无效，如何支付工程款。

《最高人民法院关于审理建设工程施工合同纠纷案件适用法律问题的解释》第二条建设工程施工合同无效，但建设工程经竣工验收合格，承包人请求参照合同约定支付工程价款的，应予支持。对于该条的理解，编者认为应当注意以下两个方面。

1. 该建设工程应当是合法建筑。该条规定的“建设工程”是指合法的建设工程，并不包括违法的建设工程。只有合法的建设工程的合同无效，才能参照合同约定结算工程款。对于违法建设工程，无论是否合格，都不能按照合同约定支付工程款。

2. 支付工程款的前提是建设工程“验收合格”。对于“验收合格”的理解：①所谓验收合格，其根本目的是要保证工程具有使用价值，而不是简单地说，其目的就是验收合格。违法建筑，本身就不存在使用的问题，所以也根本不存在验收合格之说。②验收不合格的，也并不是说直接不支付工程价款，而是先要维修，维修后仍然不合格的，才不支付工程价款。至于违法建筑，可能会去维修么？既然不可能维修，也就不存在维修后是否合格的问题，也许维修后会合格，但是合格与否都不能参照合同约定支付工程款。

五、违法建筑的合同无效，如何支付工程款。

对于违法建筑如何支付工程款呢？编者认为违法建筑不存在支付工程款的问题，而应该讨论如何赔偿损失。

1. 工程款支付问题。违法建筑无论工程质量是否合格，都不作为支付工程价款的依据，均应立即拆除和返还所支付的工程款。

2. 损失计算问题。如果是发包人的过错，发包人对自己的损失自负，同时应赔偿承包人的施工中支付人工费、材料费等实际损失；如果是承包人的过错，承包人对自己的损失自负，同时应赔偿发包人材料费等实际损失；如果双方都有过错，则应当按过错大小各自承担相应的赔偿责任。

六、实践中对违法建筑支付工程款的不同观点。

1. 质量是否合格不影响参照合同约定支付工程款，质量保修责任不支持。比如相关案例一，判决认为：工程未经验收已实际投入使用，视为发包方对实际施工工程的确认；参照合同约定支付工程款；不支持违法建筑的维修费用的要求。

2. 无效合同不区分是违法建筑还是合法建筑，违法建筑也参照合同约定结算工程款，对于质量保修责任也按照合同条款约定。比如相关案例二。

相关案例

相关案例一：《上海某工程建设有限公司与周某、经某建设工程合同纠纷一审民事判决书》（上海市浦东新区人民法院〔2013〕浦民一（民）初字第41778号）

判决书摘录：本院认为，系争工程在原告与被告周某签订《建设工程合同》时，并未取得相应建设手续，该合同的标的物违法，且至今仍未取得相应合法手续，故上述合同应当认定无效。现被告周某虽认为曾在接收工程前催告原告工程存在质量问题和工程未完工，而原告在对此不认可的情况下，即双方就上述问题存在争议的情况下，被告周某实际已经接收上述工程，并投入使用，只能认定其对实际施工工程的确认，被告周某虽还提供照片以证明接收工程时工程还未完工，但原告对此不予认可，且照片的拍摄时间可以随意设置，故本院对被告周某的该抗辩难以采信，由此可以认定原告已经完成工作量，为此，被告周强应当参照合同约定向原告支付工程款386000元，被告周某要求对减少工作量进行鉴定的申请，本院不予采纳。

系争工程为违法标的物，即使该工程在保修期内存在质量问题，被告周某要求承担原告修复或修复的相关费用，无法律依据，本院不予支持，对被告周某申请对修复费用进行评估的意见不予采信。且从鉴定意见也可看出，系争工程本身未经正规设计，并建议进行重新设计，对结构性缺陷的修复应结合重新设计要求，即被告周某所提供的施工图本身存在一定缺陷，也是导致施工存在质量问题的因素，故被告周某亦应对质量问题本身承担一定责任。

相关案例二：《上诉人南京某货架型材制造有限公司与上诉人南京市某建筑工程有限公司建设工程施工合同纠纷一案的民事判决书》（江苏省南京市中级人民法院〔2015〕宁民终字第 2532 号）

判决书摘录：未取得建设用地规划许可证、国有土地使用权证和建设工程规划许可证，故签订的建设工程施工合同无效。建设工程施工合同无效，但建设工程经竣工验收合格，发包人仍应参照合同约定向承包人支付工程价款，同时，承包人亦应参照合同关于质量保修的约定，承担质量保修责任。上诉人某公司认为本案所涉工程为“三无”工程，所以不应当承担质量保修责任的观点，本院不予采纳。

问题 63：建设工程施工合同预期利益损失如何主张？

有关规定

一、《中华人民共和国民法典》

第五百八十四条　当事人一方不履行合同义务或者履行合同义务不符合约定，造成对方损失的，损失赔偿额应当相当于因违约所造成的损失，包括合同履行后可以获得的利益；但是，不得超过违约一方订立合同时预见到或者应当预见到的因违约可能造成的损失。

二、《建设工程造价鉴定规范》

5.8.5　因发包人原因，发包人删减了合同中的某项工作或工程项目，承包人提出应由发包人给予合理的费用及预期利润，委托人认定该事实成立的，鉴定人进行鉴定时，其费用可按相关工程企业管理费的一定比例计算，预期利润可按相关工程项目报价中的利润的一定比例或工程所在地统计部门发布的建筑企业统计年报的利润率计算。

实务提醒

一、预期利益损失金额的赔偿范围

根据最高人民法院《关于当前形势下审理民商事合同纠纷案件若干问题的指导意见》（以下简称指导意见），可以归纳出三种主要的预期利润损失。根据交易性质、合同目的等因素，预期利益损失主要分为生产利润损失、经营利润损失和转售利润损失。此外，当事人在合同中明确约定了预期利益损害赔偿范围时，应当以其合同约定的范围为准。

二、主张预期利益损失的四要件

诉讼中主张预期利益损失应当满足四要件，即有效合同关系、违约行为、因违约行为产生的损害事实、合理可预见的损失利益。其中，合法有效的合约是主张预期利益损失的必要前提；违约行为的发生是主张预期利益损失的基础要素；违约行为与损害事实之间的因果关系是举证的重要方向；合理、确定、可预见的损失金额是主张获得法院支持的核心依据。

三、预期利益损失认定的基本原则

建设工程施工合同纠纷在主张预期利益损失时，应当综合运用可预见规则、减损规则、损益相抵规则以及过失相抵规则等原则，限定损失范围为可以预见的、合理的、明确的金额，同时排除因守约方未及时采取措施而扩大的损失，查明守约方的净损失以及过错双方过失相抵后的综合情形，以便计算出准确、科学、合理的损失金额。

四、建设工程领域预期利益损失的计算方法

1. 以工程造价地方定额中的利润率为计算标准

当事人可以依据当地规定的工程造价定额利润率作为确定预期利益损失的依据，如福建省高级人民法院（2014）闽民终第 1434 号案件中，根据《福建省建筑安装工程费用定额》的规定确定本案讼争工程的利润率为 2%，扣除已施工部分工程款，即［9554597－(727272.88＋36067.52）］×2%元＝8791256.6×2%元＝175825.13 元。

2. 以最终中标价超出招标最低价的差额作为计算标准

当事人可以将最终中标价超出招标最低价的部分为准，以两者差额作为计算标准认定损失。因发包人原因删减工程项目的，预期利润可按相关工程项目报价中的利润的一定比例计算，如安徽省高级人民法院（2010）皖民终第 80 号案件中，某建安公司投标时以 1750 万元承建案涉工程，而某房产公司就案涉工程设定的合理最低价参考值 17059954 元则表明该公司认为承包方报价中高于该最低成本价的部分即为利润，故某房产公司在与某建安公司签订合同时可预知案涉工程的预期利润为 440046 元（17500000 元－17059954 元），以此为依据主张预期利益损失具有相应的事实和法律依据。

3. 以投标文件中载明的利润率作为计算标准

建设工程领域涉及投标项目时，当事人可以依据投标文件中明文约定的利润率主张预期利益损失金额。如江西省高级人民法院（2017）赣民终 325 号案件中，某公司向开发区建投公司递交的《江西省房屋建筑和市政基础设施工程施工招标投标文件》中明确载明利润为 1010323.82 元。本案结合实际情况，基于双方当事人利益平衡的公平原则和民商事活动诚实信用的原则予以衡量，二审法院参照案涉工程五标段（杨梅四期东区项目）利润金额为基数，酌情在 10%利润的范围内计算预期利益损失赔偿金 101032.38 元（1010323.82 元×10%）。

4. 以施工企业行业利润率作为计算标准

当事人可以依据同行业最低利润率主张预期利益损失金额，如最高人民法院（2019）

最高法民申第 5776 号案件中，某公司主张以同行业最低利润率 20%计算预期利益损失 2086.1 万元。

5. 以企业自身年度利润率作为计算标准

当事人可以将自身年度利润率为依据折算损失金额。如江苏省高级人民法院（2013）苏民终第 205 号案件中，某公司提供了武汉某电力股份有限公司 2010 年度利润率及中国化工节能技术协会出具的证明，以证明涉案工程利润率为 41.74%，一审法院依据上述证据确认涉案工程利润率为 41.74%，并根据这一利润率，可计算出涉案工程若如期完成，某公司可获得预期可得利润 184 万余元。

6. 逾期竣工造成的建设单位预期利益损失可参照同期同地段的房屋租金为计算标准

因建设工程项目逾期竣工造成预期利益损失的，发包人的损失金额可参照同期同地段的房屋租金确定，如浙江省高级人民法院（2016）浙民申第 1654 号案件中，某公司因无法及时使用建成的房屋产生的损失金额参照同期同地段的房屋租金确定。原判确定预期利益损失期间为 2007 年 3 月 18 日至 2010 年 12 月 26 日，并参照某资产评估有限公司鉴定意见，酌定某公司预期利益损失为同期同地段房屋租金的 60%，计 1163245.13 元。

7. 以企业自身同等时间内的营业收入扣除成本支出为计算标准

当事人可以依据自身同等时间内的营业收入扣除成本支出后计算其预期利益损失。如安徽省高级人民法院（2013）皖民终第 56 号案件中，某贸易公司提供记载具体的每日营业收入明细表，并有案涉期间缴纳各种税费的缴款书对其营业收入予以印证。此外，房租支出有租赁合同和缴纳租金的税务发票，贷款利息有中国工商银行出具的利息支付凭证，工人工资表反映了各个员工的职位及工资情况，均由领取人签字确认。因此，某贸易公司提交的上述财务资料的证据以及据此作出每日经营损失的认定标准受到人民法院认可。

8. 评估机构通过现场勘察、同类企业市场调查计算损失

当事人可以自行选择专业机构就预期利益损失范围内的金额予以评估，以鉴定结果为依据向人民法院主张权益。诉讼中双方当事人就评估机构选择难以达成一致的，可向人民法院提出申请，由法院委托专业评估机构，予以确认损失。如最高人民法院（2017）最高法民再第 44 号案件中，鉴定机构提供现场勘察、同类企业市场调查等方式明确设备折旧及经营利润等金额，确定预期利益损失（1574.1 万元＋451.01 万元），共计 2025.11 万元。

相关案例

相关案例一：《丹东某房地产开发有限公司、大连某影业集团有限公司房屋租赁合同纠纷再审审查与审判监督民事裁定书》（最高人民法院〔2017〕最高法民申 1240 号）

判决书摘录：本院认为，计算和认定涉案合同未履行部分预期利益损失时，应当充分考虑未来市场风险以及鉴定评估报告的依据是否全面等因素作出综合评判，本案中法院最终综合评估机构报告后酌定预期利益损失金额。

相关案例二：《湖北某建设集团有限公司、某部队建设工程施工合同纠纷再审审查与审判监督民事裁定书》（最高人民法院〔2017〕最高法民申 829 号）

判决书摘录：本院认为，由于双方当事人未签订书面合同，一审法院参考某公司投标书确定案涉工程利润为 503551.08 元并无不妥。《中华人民共和国合同法》第一百一十三条规定，当事人一方不履行合同义务或者履行合同义务不符合约定，给对方造成损失的，损失赔偿额应当相当于因违约所造成的损失，包括合同履行后可以获得的利益，但不得超过违反合同一方订立合同时预见到或者应当预见到的因违反合同可能造成的损失。根据上述法律规定，该利益损失属于合同当事人能够预见的合理损失，应当予以赔偿。二审法院除一审已支持的 50355.10 元外，又将可得利益赔偿数额增加到 453195.98 元。一审法院根据某公司已完成的工程造价数额、可确定的实际损失数额，按照银行同期贷款利率标准计算合理的资金损失并无不妥。

问题 64：建设工程价款优先受偿“应付之日”如何确定?

有关规定

《最高人民法院关于审理建设工程施工合同纠纷案件适用法律问题的解释（一）》

第四十一条　承包人应当在合理期限内行使建设工程价款优先受偿权，但最长不得超过 18 个月，自发包人应当给付建设工程价款之日起算。

实务提醒

一、关于建设工程价款优先受偿权制度的演变

2002 年 6 月 27 日施行的《最高人民法院关于建设工程价款优先受偿权问题的批复》正式确立了建设工程价款优先受偿权制度。该批复第四条规定：“建设工程承包人行使优先权的期限为 6 个月，自建设工程竣工之日或者建设工程合同约定的竣工之日起计算。”2019 年 2 月 1 日起施行的《最高人民法院关于审理建设工程施工合同纠纷案件适用法律问题的解释（二）》（以下简称“原司法解释二”）第二十二条规定：“承包人行使建设工程价款优先受偿权的期限为六个月，自发包人应当给付建设工程价款之日起算。”2021 年 1 月 1 日起施行的《最高人民法院关于审理建设工程施工合同纠纷案件适用法律问题的解释（一）》（以下简称“新司法解释一”）第四十一条规定：“承包人应当在合理期限内行使建设工程价款优先受偿权，但最长不得超过 18 个月，自发包人应当给付建设工程价款之日起算。”通过以上规定可以看出，承包人行使建设工程价款优先受偿权的起算时间由开始确立的“建设工程竣工之日”调整为“建设工程价款应付之日”。

二、关于建设工程价款优先受偿权制度的修改原因

自 2019 年原司法解释二将建设工程价款优先受偿权的起算之日从“竣工之日”改为“应付之日”的那一天起，引发的质疑和争议就未曾停歇。最高人民法院之所以进行修改，解释是：“因建设工程结算周期较长，流程复杂，在工程竣工后六个月期限内，承、发包双方很难达成结算。若依《工程价款优先受偿权批复》规定的以建设工程竣工之日或建设工程合同约定的竣工之日作为优先权行使期间的起算时间，则起算时间早于行使条件具备之日，此时承包人尚不知道发包人是否会拖欠工程款，甚至可能出现优先受偿权行使期限已经届满，而发包人的付款期限尚未届至的情形，显然不利于对承包人权益的保护，加之《中华人民共和国民法典》第八百零七条还规定，承包人在行使优先受偿权之前应予催告，为了保证不丧失工程款优先受偿权，承包人只能要求发包人将给付工程款的时间定在竣工之后不久，故有必要对行使优先受偿权的起算时间进行完善。”“此规定系参照担保物权将建设工程价款优先受偿权的行使时间确定为债权未获满足之时，发包人应该给付工程款而未给付之时，解决了优先受偿权起算点不明确、不妥当的问题。”

简而言之，最高人民法院对优先权批复进行修改的原因有两个：一是认为 6 个月时间太短，所以修改为 18 个月（当然，承包人应该在合理的时间内积极去行使权利，18 个月是最长不得超过的时间）；二是认为“竣工之日”起算点不妥当、不明确，应改为“应付之日”。

三、如何正确理解“竣工之日”与“应付之日”

针对最高人民法院的上述解释，有两种观点：一是“竣工之日”是一个非常明确的起算点，不存在“不明确”的理解；倒是“应付之日”的规定将起算点变成了变幻不定、难以确定的时间点，特别是承、发包双方另外通过“结算协议”或“付款协议”将工程款的付款时间另外约定的情形下，更让“应付时间”变得难以把握。二是如果说 6 个月的期限太短，那不是起算时间点的问题，完全可以通过延长期限的时间予以解决。

编者认为，建设工程是复杂的，实践中应结合具体情况根据不同的情形去理解和把握，有的情形“应付之日”即为文义所体现的“应付之日”，有的情形“交付之日”为“应付之日”，有的情形“竣工之日”就是“应付之日”……具体来说，可以根据不同的情况，将以下 7 种情形作为“应付之日”。

1. 如约履行《施工合同》，以合同中约定的“付款之日”为“应付之日”。

这是最理想的情形，工程依照《施工合同》如约履行，工程竣工验收交付，对于工程款的支付也没有另外的“付款协议”约定，工程款应当按照《施工合同》中约定的时间进行支付。这种情形下，《施工合同》中约定的“付款之日”则为“应付之日”，应作为建设工程价款优先受偿权行使期限的起算点，这种情形在实践中基本没有争议。

2. 合法有效的补充协议，以协议中约定的“付款之日”为“应付之日”。

如果在施工过程中或者竣工验收交付之后，承、发包双方对工程款的付款时间另外达成了“结算协议”或“付款协议”，而新的补充协议和原来的施工合同中约定的付款时间有所不同（有的是提前，有的是推迟，当然大部分情形是分期、分批支付的推迟，甚至有

可能存在承、发包双方恶意串通抵制银行等抵押权的情形)。在这种情况下，如何认定“应付之日”?

一种观点认为，约定的权利不能侵害他人的权利，承、发包双方任意延长付款时间会对发包人的其他债权人产生不利影响，不应准许以牺牲发包人其他债权人利益的方式，任由承包人做出对付款期限的延迟或承、发包双方做出对付款期限的延迟约定。

另一种观点认为，承包人在未付工程款范围内享有建设工程优先受偿权，系为保护承包人对工程价款的实际受偿，本身就是对承包人的特殊保护，而且承、发包人对工程款的分期、分批付款，以及提前或延迟付款的约定协议，本身既不违法又有效。

《最高人民法院新建设工程施工合同司法解释（一）理解与适用》中提到：“承、发包人在施工合同之外，另行签订的关于付款的协议，实际上系对施工合同的工程款数额，以及支付时间进行了变更，除了属于《中华人民共和国民法典》规定的合同无效的情形外，应当认定有效，应付款之日即以另行约定的日期为准。但是为了避免发包人与承包人恶意串通，损害银行等其他债权人利益，人民法院应该主动审查承、发包人的主观意愿，以及是否存在损害第三人利益的情形，如果确实是乙方原因，导致付款条件不能成就，双方协商一致另行确定了付款时间，不存在恶意损害第三人利益的情形，应认定对付款时间的约定有效，优先受偿权的行使的起算时间以协议确定的付款时间为准。反之，承、发包人恶意串通，目的是拖延银行抵押权的行使或损害第三人利益，则应以原合同约定的付款日期作为应付工程款之日，即行使建设工程优先受偿权的起算时间。[1]”

简而言之，新协议如果不存在无效的情况，则以新协议约定的付款时间为“应付之日”，即优先受偿权行使期限的起算点。

3. 没有约定付款时间的交付，以工程“交付之日”为“应付之日”。

建设工程的实际情况一般比较复杂。如果原《施工合同》没有约定付款时间，承、发包人也没达成新的付款协议，如何确定“应付之日”呢？这种情况下，工程已经交付，此时发包人已实际占有并控制了建设工程，可以行使占有、使用、收益、处分的权利，承包人可以、也应当向发包人主张欠付工程款并行使优先受偿权。所以，应当以工程“交付之日”作为工程款“应付之日”，即作为优先受偿权行使期限的起算点。

4. 拒不审核的结算申请，以约定的“审核完毕到期之日”为“应付之日”。

如果双方在施工合同或补充协议中约定付款时间，应该以约定的时间为应付之日。例如：“甲方收到乙方竣工结算书之日起 30 天内完成工程决算审核，如甲方在 45 个日历天内仍未审核完毕，甲方应按乙方上报的工程结算价款为准付给乙方。”按照上述约定，如果在发包人未按时审核的情况下，承包人不仅能够据此确定工程款数额，而且其提交工程结算资料 45 个日历天后即获得主张工程价款的权利。也即在发包人未按时审核的情况下，该条不仅能够确定工程款的结算数额，也可据此确定应付工程款时间（见相关案例）。

---

[1] 最高人民法院民事审判第一庭.《最高人民法院新建设工程施工合同司法解释（一）理解与适用》.北京：人民法院出版社，2021.

5. 好聚好散的解除，以合同约定的“解除之日”为“应付之日”。

实际工程中，工程因为发包人的原因或者承包人的原因或者双方的原因导致中途解除合同或合同终止履行。这种情况下，如果承、发包人对工程的后续处理及已完工程款的结算或支付达成“结算协议”或“付款协议”，则应当以协议中约定的“付款时间”为“应付之日”，作为优先受偿权的起算点；如果承、发包人仅仅达成解除合同协议，而未对工程款支付达成协议，则应当以合同“解除之日”为“应付之日”，作为优先受偿权的起算点。

6. 一言不合的起诉，以“起诉之日”为“应付之日”。

实际工程中，工程因为发包人的原因或者承包人的原因或者双方共同的原因导致合同无法履行，处于终止状态。承、发包人没有达成合同解除或终止协议，承包人一方提起诉讼。这种情况下，应当以“起诉之日”为“应付之日”，即优先受偿权的起算之日。承包人起诉发包人要求支付工程款时，可以、也应当、一般也会同时请求法院确认其对工程享有优先受偿权，以“起诉之日”作为“应付之日”计算优先受偿权起算点，也有助于提高司法效率。

7. 不管不问的终止，以“实际终止履行”为“应付之日”。

在复杂多样的建设工程中，还存在承包商擅自放弃工程的情况。多数情况下，由于承包人的原因（如继续做会巨亏、已完成的工程存在重大质量问题且返工成本巨大、无能力继续施工等），导致工程停工。这时，承包人可能会终止履行合同，一走了之，对后续如何处理不管不问。在这种情况下，如果不合理地确定优先受偿权的起算时间，则不仅对发包人不公平，也对发包人的其他债权方不公平。笔者认为，在这种情况下应该以“实际终止履行”为“应付之日”，并作为优先受偿权的起算点，或者发包人可以行使合同解除权，以“合同解除之日”作为“应付之日”，即优先受偿权的起算点。

◆ 相关案例 ◆

《中国化学工程某建设有限公司、兖矿鲁南某建设工程价款优先受偿权纠纷再审审查与审判监督民事裁定书》（最高人民法院〔2021〕最高法民申 330 号）

判决书摘录：本案的核心问题在于如何确定“应当给付建设工程价款之日”。双方签订的补充协议书约定，甲方（某化肥厂）收到乙方（某公司）竣工结算书之日起 30 天内完成工程决算审核，如甲方在 45 个日历天内仍未审核完毕，甲方应按乙方上报的工程结算价款为准付给乙方。根据已经查明的事实，某公司于 2016 年 3 月即向某化肥厂报送结算材料。按照上述补充协议约定，在某化肥厂未按时审核的情况下，某公司不仅能够据此确定工程款数额，在其提交工程结算资料 45 个日历天后即获得主张工程价款的权利。也即，在某化肥厂未按时审核的情况下，该条不仅能够确定工程款的结算数额，也可据此确定应付工程款时间。某公司 2019 年 3 月 25 日向某化肥厂管理人申报债权并主张建设工程价款优先受偿权，已远超六个月期间。

问题 65：债权受让人是否享有工程价款优先受偿权？

有关规定

《中华人民共和国民法典》

第五百四十七条　债权人转让债权的，受让人取得与债权有关的从权利，但是该从权利专属于债权人自身的除外。

受让人取得从权利不因该从权利未办理转移登记手续或者未转移占有而受到影响。

第八百零七条　发包人未按照约定支付价款的，承包人可以催告发包人在合理期限内支付价款。发包人逾期不支付的，除根据建设工程的性质不宜折价、拍卖外，承包人可以与发包人协议将该工程折价，也可以请求人民法院将该工程依法拍卖。建设工程的价款就该工程折价或者拍卖的价款优先受偿。

实务提醒

一、关于债权受让人是否享有工程价款优先受偿权的争议

司法实践中，关于债权受让人是否可以主张工程价款优先受偿权，一直没有定论，在最高院的司法解释中，一直回避了这一问题。

在《最高人民法院新建设工程施工合同司法解释（一）理解与适用》中，最高院认为："有意见基于工程价款优先受偿权系从权利且认可受让人享有优先受偿权有利于承包人债权的实现，认为工程价款债权受让人应当享有优先受偿权。然而，工程价款优先受偿权制度的目的是保护建筑工人的劳动报酬，承包人转让工程价款债权获得相应对价后，则建筑工人的劳动报酬已经实现，而受让人并不涉及劳动报酬问题。"

二、债权受让人宜认为其享有工程价款优先受偿权

1. 从理论基础而言。建设工程价款优先受偿权的性质，目前主流观点是以最高院为代表的法定优先权说，但无论采用哪一种学说，都不能否定建设工程价款优先受偿权属于担保物权这一本质属性，"法定优先权具有担保属性，具有一定的追及效力"[1]。

《中华人民共和国民法典》第五百四十七条规定："债权人转让债权的，受让人取得与债权有关的从权利，但是该从权利专属于债权人自身的除外。受让人取得从权利不因该从权利未办理转移登记手续或者未转移占有而受到影响。"建设工程价款优先受偿权既然属

[1] 最高人民法院民事审判第一庭．《最高人民法院新建设工程施工合同司法解释（一）理解与适用》．北京：人民法院出版社，2021.

于担保物权，在债权转让情况下，当然作为债权的从权利一并转让。

优先受偿权并非专属于债权人自身的权利。所谓专属于自身的权利，从上述规定而言，基本上是基于婚姻、家庭、继承或劳动者等特殊的身份关系而产生，而建设工程价款优先受偿权虽然一直强调对劳动者劳动报酬的保护，但毕竟其本身是基于工程价款债权而发生，无论如何也不能与劳动报酬混为一谈。

2. 从价值判断而言。否定债权受让人享有工程价款优先受偿权的理由主要在于，受让人无劳动者报酬保护的需要，以及承包人通过债权转让获得对价已经实现了工程款债权，因此无须保护。编者认为，债权受让人是否需要保护，可以将债权受让人分为实际施工人和非实际施工人两个方面进行考虑。如果债权受让人是工程的实际施工人，保障工程款优先受偿权是为了保障劳动者的工作报酬，转包人、违法分包人、被挂靠人等本身没有任何的实际投入，因此根本不具有需要保护的基础权利；而实际施工人进行了包括人工成本在内的实际投入，如果反而没有优先受偿权，似乎并不符合设立工程价款优先受偿权的立法目的。

如果债权受让人是非实际施工人，这有利于承包人能够以更加合理的价格获取转让对价，从而更有可能保护劳动者的劳动报酬。

不支持受让人享有工程价款优先受偿权的一个理由是，承包人已经通过出让债权获得对价，劳动者报酬已经得到保障，因此无须保护。编者认为一个附着了工程价款优先受偿权的工程款债权，可能会以接近债权金额的对价转让；而一个确定没有附着工程价款优先受偿权的工程款债权，可能在市场上一文不值，没有任何人愿意为此付出对价。从这个意义上来说，如果不承认债权受让人可以享有工程价款优先受偿权，其后果就是，无人愿意接手该债权并为此付出对价，或者只愿意支付一个非常低的对价，由此将导致承包人更加难以将债权变现，进一步将使得劳动者的报酬更加难以保障。

◆ 相关案例 ◆

相关案例一：《宁波某液压科技有限公司、宁波某建设集团有限公司某分公司某工程合同纠纷二审民事判决书》(浙江省宁波市中级人民法院〔2019〕浙02民终1094号)

判决书摘录：关于争议焦点一，《中华人民共和国合同法》第七十九条规定，债权人可以将合同的权利全部或者部分转让给第三人，但根据合同性质不得转让、按照当事人约定不得转让或者依照法律规定不得转让的除外。本案中争议的建设工程价款优先受偿权转让不属于债权转让的除外情形，宁波某液压科技有限公司主张某建设公司的工程价款优先受偿权不得转让，与法不符。某建设公司将其施工合同项下工程款债权转让给陈某，工程价款优先受偿权随之转让给陈某。

相关案例二：《陈某诉某安防科技有限责任公司破产债权确认纠纷案》(安徽省滁州市中级人民法院〔2020〕皖11民终3630号)

裁判要旨：发包人进入破产清算程序，农民工通过债权转让方式从承包人处受让的对发包人的债权，系建设工程价款中的农民工工资，应当享有优先受偿权，该权利优于抵押权和其他债权进行清偿。

判决书摘录：关于案涉债权是否符合优先受偿条件的问题。本案中，某安防公司已进入破产清算程序，陈某对某安防公司享有的债权22800元，其性质属于建设工程价款中的农民工工资，应当具有优先受偿权。主要从以下几个方面分析：

第一，《中华人民共和国合同法》第二百八十六条规定："发包人未按照约定支付价款的，承包人可以催告发包人在合理期限内支付价款。发包人逾期不支付的，除按照建设工程的性质不宜折价、拍卖的以外，承包人可以与发包人协议将该工程折价，也可以申请人民法院将该工程依法拍卖。建设工程的价款就该工程折价或者拍卖的价款优先受偿。"该条规定也是为了保护农民工的合法权益而作出的规定。本案所涉价款为依建设工程合同所应付的价款，即发包人依建设工程合同约定应支付给承包人的承包费，包括承包人为建设工程应当支付的工人工资、材料款等实际支出的费用。而案涉陈某款项属于建设工程价款中的农民工工资，应当优先受偿。

第二，《中华人民共和国企业破产法》第一百一十三条第一款第一项规定："破产财产在优先清偿破产费用和共益债务后，依照下列顺序清偿，破产人所欠职工的工资和医疗、伤残补助、抚恤费用，所欠的应当划入职工个人账户的基本养老保险、基本医疗保险费用，以及法律、行政法规规定应当支付给职工的补偿金。"从上述规定可知，公司进入破产、清算程序，相对普通债权而言，职工工资应优先支付，而作为弱势群体的农民工工资理应更需获得保护。

第三，《保障农民工工资支付条例》第三条第一款规定，农民工有按时足额获得工资的权利。任何单位和个人不得拖欠农民工工资。该条例第二十九条第一款、第二款规定，建设单位应当按照合同约定及时拨付工程款，并将人工费用及时足额拨付至农民工工资专用账户，加强对施工总承包单位按时足额支付农民工工资的监督。因建设单位未按照合同约定及时拨付工程款导致农民工工资拖欠的，建设单位应当以未结清的工程款为限先行垫付被拖欠的农民工工资。《最高人民法院关于进一步加强拖欠农民工工资案件审判执行工作的通知》《最高人民法院关于做好当前涉及农民工工资案件执行工作的通知》等，均对拖欠农民工工资纠纷案件审执工作作出明确要求，切实根治拖欠农民工工资问题，是践行以人民为中心发展思想的重要举措，事关广大农民工切身利益，事关社会的公平正义和和谐稳定。

问题66：工程总承包模式下，勘察、设计、设备购置费是否属于工程价款优先受偿范围？

一、《最高人民法院关于审理建设工程施工合同纠纷案件适用法律问题的解释（一）》

第四十条　承包人建设工程价款优先受偿的范围依照国务院有关行政主管部门关于建设工程价款范围的规定确定。

承包人就逾期支付建设工程价款的利息、违约金、损害赔偿金等主张优先受偿的，人民法院不予支持。

二、《建筑安装工程费用项目组成》（建标〔2013〕44号文件）

附件一　建筑安装工程费用项目组成（按费用构成要素划分）

建筑安装工程费按照费用构成要素划分：由人工费、材料（包含工程设备）费、施工机具使用费、企业管理费、利润、规费和税金组成。其中人工费、材料费、施工机具使用费、企业管理费和利润包含在分部分项工程费、措施项目费、其他项目费中。

◆ 实务提醒 ◆

一、工程总承包模式下，最大的争议是工程总承包合同中设计费、设备购置费是否属于建设工程价款优先受偿范围。笔者认为，工程总承包合同中设计费、设备购置费应当属于建设工程价款优先受偿范围

1. 从工程总承包的特点来看。在工程总承包特别是典型的工程总承包 EPC 模式下，工程勘察、设计、采购、施工是一个相互交叉、紧密联系的整体，设计工作贯穿于施工的全生命周期，很难完全区分设计费和施工工程款。设计费是承包人实际支出的费用，在确认工程总承包的优先受偿权时，不应从合同价款中将设计费和材料费剥离。

2. 从工程优先受偿权的范围来看。《最高人民法院关于审理建设工程施工合同纠纷案件适用法律问题的解释（一）》第四十条规定："承包人建设工程价款优先受偿的范围依照国务院有关行政主管部门关于建设工程价款范围的规定确定。承包人就逾期支付建设工程价款的利息、违约金、损害赔偿金等主张优先受偿的，人民法院不予支持。"从该条规定可以看出，建设工程优先受偿权的范围包括人工费、材料费。只要不是工程款的利息、违约金、损害赔偿金，都属于工程优先受偿权的范围。

3. 住房和城乡建设部、财政部印发的《建筑安装工程费用项目组成》将建筑安装工程费用按构成要素划分为"人工费、材料费、施工机具使用费、企业管理费、利润、规费和税金"。

与建筑安装工程类似，工程总承包人在设备购置、安装、调试中投入的人力、物力最终也物化成了建设工程实体，工程总承包人的设备购置费依法应享有建设工程价款优先受偿权。

4. 从实务操作来看。实务中存在大量的工程总承包合同，只有一个固定总价，甚至都没有对总价进行拆分。发、承包双方在过程结算中难以准确确定设计费用，因此如果将勘察与设计费用排除在优先受偿权范围之外，在实践中也无法或很难操作。

二、工程总承包合同的效力不影响优先受偿权的行使。

◆ 相关案例 ◆

《某光大光伏农业发展有限公司、某电力建设第三工程公司建设工程施工合同纠纷二

审民事判决书》（最高人民法院〔2017〕最高法民终894号）

判决书摘录：关于电建公司主张光大公司支付工程款106087757.64元及利息的依据问题。双方光伏发电工程承包合同约定工程价款为86683587.64元，其中设计费1400000元和咨询费2619000元为最高暂定价格，结算以实际发生不超过最高限价为准，其他费用82664587.64元为固定总价。电建公司与第三方签订的设计合同总价为248万元，超过了双方合同约定的最高限价，应以最高限价140万元支付设计费。电建公司与第三方签订的咨询服务合同总价为997380元，没有超过双方合同约定最高限价，应以实际发生费用997380元支付咨询费，电建公司主张按照最高限价2619000元支付咨询费无合同依据，对其相应请求不予支持。双方约定增加部分电池板支架采购及安装工程，合同约定固定价6839000元，电建公司已经完成，光大公司应予支付。因此，光大公司应支付电建公司10MWP光伏发电项目工程价款为82664587.64元＋1400000元＋997380元＋6839000元＝91900967.64元。双方线路工程承包合同约定工程价款为12565170元，光大公司应支付电建公司66kV线路工程价款为12565170元。综上所述，光大公司应支付电建公司工程价款为91900967.64元＋12565170元＝104466137.64元。

关于电建公司主张对涉案工程享有优先受偿权的依据问题。依据《中华人民共和国合同法》第二百八十六条规定：发包人未按照约定支付价款的，承包人可以催告发包人在合理期限内支付价款。发包人逾期不支付的，除按照建设工程的性质不宜折价、拍卖的以外，承包人可以与发包人协议将该工程折价，也可以申请人民法院将该工程依法拍卖，建设工程的价款就该工程折价或者拍卖的价款优先受偿。电建公司作为涉案工程承包人，主张对涉案工程享有优先受偿权的请求符合上述规定，应当予以支持。

判决结果：（一）确认《光大公司一期10MWP设施农业光伏发电示范项目EPC总承包合同》《光大公司66KV线路工程EPC总承包合同》无效；（二）光大公司于判决生效后三十日内支付电建公司工程款104466137.64元及利息（按照中国人民银行同期贷款利率计算，从2016年12月6日起至实际付清之日止）；（三）电建公司对光大公司10MWP设施农业光伏发电示范项目工程、66kV线路工程享有优先受偿权。

问题67：如何判断重复起诉（以工程款为例）？

有关规定

《最高人民法院关于适用〈中华人民共和国民事诉讼法〉的解释》

第二百四十七条　当事人就已经提起诉讼的事项在诉讼过程中或者裁判生效后再次起诉，同时符合下列条件的，构成重复起诉：

（一）后诉与前诉的当事人相同；

（二）后诉与前诉的诉讼标的相同；

（三）后诉与前诉的诉讼请求相同，或者后诉的诉讼请求实质上否定前诉裁判结果。

当事人重复起诉的，裁定不予受理；已经受理的，裁定驳回起诉，但法律、司法解释另有规定的除外。

第二百四十八条　裁判发生法律效力后，发生新的事实，当事人再次提起诉讼的，人民法院应当依法受理。

实务提醒

一、关于重复起诉的构成要件

根据《最高人民法院关于适用〈中华人民共和国民事诉讼法〉的解释》第二百四十七条的规定可以看出，重复起诉的构成要件是三个相同，即当事人相同、诉讼标的相同、诉讼请求相同。而对于什么是相同的诉讼请求，这个看似简单的问题，在实务中却产生了很大的争议。比如，对于下面的三个相关案例存在完全相反的两种观点。编者倾向于同意第二种观点，理由如下：

1. 如何理解“诉讼请求”

对于给付之诉而言，诉讼请求至少包括两项要素，即请求给付什么内容和请求多少数额。请求给付什么内容，比如支付工程款、偿还借款等；请求给付多少数额，比如支付工程款 2000 万元、偿还借款 300 万元等。

2. 如何判断“诉讼请求是否相同”

判断诉讼请求是否相同，理所当然要考察诉讼请求的两个要素，其根本和重点应当是考察给付内容是否相同，而不重点考察请求数额，否则随便变换一下数额，就不构成重复起诉也是不符合立法本意的。

3. 结合法律规定来看

《最高人民法院关于适用〈中华人民共和国民事诉讼法〉的解释》第二百四十八条中规定：裁判发生法律效力后，发生新的事实，当事人再次提起诉讼的，人民法院应当依法受理。从上述规定来看，裁判发生法律效力之后，如果只有发生新的事实，当事人是不能再次起诉的，这里“新的事实”应为生效判决发生法律效力后发生的事实，而案例三中乙提供的《鉴定报告》虽然形成于前诉裁判生效之后，但其性质仅是对工程造价事实进行的技术认定，属于新的证据，而不是“新的事实”。

4. 从权利放弃后不得再次行使的角度来看

如果工程造价不明确，原告可以在前者诉讼的过程中申请司法鉴定。如果不申请，则视为放弃自己的权利。权利放弃后，则不能再次行使。变更或增加诉讼请求属于当事人行使处分权之范畴。处分权包含当事人变更或放弃自己的诉讼请求，承认或反驳对方的诉讼请求、自行和解与调解等。原告因自己的原因，在前者诉讼中，在法律已给予其行使权利的过程中，不予行使或行使不足，当然自己应当承担对自己不利的法律后果。

相关案例二中，原告提出了司法鉴定，司法鉴定的结果是工程造价超出了自己的诉讼请求，这个时候应该及时主张自己的权利，积极行使变更或增加诉讼请求的权利。在诉讼中不行使变更增加诉讼请求的权利，则视为放弃，不得再次行使，即不能再次提请诉讼。

二、关于“重复诉讼”与诉讼请求之“细分”和“拆分”

判决是否工程重复起诉，还要考察诉讼请求是否可以细分或者能否可以继续拆分。以工程款诉讼为例，工程款又可以细分为工程进度款、竣工结算款、质量质保金、合同范围内工程款、设计变更或签证索赔引起的工程款，与工程款有关的又有工程款利息、迟付工程款违约金、工期损失等，那么这些是否可以部分诉讼呢？答案是当然可以。这些细分之后的工程款，虽然同样属于工程款之序列，但是又可以独立存在，具有单独可诉讼的必要和可能。比如：工程未完成之前或工程款没有审计结束、没有结算之前，承包人可以就进度款单独提起诉讼，对其余的工程款再提起诉讼则不能视为重复诉讼。在工程款审计结果完成或结算协议达成之后，发包人不付或迟付工程款，承包人可以就总工程款提起诉讼，而不应该仅对部分工程款提前诉讼，但是可以就与工程有关的其他违约金、损失等再次提前诉讼而不算重复起诉。

编者认为重复诉讼中的诉讼请求应该指的是不可再细分、不能再拆分、不宜再拆分的最小的请求项，比如工程款中的同一进度项下的进度款、欠付工程款的利息、迟付工程款的违约金、工期延误的损失等则不能再继续细分、拆分，否则构成重复起诉。

三、关于部分请求与拆分请求

对于什么是部分请求，什么是拆分请求，一直以来理论界缺乏研究，实务中理解不一。笔者认为“不可再细分、不能拆分、不宜拆分的最小的请求项，比如工程款中的同一进度项下的进度款、欠付工程款的利息、迟付工程款的违约金、工期延误的损失等”属于不能拆分的请求。比如，工程已经竣工，达成结算协议，欠付工程款 1000 万元。对于这欠付的 1000 万元工程款，如果没有约定分期支付的前提下，则不宜拆分成“部分请求”，比如第一次起诉 300 万元，过一段时间再起诉 500 万，过一段时间再起诉 200 万元。但是对于欠付的工程款利息，如果在前者之诉讼中没有提起，则可以拆分成“部分请求”另行提起诉讼而不构成重复之诉。

◆ 相关案例 ◆

相关案例一：某项工程竣工后，经过发包人甲与承包人乙双方结算，甲尚欠乙工程款 3000 万元，双方达成结算协议，但甲未履行，乙诉至法院，起诉要求甲支付工程款 2000 万元，判决乙胜诉。一年后，乙再次提起诉讼要求支付工程款 1000 万元。

相关案例二：某项工程竣工后，发包人甲拖延结算，承包人乙起诉到法院，要求甲支付工程款 2000 万元，法院委托司法鉴定的结果是工程款 3000 万元。乙没有提出变更诉讼申请。法院判决甲支付工程款 2000 万元。一年后，乙再次提起诉讼，要求甲支付工程款 1000 万元。

相关案例三：某项工程竣工后，发包人甲拖延结算，承包人乙起诉到法院，要求甲支付工程款2000万元，法院以证据不足为由驳回了乙的诉讼请求。随后，乙委托造价机构进行鉴定，然后又以新取得证据《鉴定报告》为由，再次起诉至法院，继续要求甲支付工程款。

对于以上三个案件是否构成重复诉讼，产生了两种截然不同的观点：第一种观点认为，不构成重复起诉。理由：两次起诉的诉讼请求不一样，前者诉讼要求支付工程款2000万元，后者诉讼要求支付工程款1000万元。2000万元工程款和1000万元工程款是不同的，也不属于包含和被包含的关系，后者之诉无论是否得到支持，也不会出现对前者裁判结果的否定，所以不构成重复起诉。第二种观点认为，构成重复起诉。理由：两次诉讼虽然数额不同，但是诉讼请求都是工程款。如果允许当事人对诉讼请求进行拆分，那么当事人可以将3000万元的工程款拆分成3000次，每次起诉一元钱，这样将会带来当事人恶意诉讼的严重后果。

问题68：哪些情况可以作出先行判决和先行裁决？

有关规定

《中华人民共和国民事诉讼法》

第一百五十三条　人民法院审理案件，其中一部分事实已经清楚，可以就该部分先行判决。

《中华人民共和国仲裁法》

第五十五条　仲裁庭仲裁纠纷时，其中一部分事实已经清楚，可以就该部分先行裁决。

实务提醒

一般情况下，人民法院或仲裁庭审理案件时，一个案件仅需制作一份判决书或裁决书即可，即无论原告或申请人有多个或单个诉讼或仲裁请求，都要等全部案情查清之后作出判决或裁决。但是在特殊情况下，特别是在素以“法律关系复杂、审理期限漫长”而著称的建设工程领域纠纷中，可能同时涉及造价、工期、质量等专业技术问题，为了让当事人的合法权益从漫长的诉讼过程中得以有效保护，更加需要对部分已经查清的事实和诉讼请求或仲裁请求作出先予判决或先予裁决。

一、先行判决制度和先行裁决制度

1.《中华人民共和国民事诉讼法》第一百五十三条规定，人民法院审理案件，其中一部分事实已经清楚，可以就该部分先行判决。所谓先行判决，又称部分判决，是相对于全部判决而言的，是人民法院在审理民事案件的过程中，对已经查清的部分事实和部分请求作出的判决。所谓全部判决，又称一次（性）判决，是人民法院对于民事案件，经过审理对案件涉及的全部事实和全部请求进行全面的一次性处理而作出的判决。

2. 先行裁决制度。《中华人民共和国仲裁法》第五十五条规定："仲裁庭仲裁纠纷时，其中一部分事实已经清楚，可以就该部分先行裁决。"部分仲裁委员会仲裁规则也规定了先予裁决规则。与民事诉讼相比，仲裁强调"一裁终决"，也就意味着先行裁决作出后便等同于最终裁决，具有强制执行效力。

二、先行判决和先行裁决的意义

1. 提高审判和仲裁效率。先行判决或先先行裁决是针对已经审理清楚的问题进行判决或裁决，可以加快审理或仲裁的脚步，提高审判或仲裁效率，为经济发展、社会公正公平提供更加完善的制度保障。

2. 更好地保护当事人的权益先行判决或先行裁决的作出，也是法院或仲裁庭出于更及时地保护当事人的合法权益而对已经查明的部分法律或事实问题的先行处理，最终就是为了实现当事人利益的最大化。

三、先行判决或先予仲裁的特性

1. 关联性。先行判决或先行裁决的事实和请求，与整个案件相关联，涉及的是整个案件的一部分事实和一部分判决，与案件的整体具有必然的关联性。

2. 独立性。先行判决的独立性包括三个方面：一是事实和请求的独立性，即先予判决或先予裁决所涉及的事实和请求必须在案件的全部事实和全部请求中具有独立性；二是效力的独立性，即先行判决或先行裁决作出后，不影响对案件其他部分的审理与判决或裁决。三是程序的独立性，即先行判决或裁决是独立的，不是其后判决或裁决以及整体判决或裁决的附属物和组成部分。如果是依法可以上诉的判决，其上诉的期限也应单独计算。

3. 例外和补充性。先行判决或先行裁决相对于全部判决或裁决，只是判决或裁决方式的一种例外和补充，大部分案件还是一次性全部判决或裁决。

四、先行判决或先行裁决的事项范围以及实务中需要注意的问题

1. 合同的效力或解除。建设工程领域，特别是工程项目在建过程中，承、发包双方发生纠纷，或是为了索要工程款，或是因为报价过低而不想继续履行合同，或是出于其他目的，工程停工，但是承包人却占据施工场地拒不退出，发包人提出解除合同，承包人提出支付工程款。而对于涉案工程款又需要进行司法鉴定。这种情况下，如果等整个案件审理完毕作出判决，可能会需要相当长的时间，工程一直处于停工状态，会给发包人造成巨大的经济损失。此时，为了不影响工程建设，减少发包人损失，可以就当事人诉讼请求中有关合同解除及施工人撤场的部分进行先行判决或先行裁决。这种情况下，作出先行判决或先行裁决需要注意的是，固定已完工程的进度状态以及相关资料，以防止在鉴定过程中和审理过程中无法确定已完工程而影响工程价款的确定。

2. 确定及无争议的工程款。"结算周期长，回款速度慢"是工程领域普遍存在的问

题。受新冠肺炎疫情、拉闸限电、材料大涨等因素的影响，“地主家的余粮”也愈发紧张，因拖欠工程款而产生的纠纷案件也日益增多。而建设工程施工合同纠纷案件漫长的审理过程又让急需“回款续命”的施工单位雪上加霜。在很多案件处理过程中，我们常听到这样的劝解或威胁：“早点退一步，早点能和解，早点收回款，大家各自相安；要不然一审、二审、发回重审、上诉、执行，一来二去，一年又一年，猴年马月才能见到钱。”此外，在建设工程施工合同纠纷中，承包人向发包人要求支付工程款，发包人往往以工程质量存在问题提出反诉，并同时要求对质量问题提出司法鉴定。这种情况下，案件的审理将会拖入漫长的程序中，工程款多涉及农民工的工资、材料款，如果不及时处理，可能对农民工的生活以及企业的正常生产经营造成重大影响。此时，可以对工程款中没有争议或可以确定的部分进行先行判决或先行裁决。在上述情况下，作出先行判决或先行裁决需要注意的是以解决急需困难为前提，防止判决或裁决执行后，对发包人的工程质量损失造成无法弥补的后果。

3. 竣工验收资料或备案手续。工程竣工验收及竣工验收备案手续的办理是国家对建设工程质量进行监督管理的重要制度。依据《建设工程质量管理条例》第十六条第二款、《房屋建筑和市政基础设施工程竣工验收备案管理办法》第五条的规定，竣工验收及办理工程竣工验收备案手续应当提交的文件中，部分文件需要施工单位签署或者提供，施工单位依法有配合义务，也只有承包人的配合才能完成。而在实践中，承包人往往以不支付工程款为由，拒不配合验收或拒不交付竣工验收资料。有的时候，工程量或工程款需要进行司法鉴定，整个案件需要长久的过程才能审理完毕，作出判决或裁决，而此时的发包人如果不尽快办理房产登记手续，则面临着购房户或其他商户不能按期交房，可能会造成巨大损失。这种情况下，就需要作出先行判决或先行裁决（见相关案例一）。

五、先行判决或先行裁决的程序问题

1. 一审法院可以作出先行判决，仲裁庭可以作出先行裁决。

2. 一审法院作出的先行判决，当事人对先行判决不服的可以单独向上级人民法院提出上诉。

3. 二审法院对先行判决的事项，可以部分维持，其余部分发回重审。对一审先行判决，当事人不服一审判决，可以上诉。二审法院根据情况可以改判，可以发回重审，也可以部分维持、部分发回重审（见相关案例二）。从该案例可以看出，一个案件同时出了一份判决和一份发回重审的裁定。

相关案例

相关案例一：最高人民法院（2015）民一终字第269号民事判决。

判决书摘录：本案昆仑公司应履行配合竣工验收备案义务的事实已经查清，可以先行判决。昆仑公司有关文越公司未按照施工合同约定支付工程款，有权不配合办理竣工验收备案手续的抗辩理由不能成立。本案中，竣工验收备案手续不能及时办理，已经影响到购房户办理产权证的权利。权衡各方利益，一审法院就此先行判决并无不当。若文越公司存在逾期支付工程款的违约行为，可以在本诉中解决。

相关案例二：最高人民法院〔2014〕民申字第643号判决书

判决书摘录：二审法院经审理，认定东方某公司拖欠浦东某公司工程款263.5683万元、其他款项70万元、垫资利息20万元，以及浦东某公司延误工期49天等事实后，先判决东方某公司支付浦东某公司333.5683万元（工程款263.5683万元+其他款项70万元）、约定利息20万元及其他款项70万元的利息，浦东某公司向东方某公司支付逾期竣工违约金29.4万元，再另行裁定撤销一审法院对万某的判项，发回重审，符合《中华人民共和国民事诉讼法》第一百五十三条、第一百七十条第一款第四项之规定。

相关案例三：最高人民法院〔2015〕民一终字第118号

判决书摘录：正岩公司称2013年1月31日后其又与通许县政府事实或口头成立了建设工程施工合同关系，但未提供证据加以证明，通许县政府否认其与正岩公司建立建设工程施工合同关系。因此，一审法院对正岩公司与通许县政府之间建立建设工程施工合同的法律关系不予确认。正岩公司已无滞留在案涉工程施工现场的法律依据。在一审法院已向正岩公司释明，告知正岩公司应自行撤场，而正岩公司表示不撤场的情况下，一审法院认为，八威公司申请正岩公司撤场的主张于法有据。

相关案例四：深圳中院（2017）粤03民特186号

判决书摘录：仲裁认为，该条款是双方当事人的真实意思表示，且不存在《中华人民共和国合同法》第五十二条所规定的导致合同无效的情形，为合法有效。鉴于该条款是否有效这个法律问题的明确是双方当事人依约提请政府审计部门审计的重要前提和依据，依照《中华人民共和国仲裁法》第五十五条、《仲裁规则》第六十条的规定，应接受某建筑公司申请作出先行裁决的请求，仲裁庭遂对此作出先行裁决。深圳中院认为：综合本案情形，仲裁庭应某建筑公司的申请，就该条款的效力，在审理清楚后作出先行裁决，不违反《中华人民共和国仲裁法》第五十五条及《仲裁规则》第六十条的规定，亦不影响仲裁案件的正确裁决。故对联合建业公司的撤销仲裁裁决的申请不予支持。

问题69：工程经竣工验收但工程款未确定，利息从何时开始计算？

有关规定

一、《最高人民法院关于审理建设工程施工合同纠纷案件适用法律问题的解释（一）》

第二十一条　当事人约定，发包人收到竣工结算文件后，在约定期限内不予答复，视为认可竣工结算文件的，按照约定处理。承包人请求按照竣工结算文件结算工程价款的，人民法院应予支持。

第二十七条　利息从应付工程价款之日开始计付。当事人对付款时间没有约定或者约定不明的，下列时间视为应付款时间：

（一）建设工程已实际交付的，为交付之日；

（二）建设工程没有交付的，为提交竣工结算文件之日；

（三）建设工程未交付，工程价款也未结算的，为当事人起诉之日。

二、《北京市高级人民法院关于审理建设工程施工合同纠纷案件若干疑难问题的解答》

第三十五条　发包人无正当理由拒绝结算工程款的，欠付工程款利息的起算点如何确定？发包人在施工合同约定的审核结算期限内无正当理由拒绝结算或故意拖延结算，在审核期限届满后也未支付工程款，承包人要求发包人从合同约定的审核结算期限届满的次日起计算欠付工程款利息的，可予支持，但合同另有约定的除外。

三、《江苏省高级人民法院关于审理建设工程施工合同纠纷案件若干问题的意见》

第十五条　发包人应及时审查承包人提交的工程竣工结算文件。发包人在合同约定的审核结算期限届满后，又以承包人提交的竣工结算文件不完整为由拒绝结算，承包人要求从合同约定的审核结算期限届满之日起计算工程价款利息的，人民法院应予支持。

实务提醒

一、建设工程合同纠纷案件中诉请的工程款通常数额巨大，拖欠时间较长，因此工程款利息的起算时间本应成为兵家必争之地。实务中经常看到，在工程早已竣工交付的情况下，因原告诉请的利息仅自“起诉之日”起，法院只能认定此为“当事人对自己权利的自由处分”，最终导致巨额利息损失未能主张。

二、《最高人民法院关于审理建设工程施工合同纠纷案件适用法律问题的解释（一）》第二十七条将利息视为工程款天然孳息，规定从应付工程价款之日即开始计付利息。该条规定对应付工程款之日区分为有约定和无约定两种情形。对有约定的情形，实务中可能还需要区分合同有效和无效两种，因为对于合同无效情形下工程款给付时间的约定是否可以参照无效合同适用的问题，在实务中也存在重大分歧。有观点就认为《中华人民共和国民法典》第七百九十三条只是规定：“可以参照合同关于工程价款的约定折价补偿”，并未规定可以参照合同中关于工程款给付时间的约定。

三、《最高人民法院关于审理建设工程施工合同纠纷案件适用法律问题的解释（一）》第二十七条规定的适用条件必须是缺乏一个有效的付款时间的约定。如果有约定就要按约定时间付款。只有在没有约定的情况下，才适用第二十七条列举的三种情形：已交付的从交付之日起付；未交付但已提交竣工结算文件的，从提交之日起付；未交付也未结算的，从起诉之日起付。三种情形在逻辑上具有先后顺序，只有前一种情形条件不满足时，才能适用于后一种情形。

第一种情形并未以工程经验收合格为付款节点，因此竣工验收之日并非工程款及利息起付之日。第一种情形事实上包含了未竣工但发包人已实际使用的情形。《最高人民法院新建设工程施工合同司法解释（一）理解与适用》对此解释为，是比照《中华人民共和国民法典》第六百二十八条买卖合同的有关规定：付款时间约定不明的，买受人应当在收到标的物时支付价款，所以发包人收到工程、获得利益时，也应同时支付工程款。

第二种情形是工程未交付，还由承包人掌控，但承包人已提交竣工结算文件的情形。《最高人民法院新建设工程施工合同司法解释（一）理解与适用》对此解释为敦促发包人尽快审核承包人提交的结算文件，避免发包人故意拖延。但是，如果是承包人自己拖延的，则只能按照第三种情形确定起付时间，即从起诉之日起付。

实践中分歧最大的莫过于工程已交付、工程款未确定情况下的利息起算问题。例如后附相关案例中，同样为已竣工交付的工程，法院即分别作出判决：从项目完成竣工验收的最后时间计算工程款利息；以鉴定机构出具鉴定意见之日起计算工程款利息；以起诉之日起计算工程款利息。之所以如此，是因为即便工程已竣工交付，工程款未结算也不一定都是发包方拖延所致。但是，无视工程已交付的事实，基于延迟结算理由作出判定，可能会导致法官自由裁量权的扩大，增加裁判的不确定性，故此种判决笔者认为并不值得嘉许。

四、基于以上分析可知，我们应尽量通过合同效力审查及付款时间约定的审查避免纷争。但即便是固定价格合同，事实上量价都不可能完全固定，都需要最终通过竣工结算才能确定工程款。因此竣工结算时间约定就显得尤为重要。实务中，对竣工结算时间，应注意必须通过专用条款或另行签订协议的方式约定，而且该约定必须明确具体，如“结算文件提交后，在约定时间内发包人不予审计的，视为认可结算资料”。出现约定不明或约定无法实现的情形，则应尽量通过补充协议或结算协议方式解决。基于以上裁判理由的考量，在协议内容上，不可忽视对背景、原因、目的的约定，这些内容可能成为判断结算延迟承担责任方的佐证。

相关案例

相关案例一：某市鸿基房地产开发有限公司、新八建设集团有限公司建设工程施工合同纠纷（最高院〔2020〕最高法民申 514 号）

判决摘录：关于利息起算点问题。2011 年《补充协议书》约定“整体工程全部结算（需审计部分完成后）支付至工程款总价款的 97%”，但对于何时完成工程结算并无明确约定。案涉工程实际竣工日为 2013 年 9 月 17 日，至今已长达六年之久。原审基于鸿基公司长期拖欠工程价款对于新八集团有失公允，认定从项目完成竣工验收的最后时间作为鸿基公司应给付新八集团工程款利息的起算点，并无不当。对鸿基公司再审申请关于应以判决生效时间作为利息起算点的主张不予支持。

相关案例二：中建某建筑工程有限公司建设工程施工合同纠纷（最高院〔2021〕最高法民申 4187 号）

判决摘录：关于工程款利息起算日期的问题。案涉工程已经竣工，但双方并未依约进行结算。根据案涉施工合同约定，工程竣工验收后再根据约定进行工程款结算及支付。本案中，中建某公司申请对工程进行造价鉴定，故案涉工程造价应当以鉴定机构的鉴定意见为依据。据此，原判决以鉴定机构出具鉴定意见之日起计算工程款利息，有事实和法律依据。

相关案例三：冯某某、重庆市某建设集团有限公司确认合同无效纠纷（贵州省铜仁市中级人民法院〔2018〕黔06民终137号）

判决摘录：根据《最高人民法院关于审理建设工程施工合同纠纷案件适用法律问题的解释》第十七条规定："当事人对欠付工程价款利息计付标准有约定的，按照约定处理；没有约定的，按照中国人民银行发布的同期同类贷款利率计算"，本案证据不能证明双方对欠付工程价款利息计付标准有约定，故对欠付工程款利息计付标准应按照中国人民银行发布的同期同类贷款利率计算。本案欠付工程款因双方未实际结算，参照《最高人民法院关于审理建设工程施工合同纠纷案件适用法律问题的解释》第十八条规定："利息从应付工程价款之日计付。当事人对付款实际没有约定或者约定不明的，下列时间视为应付款时间：（一）建设工程已实际交付的，为交付之日；（二）建设工程没有交付的，为提交竣工结算文件之日；（三）建设工程未交付，工程价款也未结算的，为当事人起诉之日。"结合本案案涉工程实际情况即工程已交付但未结算，双方当事人在本案中实际过错情况，以及平衡双方利益的原则，本院认定案涉工程款利息的起算点为一审法院立案之日，即从2016年9月13日开始计算本案欠付工程款利息。

问题70：承包人如何选择材料调差索赔路径？

有关规定

一、《最高人民法院关于适用〈中华人民共和国合同法〉若干问题的解释（二）》

第二十六条　合同成立以后客观情况发生了当事人在订立合同时无法预见的、非不可抗力造成的不属于商业风险的重大变化，继续履行合同对于一方当事人明显不公平或者不能实现合同目的，当事人请求人民法院变更或者解除合同的，人民法院应当根据公平原则，并结合案件的实际情况确定是否变更或者解除。

二、《最高人民法院关于当前形势下审理民商事合同纠纷案件若干问题的指导意见》（法发〔2009〕40号）

第一条第二款　情势变更是当事人在缔约时无法预见的非市场系统固有的风险。人民法院在判断某种重大客观变化是否属于情势变更时，应当注意衡量风险类型是否属于社会一般观念上的事先无法预见、风险程度是否远远超出正常人的合理预期、风险是否可以防范和控制、交易性质是否属于通常的"高风险高收益"范围等因素，并结合市场的具体情况，在个案中识别情势变更和商业风险。

三、《中华人民共和国民法典》

第五百三十三条　合同成立后，合同的基础条件发生了当事人在订立合同时无法预见的、不属于商业风险的重大变化，继续履行合同对于当事人一方明显不公平的，受不利影响的当事人可以与对方重新协商；在合理期限内协商不成的，当事人可以请求人民法院或者仲裁机构变更或者解除合同。人民法院或者仲裁机构应当结合案件的实际情况，根据公平原则变更或者解除合同。

第五百八十三条　当事人一方不履行合同义务或者履行合同义务不符合约定的，在履行义务或者采取补救措施后，对方还有其他损失的，应当赔偿损失。

第五百八十四条　当事人一方不履行合同义务或者履行合同义务不符合约定，造成对方损失的，损失赔偿额应当相当于因违约所造成的损失，包括合同履行后可以获得的利益；但是，不得超过违约一方订立合同时预见到或者应当预见到的因违约可能造成的损失。

实务提醒

一、援引“情势变更原则”、公平原则进行材料调差索赔

1. “情势变更原则”构成要件。①首要要件：发生了“情势变更”的事实；②时间要件：“情势变更”事实应发生在合同成立之后、合同义务履行完毕之前；③不可预见要件：当事人在订立合同时无法预见；④不可归责要件：非不可抗力造成的，不属于商业风险的重大变化，风险程度远远超出正常人的合理预期且不可防范和控制的；⑤核心要件：继续履行合同对于当事人一方明显不公平。

2. 适用“情势变更原则”，调整材料价差的诉讼困境。①证明非商业风险之难：对于承包人援引“情势变更原则”要求调整材料价差，司法案例中的争议焦点往往围绕在“材料价格上涨是否属于订立合同时不可预见情形”“材料价格上涨是否属于商业风险”等方面，除非存在材料价格上涨幅度过大导致承包人施工成本激增的情况，法院才会合理分配当事人双方的涨价风险。否则，法院会以材料上涨属于商业风险为由而不适用“情势变更原则”。②适用“情势变更原则”程序之难：为防止“情势变更原则”被滥用而影响市场正常交易秩序，适用“情势变更原则”的条件极为严格，需要“由高级人民法院审核，必要时应报请最高人民法院审核”，程序较为严苛。③适用地方政府规章调整材料价差之难：安徽省出台的《关于加强建筑工程材料价格风险控制的指导意见》（建市函〔2021〕507号）、《关于印发〈合肥市建设工程主要材料价差调整实施细则〉的通知》（合建〔2019〕7号文）、《关于加强建设工程材料价格风险管控的通知》（阜建标函〔2021〕25号文）等文件，系在“情势变更”语境下发布，旨在对建设工程材料价格进行调整，但上述文件并非法律、法规或司法解释，人民法院在裁判案件时是否可以直接适用，仍应从“情势变更”法律适用的司法规则来重新审查和认定。另外，上述指导意见严格限定调整范围，需满足工程范围和材料种类。

二、运用“违约损害赔偿规则”进行材料调差索赔

1. “违约损害赔偿规则”适用要点。①原因：发生当事人一方不履行合同义务或者履行合同义务不符合约定的情形；②后果：造成对方的损失。

2. 适用“违约损害赔偿规则”调整材料价差的诉讼困境。①发包人违约行为举证之难：首先，要证明发包人在工程项目运行中有导致工期延误的情况；其次，要证明因工期延误导致建筑材料上涨的事实；最后，合同中要有承包人工期索赔的程序约定，并保存了工期延误的证据材料。②合同限制性条款突破之难：依发包人缔结合同优势地位，一般会在《建设工程施工合同》专用条款中进行限制性约定，即“因发包人原因导致工期延误，发包人应同意工期相应顺延，但发包人不承担任何费用和损失。”尽管该约定与《中华人民共和国民法典》《新司法解释（一）》冲突，但《中华人民共和国民法典》《新司法解释（一）》相关规定并非是“效力性强制性规定”，且施工合同中免除发包人工期延误责任的限制性条款也不属于针对广泛性和不特定性对象的格式条款，故以约定无效为由突破该限制性条款存在一定的难度。③违约损失确定之难：依据《中华人民共和国民法典》第五百八十四条规定，损失赔偿额应当相当于因违约所造成的损失，包括合同履行后可以获得的利益；但是，不得超过违约一方订立合同时预见到或者应当预见到的因违约可能造成的损失。司法实践中，在固定总价合同情形下，申请司法鉴定和确定损失造价计算方式等都存在一定的难度。

三、两种索赔路径区别分析及建议

选择材料调差索赔路径，需考虑案件本身具体情况，对于不同索赔路径，会产生不同诉请。首先，两种路径的请求权基础不同。适用“情势变更原则”依据的是公平原则；适用“违约损害赔偿规则”依据的是合同约定；其次，调整结果不同。选择“情势变更原则”进行材料价差调整，根据当地住房城乡建设部门材料调差文件的规定，对于5%或10%以内的单价变化不予调整；选择“违约损害赔偿规则”，当事人可以一并主张所受损失，5%或10%以内的单价变化也是属于当事人的损失，可以一并主张。

2016年底及2017年初，建设工程材料在短期内大幅度上涨，发承包双方都无法预见，法院或可以根据“情势变更原则”调整双方利益；之后建设工程材料价格不断波动，2020年受国内新冠肺炎疫情及国外局势影响，导致建设工程材料价格涨幅和影响时间远超正常预期，若继续沿用“情势变更原则”、以签订合同时无法预见之词进行价差索赔，该路径势必存在障碍。作为承包人，采用何种手段保障自身利益至关重要，在材料调差指导文件指引下与发包人协商调价为首位，保存发包人工程违约证据材料是次之，最好的办法是能够在《建设工程施工合同》中关于市场价格波动引起的材料价格调整约定能够磋商成可调整形式。

◆ 相关案例 ◆

一、依据“情势变更原则”进行材料价差调整索赔不被支持

相关案例：《重庆某集团股份有限公司、重庆市荣昌区某环保产业发展有限公司建设

工程施工合同纠纷民事裁定书》(最高人民法院〔2019〕最高法民申5829号)

裁定书摘录：案涉《建设工程施工合同》专用条款第11.1条约定，市场价格波动不调整合同价格，即市场价格上涨的风险由重庆某集团承担。合同签订后，市场价格确实因政策或市场环境的变化存在上涨的情况，但重庆某集团作为专业、理性的建筑工程施工企业是在仔细研究了招标文件的全部内容并综合考虑相应的商业风险和成本变动后才向某环保公司投标，其在明知案涉工程限定造价1.5亿元的前提下理应将建筑材料的市场环境以及价格变化纳为其是否投标以及如何投标应考虑的商业风险因素中。本案中建筑材料价格上涨应属于重庆某集团在投标和签订合同时应合理预见的商业风险，且上涨幅度并未超过市场价峰值，因此不应适用《最高人民法院关于适用〈中华人民共和国合同法〉若干问题的解释(二)》第二十六条的规定。

二、依据“违约损害赔偿规则”主张材料价差索赔，由法院依情况调整

相关案例一：《鄂尔多斯市某局、鄂尔多斯某公路建设开发有限公司建设工程施工合同纠纷民事裁定书》(最高人民法院〔2019〕最高法民申5628号)

裁定书摘录：《招标文件》虽然对正常施工工期内材料价格波动风险的承担作出了约定，但该约定并不适用于因发包方原因导致的工期延误期间的材料款调差，以双方当事人可以预期的合理风险负担约定调整单方违约造成的损失扩大，显然有违公平、有悖逻辑；某局、某公司没有证据证明其已经在工期因自身原因延误之前将材料款一次性全额支付给实际施工人或承包人，一次性全额支付也不符合建筑行业交易习惯，因此，某局、某公司以已经支付材料款为由主张不应负担因延误工期造成材料成本增加费用，没有事实依据。

相关案例二：《某发电有限公司、吉林某建筑基础工程公司建设工程施工合同纠纷民事裁定书》(最高人民法院〔2019〕最高法民申3386号)

裁定书摘录：本案审查的重点为某发电公司应否向某建筑公司支付水泥调差款及其利息。本院主要分析理据如下：①某发电公司违约造成某建筑公司额外增加支付购买水泥价款。在固定总价施工合同履行中，因发包人违约导致工程延期，造成承包人施工成本的增加，承包人请求发包人赔偿由此遭受的违约损失，人民法院应依法予以支持。②工程延期开工期间，水泥价格发生了双方在签订合同时无法预见的大幅上涨。吉林省住房和城乡建设厅2011年12月1日下发的吉建造〔2011〕18号文件第二条规定：“由于今年水泥市场价格上涨幅度较大，比2010年同期涨幅超过50%，发、承包双方在招投标和签订合同过程中无法预测。发、承包双方合同中对水泥价格未明确风险范围和超出风险范围未明确调整办法的，工程结算时可以按工程投标期信息价格为基数，水泥结算差价10%以内部分由承包人承担，超过10%部分由发包人承担，签订补充协议协商解决。”该文件虽系行业指导性文件，不能直接作为人民法院审理案件的法律依据，但可以作为人民法院审理案件的参考。③本案证据可以证明某发电公司已收到水泥调差签证单。某建筑公司将提交给监理单位及某发电公司的签证单汇总制作《施工签证收发登记表》，其中包括水泥调差签证单，该水泥调差签证单已先期由监理单位签收并盖章确认。④某

建筑公司为进行案涉工程施工采购水泥所支出的款项属于施工成本，可计入工程款中。因水泥价格上涨而产生的水泥调差款，其性质也属于工程款。某发电公司应向某建筑公司支付水泥调差款而未予支付，二审法院判决某建筑公司支付水泥调差款的利息，并无不当。

下篇 “三驾马车”理论在实务中的运用实例四则

【实例一】以“三驾马车”理论为视角，看无效合同以及多份合同下，工程款结算问题的处理思路

由于建设工程案件的复杂性，一项工程中合同无效的情况非常普遍，而且也可能会出现多份合同。而这些合同中，有可能是故意为了达到某种目的，如规避法律或政策而签订的“阴阳合同”，也有可能是因为管理混乱等原因而签订的合同；有可能是多份合同均无效，或者多份合同均有效，或者部分合同有效部分合同无效。在同一工程存在着无效合同以及多份合同的情形下，应该以哪一份合同为准来认定、结算工程款，就是一个摆在法律工作者面前亟待解决的疑难问题。笔者尝试从“三驾马车”理论的角度去探究一下这个问题，意在抛砖引玉，给大家提供另外一个思考问题的窗口。

“三驾马车”是指三匹马拉的一辆车。中国古代以拉车的马匹的多少来区分地位。所谓“三驾马车”，不是指的三辆马车，而是指的三匹马一组一辕，分前、中、后三组来拉的车。

“三驾马车”中的三匹马分别指的是“法律”“客观事实”和“当事人的意思表示”(以下简称“法律”之马、“事实”之马、“意思”之马)，而公平、正义则是这辆马车的最终目的地。任何案件的裁判都应该坚持尊重法律、坚持尊重事实、坚持尊重当事人意思表示，在这“三个坚持”的基本原则下，尽量达到公平、正义的目的。司法裁判的过程就是裁判者驾驶“三驾马车”到达“公平、正义”这个目的地的过程。

三匹马的关系，“法律”之马是中间的那匹称之为“辕”的马，“事实”之马、“意思”之马分别是“辕”两边的那两匹马。“辕”的作用是掌握着中心，控制着两边两匹马的总体方向，控制着马车的平衡。

第一章　一份无效合同情况下，合同无效后的处理

一、“法律”之马：原则上参照“合同价”

《最高人民法院关于审理建设工程施工合同纠纷案件适用法律问题的解释》第二条规定：“建设工程施工合同无效，但建设工程经竣工验收合格，承包人请求参照合同约定支付工程价款的，应予支持。”

为什么是参照呢？依据《中华人民共和国合同法》的规定，参照是无效合同的折价补偿原则的体现。合同无效的后果是互相返还，不能返还的折价补偿。建设工程具有自身的特殊性，工人的劳动、各种原材料都物化在施工过程中，最终形成了叫作“工程”的东西。这是无法互相返还的，所以只能折价补偿。这里的折价补偿，只是合同无效的一种处理方式，而不是无效合同按照有效合同处理。

从“三驾马车”的视角来看，为什么要参照“合同价”呢？“三驾马车”里的“法律”这匹马的方向是必须首先要坚持的，自然最高人民法院以司法解释的形式规定“参照合同价”。那么，在一般情况下，就应当坚持这个规定。坚持这个规定就是坚持了“法律”之马。法律规定应当而且必须遵守；非特殊情况下，不得排除遵守。

二、“意思”之马：参照“合同价”，而不是“定额价”或“市场价”等其他价

当事人只能参照合同价，没有选择按照“定额价”、“市场价”等进行结算的权利。这是为什么呢？实践中，合同价是双方当事人的真实意思表示，合同无效是违反了法律强制性规定而无效，无效的合同也是当事人的真实意思表示，只不过这种意思表示虽然真实，但不被国家法律所认可。

从“三驾马车”的视角来看，三匹马中的“意思”之马也是起着重要作用的，是驾车人应当重点考虑的，坚持“意思”之马就要坚持当事人合意约定的“合同价”。

三、“事实”之马：参照“合同价”的例外情形

其一，符合《建设工程司法解释（一）》第十九条第二款规定的情形，即因设计变更导致工程量或者质量标准发生变化，通过评估鉴定据实结算工程款。

其二，合同双方另行协商同意按照定额价或市场价据实结算的，可以不参照合同约定支付工程价款。

先看第一种情况。因设计变更导致工程量或者质量标准发生变化，为什么不再继续参照合同约定价款来处理，而是要通过评估鉴定据实结算工程款呢？以事实为依据，以法律为准绳，实事求是，尊重客观事实，这个原则一向是我们法律所追求的原则。自然工程量、工程标准等客观事实发生了根本的变化，那么这个客观事实就要被尊重，而不能再固守原来的规定或约定来处理已经变化了的事情。这一点从“三驾马车”的视角来看，就是尊重了“客观事实”这匹马。

再看第二种情况。合同双方另行协商同意按照定额价或市场价据实结算的，可以不参照合同约定支付工程价款。这是为什么呢？如果以“三驾马车”的理论来解释，这就变得很简单，因为合同双方另行协商同意签订了补充协议，这当然是当事人双方的真实意思。

"当事人的真实意思"也是拉着马车走向公平正义目的地的一匹马。

相关案例：《莫某某、深圳市某工程有限公司与东莞市某房地产开发有限公司建设工程合同纠纷案》判例支持——（最高人民法院〔2011〕民提字第235号）

判决摘录：最高人民法院认为："关于涉案工程款是应按照合同约定结算还是据实结算。鉴于建筑工程的特殊性，虽然合同无效，但莫某某与深圳某公司的劳动和建筑材料已经物化在涉案工程中，依据《最高人民法院关于审理建设工程施工合同纠纷案件适用法律的解释》第二条的规定，建设工程无效合同参照有效合同处理，应当参照合同约定来计算涉案工程款。莫某某与深圳某公司主张应据实结算工程款，其主张缺乏依据。莫某某与深圳某公司不应获得比合同有效时更多的利益。涉案工程款应当依据合同约定结算。"

一审法院认为：本案工程款如何确定问题。《中华人民共和国合同法》第五十八条规定："合同无效或者被撤销后，因该合同取得的财产，应当予以返还；不能返还或者没有必要返还的，应当折价补偿。鉴于建设工程合同的特殊性，尽管合同被确认无效，但已经履行的内容不能适用返还的方式使合同恢复到签约前的状态，故只能按折价补偿的方式处理。本案虽然合同无效，但仍应按照实际完成的工程量以合同约定的结算办法来计算工程造价，增加、减少或变更的工程造价应参考合同约定及鉴定单位通常做法来计算，一审法院只能参照合同约定和参考专业机构鉴定结论来确定。"

第二章　多份无效合同情况下，合同无效后的处理思路

一、"事实"之马："实际履行"的合同

《最高人民法院关于审理建设工程施工合同纠纷案件适用法律问题的解释（二）》第十一条第一款规定：当事人就同一建设工程订立的数份建设工程施工合同均无效，但建设工程质量合格，一方当事人请求参照实际履行的合同结算建设工程价款的，人民法院应予支持。

二、"意思"之马："最后签订"的合同

《最高人民法院关于审理建设工程施工合同纠纷案件适用法律问题的解释（二）》第十一条第二款规定：实际履行的合同难以确定，当事人请求参照最后签订的合同结算建设工程价款的，人民法院应予支持。

"实际履行"的合同无法确定的情况下，参照"最后签订"的合同，这是为什么呢？最后签订的合同推定为当事人的真实意思表示。

第三章　"最后签订"的合同也无法查清，如何处理

一、"事实"之马：通过鉴定，参照市场价

案件名称：《齐河某钢结构有限公司与济南某物资有限责任公司建设工程施工合同纠纷案》（最高人民法院〔2011〕民提字第104号民事判决书）

案件特点：三份合同均无效，价格各不相同，签署时间均为同一天，无法辨别真伪。

判决书摘录：

1. 通过鉴定确定工程款

“尽管当事人签订的三份建设工程施工合同无效，但在工程已竣工并交付使用的情况下，根据无效合同的处理原则和建筑施工行为的特殊性，对于环盾公司实际支出的施工费用应当采取折价补偿的方式予以处理。本案所涉建设工程已经竣工验收且质量合格，在工程款的确定问题上，按照《最高人民法院关于审理建设工程施工合同纠纷案件适用法律问题的解释》第二条的规定，可以参照合同约定支付工程款。但是，由于本案双方当事人提供了由相同的委托代理人签订的、签署时间均为同一天、工程价款各不相同的三份合同，在三份合同价款分配没有规律且无法辨别真伪的情况下，不能确认当事人对合同价款约定的真实意思表示。因此，该三份合同均不能作为工程价款结算的依据。一审法院为解决双方当事人的讼争，通过委托鉴定的方式，依据鉴定机构出具的鉴定结论对双方当事人争议的工程价款作出司法认定，并无不当。”

2. 不应参照定额价

“第二，本案不应以定额价作为工程价款结算依据。首先，建设工程定额标准是各地建设主管部门根据本地建筑市场建筑成本的平均值确定的，是完成一定计量单位产品的人工、材料、机械和资金消费的规定额度，是政府指导价范畴，属于任意性规范而非强制性规范。在当事人之间没有作出以定额价作为工程价款的约定时，一般不宜以定额价确定工程价款。其次，以定额为基础确定工程造价没有考虑企业的技术专长、劳动生产力水平、材料采购渠道和管理能力，这种计价模式不能反映企业的施工、技术和管理水平。本案中，环盾公司假冒中国第九冶金建设公司第五工程公司的企业名称和施工资质承包涉案工程，如果采用定额取价，亦不符合公平原则。再次，定额标准往往跟不上市场价格的变化，而建设行政主管部门发布的市场价格信息，更贴近市场价格，更接近建筑工程的实际造价成本。最后，根据《中华人民共和国合同法》第六十二条第（二）项规定，当事人就合同价款或者报酬约定不明确，依照《中华人民共和国合同法》第六十一条的规定仍不能确定的，按照订立合同时履行地的市场价格履行；依法应当执行政府定价或者政府指导价的，按照规定履行。本案所涉工程不属于政府定价，因此，以市场价作为合同履行的依据不仅更符合法律规定，而且对双方当事人更公平。”

3. 参照市场价更合理

“第三，以市场价进行鉴定的结论应当作为定案依据。”

通过该案不难看出，该案的裁判思路是按照“三驾马车”理论中“事实”之马指示的方向而进行的。

二、综合考虑三四马：结合质量、过错、诚信原则综合考虑

案例名称：《江苏省某建筑安装集团股份有限公司、唐山市某房地产开发有限公司建设工程施工合同纠纷二审民事判决书》（〔2017〕最高法民终 175 号）

裁判观点：在当事人存在多份施工合同且均无效的情况下，一般应参照符合当事人真实意思表示并实际履行的合同作为工程价款结算依据；在无法确定实际履行合同、无法确

定哪一份合同是最后签订的合同的时候，可以根据两份争议合同之间的差价，结合工程质量、当事人过错、诚实信用原则等予以合理分配。

判决书摘录：在合同被确认无效后，只能按照折价补偿的方式予以返还。本案当事人主张根据《建设工程施工合同司法解释》第二条规定参照合同约定支付工程价款，案涉《备案合同》与《补充协议》分别约定不同结算方式，应首先确定当事人真实合意并实际履行的合同。

在无法确定双方当事人真实合意并实际履行的合同时，应当结合缔约过错、已完工程质量、利益平衡等因素，根据《中华人民共和国合同法》第五十八条规定“由各方当事人按过错程度分担因合同无效造成的损失”，一审法院认定本案中无法确定真实合意履行的两份合同之间的差价作为损失，基于某房地产开发公司作为依法组织进行招标投标的发包方，江苏某建筑安装集团公司作为对于招标投标法等法律相关规定也应熟知的具有特级资质的专业施工单位的过错，结合本案工程竣工验收合格的事实，由某房地产开发公司与江苏某建筑安装集团公司按 6∶4 比例分担损失并无不当。

通过该案不难看出，该案的裁判是综合平衡了“事实”之马、“法律”之马、“意思”之马，正是平衡了这三匹马的综合力量，达到了司法裁判的“公平正义”这个目的地。

第四章　黑白合同均无效之情形下，各地法院如何处理

一、坚持“意思”之马，得出以黑合同为依据

比如，《北京市高级人民法院关于审理建设工程施工合同纠纷案件的指导意见》规定：“备案的中标合同与当事人实际履行的施工合同均因违反法律、行政法规的强制性规定被认定为无效的，可以参照当事人实际履行的合同结算工程价款。”（笔者注：实际履行的合同才是当事人真实的意思表示。）

二、坚持“法律”之马，得出以白合同为依据

比如，《山东省高级人民法院关于建设工程施工合同纠纷会谈纪要》规定：“审判实践中曾经出现了当事人双方请求按照黑合同作为工程款结算依据的情形，对此，会议认为，白合同是依据招标投标这一法定形式确认的，虽然黑合同可能是当事人的真实意思表示，但由于合同内容规避法律规定、合同形式不合法，不能代替白合同即中标备案的效力，即不能依据黑合同作为结算工程款的依据。”（编者注：法院认为虽然黑合同是当事人的真实意思，但是其真实意思是为了规避法律，所以不能按照当事人的意思来。）

三、坚持“事实”之马，得出按照施工当时市场价作为结算

持此种观点的认为，无论黑高白低还是黑低白高，均不应作为结算依据，而应以市场价为准。理由如下：

1. 黑高白低

黑合同的价款有时候高于白合同的价款，是当事人为了排挤竞争对手，获取了非法利益，违背了公平的市场秩序，对以当事人非法获利的部分，法律不应当支持，应当按照市

场价结算工程款。

2. 黑低白高

黑合同的价款有时候低于白合同的价款，这种情形是发包人利用市场优势地位，在不公平的前提下与承包人签订的合同。承包人在建筑市场中处于弱势地位，有时候为了承接工程，不顾风险而签订合同。因此，在黑合同价款低于备案施工合同价款的情况下，为保证工程质量合格，应当按照市场价结算工程款。

第五章　多份合同情形下工程款如何结算

一、工程款结算依据的顺序总结

1. 备案的中标合同或者中标的合同。

摆在面前的多份证据之中，首先要考虑的就是哪一份合同是备案的中标合同（取消备案后，只有中标的合同）。考虑的因素和证据有：是否进行了招标投标、是否有中标通知书、是否按照招标文件签订并进行了备案。综合考虑以上因素和证据，从这些合同中梳理出哪一份合同是备案的中标合同或者中标的合同。

2. 多份合同中，哪些合同是无效的合同，哪些是有效的合同。

3. 哪一份是当事人真实意思表示的合同。

考虑的因素和证据有合同签订的先后顺序，比如：签订的时间、背景、内容衔接。通过综合考虑这些因素或证据，梳理出哪一份合同接近当事人的真实意思表示。

（1）多份合同均有效或者部分合同有效的情况下，找出哪一份是有效的，并且是当事人真实意思表示的合同。

（2）多份合同均无效的情况下，找出哪一份是当事人的真实意思表示的合同。

4. 哪一份是实际履行的合同

考虑的因素和证据有实际施工的内容、工程签证、工程量确认、结算单。综合考虑这些因素和证据，找出哪一份是实际履行的合同。

（1）多份合同均有效或部分合同有效的情况下，找出哪一份是有效的，并且又是实际履行的合同。

（2）多份合同均无效的情况下，找出哪一份是实际履行的合同。

5. 经过多方查证，均无法查明合同是否真实，是有效还是无效，互相矛盾，而且约定不明。

可以在尊重客观事实的基础上，按照市场价结算；或者可以在尊重当事人意思的原则下，推定最后一份合同为当事人的意思表示；到底以哪一种结算，还是要结合案件具体情况，综合法律、事实和当事人的意思表示三者之间的平衡。

二、司法裁判的三驾马车的理论的具体体现

1. 坚持备案的中标合同，就是坚持三匹马之中的“法律之马”。

摆在面前的多份证据之中，首先要考虑的就是哪一份合同是备案的中标合同，坚持备案的中标合同，就是坚持三匹马之中的“法律之马”，因为《最高人民法院关于审理建设工程施工合同纠纷案件适用法律问题的解释》第二十一条就是这样规定的，如果不坚持这一条规定，就违背了法律规定（当事人就同一建设工程另行订立的建设工程施工合同与经过备案的中标合同实质性内容不一致的，应当以备案的中标合同作为结算工程价款的根据）。

2. 下面两种情况，都是坚持三匹马之中的“意思之马”。

（1）多份合同均有效或者部分合同有效的情况下，找出哪一份是有效的，并且是当事人真实意思表示的合同。

（2）多份合同均无效的情况下，找出哪一份系当事人的真实意思表示的合同。

3. 下面的两种情况，都是坚持三匹马之中的“事实之马”。

（1）多份合同均有效或部分合同有效的情况下，找出哪一份是有效的，并且又是实际履行的合同。

（2）多份合同均无效的情况下，找出哪一份是实际履行的合同。

4. 下面的这种情况，是坚持三匹马力量之综合平衡的最好诠释。

经过多方查证，均无法查明合同是否真实，是否有效还是无效，互相矛盾，而且约定不明。可以在尊重客观事实的基础上，按照市场价结算；或者可以在尊重当事人意思的原则下，推定最后一份合同为当事人的意思表示。

到底以哪一种方式结算，还是要结合案件具体情况，综合法律、事实和当事人的意思表示三者之间的平衡。

结束语

建设工程案件没有绝对正确的唯一标准答案，只有接近公平正义的相对答案。作为律师，作为裁判者，既要坚持法律，守住法律的底线，坚决不能违法，又要尊重客观事实，尊重当事人的意思表示，更要兼顾公平的原则。三驾马车的终极目的地是公平正义。如果你坚持法律，按照法律来判得出一个不符合公平正义的结论，那肯定不是法律的错，是你用错了法律；如果你强调事实，按照事实来判得出一个不符合公平正义的结论，那你断定的事实肯定不是事实，而只是一个角度；如果你坚持当事人意思表示，得出一个不符合公平正义的结论，那这个意思表示肯定是被掩盖了的虚假表示，看到的仅仅是一种角度，听到的仅仅是一种观点。任何一个案件，都要综合考虑三匹马的平衡，既要坚持法律，又要坚持事实，还要坚持尊重当事人的意思表示，只有三者平衡，公平正义的马车才不会跑偏或颠覆，才能达到接近公平和正义的目的。

【实例二】 以中标后让利条款的效力为例，看“三驾马车”理论的运用

让利条款当然实际上改变了中标文件对工程价款的约定，但是这种约定是否必然构成对中标结果的实质性改变，是否属于无效呢？如果是非强制招标项目，其不涉及国家以及

社会公共利益的，不应当仅因为让利而认定无效，这已经是较为通行的观点。但是对于强制性招标，争议就很大了。全国各地法院观点不一，判决也有很大区别。

观点一：坚持法律：只要是让利条款，无论让利多少，均违反了招标投标法的强制性规定，应属无效。

比如：山东高院《2011 年民事审判工作会议纪要》（鲁高法〔2011〕297 号）认为，招标人和中标人按照中标文件签订建设工程施工合同后，中标人单方出具让利承诺书，承诺对建设工程予以让利，实质上变更了中标合同中的价格条款，构成对中标价格的实质性背离，故属于“黑合同”的性质，因其违反了招标投标法的强制性规定，应当认定让利承诺书无效。编者注：坚持和尊重法律！

观点二：坚持当事人意思表示：无论让利多少，都不属于实质性变更，只要是当事人真实意思表示，都是有效的。强制招标的根本目的在于国家干预，控制质量和价格，只要保证这一前提下，让利条款为什么就是无效的呢？编者注：坚持和尊重当事人的意思！

观点三：综合考虑：让利幅度必须较大，才构成实质性变更，才能认定无效。而多大算较大，各地法院更不一致。

1. 最高法院：2%让利构成实质性变更。案例参见《北京中铁兴都建筑工程有限公司与三河华远房地产开发有限公司建设工程施工合同纠纷二审判决书》。

2. 北京高院：3%让利构成实质性变更。案例参见《北京建工一建工程建设有限公司与北京丰源祥房地产开发有限公司建设工程施工合同纠纷二审民事判决书》（〔2013〕高民终字第 1039 号）。

3. 安徽高院：3%尚不构成实质性变更。安徽高院认为：承包人就招标投标工程承诺对工程价款予以大幅度让利的，属于对工程价款的实质性变更，应认定无效。案例《安徽双佳食品有限公司与安徽富煌钢构股份有限公司承揽合同纠纷上诉案民事判决书》中，安徽高院认为：《钢构补充协议》中约定富煌公司在全部工程完工后承诺让利 3%为最终结算价款，是其真实意思的表示，该承诺虽对备案的《建设工程施工合同》工程价款做了变更，但 3%的让利幅度尚不构成对备案合同实质性内容的变更。富煌公司的承诺没有违反法律和行政法规的强制性规定，也不损害国家和社会公共利益，应依法确认有效。

【实例三】 以“规划许可证与合同效力的关系”为例，看“三驾马车”理论的运用

一、没有取得建设工程规划许可证，建设工程施工合同无效——坚持“法律之马”

1.《中华人民共和国城乡规划法》

第四十条　在城市、镇规划区内进行建筑物、构筑物、道路、管线和其他工程建设的，建设单位或者个人应当向城市、县人民政府城乡规划主管部门或者省、自治区、直辖市人民政府确定的镇人民政府申请办理建设工程规划许可证。

2.《最高人民法院关于审理建设工程施工合同纠纷案件适用法律问题的解释（二）》

第二条第一款　当事人以发包人未取得建设工程规划许可证等规划审批手续为由，请求确认建设工程施工合同无效的，人民法院应予支持，但发包人在起诉前取得建设工程规划许可证等规划审批手续的除外。

二、故意拖延不办证，恶意无效不支持——拉紧"诚信"和"善意"两根缰绳

1. 最高法院司法解释

《最高人民法院关于审理建设工程施工合同纠纷案件适用法律问题的解释（二）》第二条第二款　发包人能够办理审批手续而未办理，并以未办理审批手续为由请求确认建设工程施工合同无效的，人民法院不予支持。

2. 最高法院案例

《山西某房地产开发集团有限公司、山西某国际大酒店有限公司与江苏南通某建设集团有限公司其他合同纠纷二审民事判决书》（中华人民共和国最高人民法院民事判决书〔2014〕民一终字第 181 号）

判决要旨：发包人主张合同无效具有恶意因素，法院认定合同有效

本案虽然存在南通某建设集团公司进场施工后，某房地产开发公司方将案涉工程进行招标投标的事实，但一审判决基于某房地产开发公司、某国际大酒店公司并未提供证据证明上述招标投标具有《中华人民共和国招标投标法》规定的中标无效情况，同时结合案涉工程属于区政府招商引资项目"希尔顿大酒店"的相关配套工程，某房地产开发公司作为发包方为获得南通某建设集团公司垫资施工利益，未经招标投标即允许南通某建设集团公司进场施工，诉讼中为避免承担合同风险，主张合同无效，具有恶意的因素，认定案涉《施工合同》及《补充合同条款》有效，并无不妥。

【实例四】 从《九民会议纪要》的"约定解除条件"，看"三驾马车"理论的运用

《全国法院民商事审判工作会议纪要》（简称《九民会议纪要》），备受关注。该会议纪要以及最高人民法院民二庭负责人答记者问中，多处出现"契约自由""诚实信用""当事人的真实意思""依法为据""以理服人""公平正义""恶意违约""不让不诚信的人从合同无效中获利"等词语，这些都是法律的基本原则。如何使这些原则融会贯通、综合运用，编者结合《会议纪要》中的"约定解除条件"的规定内容，看"三驾马车"的理论的实践运用些体会。

一、《九民会议纪要》中有关"约定解除权条件"的规定

《九民会议纪要》关于"合同纠纷案件的审理"中"关于合同履行与救济"之第四十七条规定如下："【约定解除条件】合同约定的解除条件成就时，守约方以此为由请求解除合同时，人民法院应当审查违约方的违约程度是否显著轻微，是否影响守约方合同目的的实现，根据诚实信用原则，确定合同应否解除。违约方的违约程度显著轻微，不影响守约方合同目的的实现，守约方请求解除合同时，人民法院不予支持；反之，则依法予以支持。"

二、“三驾马车”理论在《九民会议纪要》“约定解除权条件”规定中的具体体现

1. 坚持当事人的意思表示，即“法律之马”。一般情况下应予充分尊重当事人的意思表示。合同中可以约定解除合同的具体条件。当违约方出现合同中约定的违约行为时，即“合同约定的解除条件成就时，守约方以此为由请求解除合同”一般应予支持。

2. 坚持法律规定，即“意思之马”。当事人的意思表示，必须符合法律规定。符合法律规定的约定才会得到法律的支持。

3. 坚持诚实信用原则，即拉紧“诚信”和“善意”两根缰绳。正确把握“当事人的意思表示”“违约行为”与“合同目的实现”之间的关系。诚实信用原则是合同法的基本原则，即便当事人在合同有明确的意思表示约定，即便违约方有违约行为，也未必一定要解除合同。是否解除合同，还要考察“违约程度”“合同的目的”，结合“诚实信用原则”。《九民会议纪要》规定：“人民法院应当审查违约方的违约程度是否显著轻微，是否影响守约方合同目的的实现，根据诚实信用原则，确定合同应否解除。违约方的违约程度显著轻微，不影响守约方合同目的的实现，守约方请求解除合同的，人民法院不予支持。”

附　录

附录 1　最高人民法院关于审理建设工程施工合同纠纷案件适用法律问题的解释（二）

为正确审理建设工程施工合同纠纷案件，依法保护当事人合法权益，维护建筑市场秩序，促进建筑市场健康发展，根据《中华人民共和国民法总则》《中华人民共和国合同法》《中华人民共和国建筑法》《中华人民共和国招标投标法》《中华人民共和国民事诉讼法》等法律规定，结合审判实践，制定本解释。

第一条　招标人和中标人另行签订的建设工程施工合同约定的工程范围、建设工期、工程质量、工程价款等实质性内容，与中标合同不一致，一方当事人请求按照中标合同确定权利义务的，人民法院应予支持。

招标人和中标人在中标合同之外就明显高于市场价格购买承建房产、无偿建设住房配套设施、让利、向建设单位捐赠财物等另行签订合同，变相降低工程价款，一方当事人以该合同背离中标合同实质性内容为由请求确认无效的，人民法院应予支持。

第二条　当事人以发包人未取得建设工程规划许可证等规划审批手续为由，请求确认建设工程施工合同无效的，人民法院应予支持，但发包人在起诉前取得建设工程规划许可证等规划审批手续的除外。

发包人能够办理审批手续而未办理，并以未办理审批手续为由请求确认建设工程施工合同无效的，人民法院不予支持。

第三条　建设工程施工合同无效，一方当事人请求对方赔偿损失的，应当就对方过错、损失大小、过错与损失之间的因果关系承担举证责任。

损失大小无法确定，一方当事人请求参照合同约定的质量标准、建设工期、工程价款支付时间等内容确定损失大小的，人民法院可以结合双方过错程度、过错与损失之间的因果关系等因素作出裁判。

第四条 缺乏资质的单位或者个人借用有资质的建筑施工企业名义签订建设工程施工合同，发包人请求出借方与借用方对建设工程质量不合格等因出借资质造成的损失承担连带赔偿责任的，人民法院应予支持。

第五条 当事人对建设工程开工日期有争议的，人民法院应当分别按照以下情形予以认定：

（一）开工日期为发包人或者监理人发出的开工通知载明的开工日期；开工通知发出后，尚不具备开工条件的，以开工条件具备的时间为开工日期；因承包人原因导致开工时间推迟的，以开工通知载明的时间为开工日期。

（二）承包人经发包人同意已经实际进场施工的，以实际进场施工时间为开工日期。

（三）发包人或者监理人未发出开工通知，亦无相关证据证明实际开工日期的，应当综合考虑开工报告、合同、施工许可证、竣工验收报告或者竣工验收备案表等载明的时间，并结合是否具备开工条件的事实，认定开工日期。

第六条 当事人约定顺延工期应当经发包人或者监理人签证等方式确认，承包人虽未取得工期顺延的确认，但能够证明在合同约定的期限内向发包人或者监理人申请过工期顺延且顺延事由符合合同约定，承包人以此为由主张工期顺延的，人民法院应予支持。

当事人约定承包人未在约定期限内提出工期顺延申请视为工期不顺延的，按照约定处理，但发包人在约定期限后同意工期顺延或者承包人提出合理抗辩的除外。

第七条 发包人在承包人提起的建设工程施工合同纠纷案件中，以建设工程质量不符合合同约定或者法律规定为由，就承包人支付违约金或者赔偿修理、返工、改建的合理费用等损失提出反诉的，人民法院可以合并审理。

第八条 有下列情形之一，承包人请求发包人返还工程质量保证金的，人民法院应予支持：

（一）当事人约定的工程质量保证金返还期限届满。

（二）当事人未约定工程质量保证金返还期限的，自建设工程通过竣工验收之日起满二年。

（三）因发包人原因建设工程未按约定期限进行竣工验收的，自承包人提交工程竣工验收报告九十日后起当事人约定的工程质量保证金返还期限届满；当事人未约定工程质量保证金返还期限的，自承包人提交工程竣工验收报告九十日后起满二年。

发包人返还工程质量保证金后，不影响承包人根据合同约定或者法律规定履行工程保修义务。

第九条 发包人将依法不属于必须招标的建设工程进行招标后，与承包人另行订立的建设工程施工合同背离中标合同的实质性内容，当事人请求以中标合同作为结算建设工程价款依据的，人民法院应予支持，但发包人与承包人因客观情况发生了在招标投标时难以预见的变化而另行订立建设工程施工合同的除外。

第十条 当事人签订的建设工程施工合同与招标文件、投标文件、中标通知书载明的工程范围、建设工期、工程质量、工程价款不一致，一方当事人请求将招标文件、投标文件、中标通知书作为结算工程价款的依据的，人民法院应予支持。

第十一条 当事人就同一建设工程订立的数份建设工程施工合同均无效，但建设工程质量合格，一方当事人请求参照实际履行的合同结算建设工程价款的，人民法院应予支持。

实际履行的合同难以确定，当事人请求参照最后签订的合同结算建设工程价款的，人民法院应予支持。

第十二条 当事人在诉讼前已经对建设工程价款结算达成协议，诉讼中一方当事人申请对工程造价进行鉴定的，人民法院不予准许。

第十三条 当事人在诉讼前共同委托有关机构、人员对建设工程造价出具咨询意见，诉讼中一方当事人不认可该咨询意见申请鉴定的，人民法院应予准许，但双方当事人明确表示受该咨询意见约束的除外。

第十四条 当事人对工程造价、质量、修复费用等专门性问题有争议，人民法院认为需要鉴定的，应当向负有举证责任的当事人释明。当事人经释明未申请鉴定，虽申请鉴定但未支付鉴定费用或者拒不提供相关材料的，应当承担举证不能的法律后果。

一审诉讼中负有举证责任的当事人未申请鉴定，虽申请鉴定但未支付鉴定费用或者拒不提供相关材料，二审诉讼中申请鉴定，人民法院认为确有必要的，应当依照民事诉讼法第一百七十条第一款第三项的规定处理。

第十五条 人民法院准许当事人的鉴定申请后，应当根据当事人申请及查明案件事实的需要，确定委托鉴定的事项、范围、鉴定期限等，并组织双方当事人对争议的鉴定材料进行质证。

第十六条 人民法院应当组织当事人对鉴定意见进行质证。鉴定人将当事人有争议且未经质证的材料作为鉴定依据的，人民法院应当组织当事人就该部分材料进行质证。经质证认为不能作为鉴定依据的，根据该材料作出的鉴定意见不得作为认定案件事实的依据。

第十七条 与发包人订立建设工程施工合同的承包人，根据合同法第二百八十六条规定请求其承建工程的价款就工程折价或者拍卖的价款优先受偿的，人民法院应予支持。

第十八条 装饰装修工程的承包人，请求装饰装修工程价款就该装饰装修工程折价或者拍卖的价款优先受偿的，人民法院应予支持，但装饰装修工程的发包人不是该建筑物的所有权人的除外。

第十九条 建设工程质量合格，承包人请求其承建工程的价款就工程折价或者拍卖的价款优先受偿的，人民法院应予支持。

第二十条 未竣工的建设工程质量合格，承包人请求其承建工程的价款就其承建工程部分折价或者拍卖的价款优先受偿的，人民法院应予支持。

第二十一条 承包人建设工程价款优先受偿的范围依照国务院有关行政主管部门关于建设工程价款范围的规定确定。

承包人就逾期支付建设工程价款的利息、违约金、损害赔偿金等主张优先受偿的，人民法院不予支持。

第二十二条 承包人行使建设工程价款优先受偿权的期限为六个月，自发包人应当给付建设工程价款之日起算。

第二十三条 发包人与承包人约定放弃或者限制建设工程价款优先受偿权，损害建筑工人利益，发包人根据该约定主张承包人不享有建设工程价款优先受偿权的，人民法院不予支持。

第二十四条 实际施工人以发包人为被告主张权利的，人民法院应当追加转包人或者违法分包人为本案第三人，在查明发包人欠付转包人或者违法分包人建设工程价款的数额后，判决发包人在欠付建设工程价款范围内对实际施工人承担责任。

第二十五条 实际施工人根据合同法第七十三条规定，以转包人或者违法分包人怠于向发包人行使到期债权，对其造成损害为由，提起代位权诉讼的，人民法院应予支持。

第二十六条 本解释自 2019 年 2 月 1 日起施行。

本解释施行后尚未审结的一审、二审案件，适用本解释。

本解释施行前已经终审、施行后当事人申请再审或者按照审判监督程序决定再审的案件，不适用本解释。

最高人民法院以前发布的司法解释与本解释不一致的，不再适用。

附录 2 最高人民法院民一庭负责人就《最高人民法院关于审理建设工程施工合同纠纷案件适用法律问题的解释（二）》答记者问

为正确审理建设工程施工合同纠纷案件，依法保护当事人合法权益，维护建筑市场秩序，促进建筑市场健康发展，根据《中华人民共和国民法总则》《中华人民共和国合同法》《中华人民共和国建筑法》《中华人民共和国招标投标法》《中华人民共和国民事诉讼法》等法律规定，经最高人民法院审判委员会第 1751 次会议讨论，通过了《最高人民法院关于审理建设工程施工合同纠纷案件适用法律问题的解释（二）》（以下简称《解释》）。值此司法解释公布之际，最高人民法院民一庭负责人就《解释》的有关问题接受了记者采访。

记者：请介绍一下《解释》出台的背景。

答：长期以来，最高人民法院高度重视建设工程施工合同纠纷案件审判工作，指导各级人民法院审理了大量建设工程施工合同纠纷案件，针对司法实践中带有普遍性的问题出台了一系列司法解释和司法政策。2004 年，最高人民法院制定了《关于审理建设工程施工合同纠纷案件适用法律问题的解释》（以下简称《建设工程司法解释（一）》），于 2005 年 1 月 1 日起施行。《建设工程司法解释（一）》对统一法律适用、保障工程质量、规范建筑市场、保护各类主体尤其是农民工等弱势群体合法权益发挥了重要作用。自《建设工程司法解释（一）》施行十四年来，建筑市场发生了新变化、司法实践出现了新问题、管理政策有了新突破，进一步制定和完善建设工程施工合同纠纷领域的司法解释，指导全国法院加强建设工程施工合同纠纷案件审判工作，具有重要的现实意义。

制定《解释》是贯彻中央方针政策，促进建筑业持续健康发展的重要抓手。建筑业是国民经济支柱产业，对吸纳农村转移劳动力、带动关联产业、促进经济社会发展、推动城乡建设和民生改善的作用愈加突显。改革开放以来，我国建筑业取得了长足发展。据统计，1978 年，我国建筑业增加值为 139 亿元，占 GDP 的比重为 3.8%。到 2017 年，我国建筑业增加值达到 55689 亿元，年均增速为 16.6%，占 GDP 的比重达到 6.7%。我国推进城市化进程、实施“乡村振兴战略”和“一带一路”战略、开展供给侧结构性改革、促进经济提质增效都离不开建筑业的健康发展。

制定《解释》是适应建筑业投资经营方式和监管政策变化的客观需要。我国正在开展工程建设项目审批制度改革试点工作，加快推进工程总承包模式，在基础设施和公共服务领域推进政府与社会资本合作。2017 年，国务院办公厅下发《关于促进建筑业持续健康发展的意见》，优化、放宽资质资格管理。2018 年 3 月，国家发改委颁布《必须招标的工程项目规定》，大幅度提高必须招标工程的金额。2018 年 5 月，国务院办公厅下发《关于开展工程建设项目审批制度改革试点的通知》，试点取消建设工程施工合同备案制度，对民间投资的房屋建筑工程试行由建设单位自主决定发包方式。2018 年 9 月，住房与城乡建设部作出《关于修改〈房屋建筑和市政基础设施工程施工招标投标管理办法〉的决定》，决定删除该办法第 47 条第 1 款中的“订立书面合同后 7 日内，中标人应当将合同送工程所在地的县级以上地方人民政府建设行政主管部门备案”的规定。在经营方式和管理政策不断发展变化的同时，《合同法》《建筑法》《招标投标法》等法律法规并无变化，如何做好二者衔接，需要进一步发挥司法智慧，提出司法方案。

制定《解释》是应对建设工程施工纠纷案件司法审判面临挑战的客观要求。《建设工程司法解释（一）》施行十四年来，建设工程施工合同纠纷案件数量和涉案标的额双双大幅上升，新类型案件、新问题不断涌现，为统一建设工程施工合同纠纷裁判标准提出了新的挑战。2017 年，全国法院审理一审建设工程施工合同纠纷案件 10.29 万件。2018 年，全国法院审理一审建设工程施工合同纠纷案件 11.32 万件。建设工程施工合同履行期间长，影响因素多，涉及的管理性规定多，实践中违法建筑、明招暗定、“黑白合同”、非法转包、违法分包等问题突出，认定事实与适用法律难度很大。诉讼中的合同效力问题、鉴定问题、损失赔偿问题、优先权行使条件问题、实际施工人权利保护问题等缺乏统一裁判规则。建设工程施工合同纠纷与商品房买卖合同纠纷、民间借贷纠纷、劳动争议纠纷、执行异议之诉纠纷等相互交织，处理难度增大。一些带有普遍性的问题，亟须统一裁判标准。

记者：请介绍一下《解释》制定的过程。

答：最高人民法院高度重视《解释》起草工作，早在 2012 年就启动了《解释》立项，于当年拟出征求意见稿，征求各高院意见，并先后到北京、河北、云南、江苏等地调研。2017 年 6 月，最高人民法院书面征求全国人大常委会法工委、原国务院法制办、住房和城乡建设部、国家发改委等单位意见，并通过住房和城乡建设部、中国建筑业协会向有关专业人士征求意见，共收到反馈意见 1000 余条。对有关单位和社会各界提出的意见建议，最高人民法院认真研究、积极采纳，在征求意见稿的基础上对《解释》条文作了修改完善。

在起草《解释》的过程中，最高人民法院坚持了以下原则：一是尊重立法精神与坚持问题导向相统一。《解释》在现有法律规定的基础上，对建设工程施工合同纠纷案件审判实践中的突出问题作了规定。二是重视弱者权利保护与注重各方利益平衡相统一。《解释》加强对农民工等弱势群体的保护，同时坚持对各类民事主体予以平等保护，做好各方当事人之间的利益平衡。三是着力解决当前问题与着眼行业长远发展相统一。《解释》在着重解决“黑白合同”、实际施工人权利保护等当前司法实践中的突出问题的同时，着力加强对建筑企业建设工程价款债权、建设工程价款优先受偿权的保护，促进建筑业健康发展。四是专业性与通俗性相统一。《解释》注重提高解释条文的针对性，强化专业用语规范性，同时又注重提高文字表述的通俗性，使整个《解释》通俗易懂好用。

记者：《解释》对保障建设工程质量方面有什么举措？

答：建设工程施工合同纠纷的特殊性在于，建设工程的最终所有人或者使用人往往不是发包人、承包人等建设工程施工合同的当事人，而是购房人或者其他不特定的社会主体。建设工程具有显著的公共性。这使得建设工程施工合同涉及公共利益和第三人利益保护问题。司法对公共利益和第三人利益的保护，主要通过保障建设工程质量安全来实现。

在制定《解释》过程中，考虑了多重价值取向，包括保障建设工程质量、保护农民工等弱势群体利益、维护建筑市场秩序、促进建筑业健康发展、平衡各方当事人利益等。其中，保障建设工程质量、保护人民群众人身和财产安全始终位居第一。这是最高人民法院制定建设工程司法解释和司法政策、指导下级法院审理建设工程施工合同纠纷案件的首要价值选择。因此，保障建设工程质量这一精神贯穿于整个《解释》的始终。例如，《解释》坚决维护招标投标市场秩序，明确规定建设工程质量是建设工程施工合同的实质性内容，不允许招标人和中标人任意变更中标合同的相关约定；规定建设工程质量合格是承包人行使优先受偿权的先决条件；规定在借用资质签订建设工程施工合同的情况下，出借方与借用方对建设工程质量不合格等因出借资质造成的损失承担连带赔偿责任，等等。我相信，《解释》的发布和施行，对于保障建设工程质量、保护广大人民群众的人身和财产安全将发挥重要作用！

记者：《解释》在保护农民工合法权益方面有什么举措？

答：建筑业是劳动密集型行业，是吸纳农村剩余劳动力最多的行业之一。据统计，2017 年，全国农民工的总量为 2.8652 亿人。其中，建筑业吸纳的农民工占全部农民工的比例为 18.9%，位居前列。但是建筑市场“两个不规范”和社会信用机制缺失，导致农民工权益保护问题较为突出，农民工“讨薪难”问题尚未得到根本解决。建筑市场中存在的第一个不规范体现为，实践中存在转包工程、违法分包工程、借用资质承包工程等违法现象。这导致建设工程施工合同关系中出现多个施工主体，产生多份施工合同，法律关系复杂。有的情况下，实际干活的人拿不到工程价款，拿到工程价款的人并不实际干活。建筑市场中存在的第二个不规范体现为，实际施工人内部管理不规范，部分建筑工人尤其是大量农民工与实际施工人之间没有签订劳动合同，没有固定的劳动关系。农民工辛苦打工却拿不到工钱的问题仍然存在。社会信用机制缺失进一步加剧了这一问题。农民工工资权益不仅依赖于施工人的诚实守信，之前任何一个环节出现问题，农民工的工资权益都会受到损害。

《解释》在特定情况下突破合同相对性原则，目的就是要打通保护农民工等建筑工人权益的通道，对处于弱势地位的广大农民工的权益提供强有力的司法保护，实现实质意义上的社会公平。《解释》对农民工的权益保护体现在多个方面，主要包括，规定发包人与承包人约定放弃或者限制建设工程价款优先受偿权，不得损害建筑工人利益；继续加强对实际施工人权益保护，规定发包人在欠付建设工程价款范围内对实际施工人承担责任，实际施工人有权向发包人提起代位权诉讼等。

记者：《解释》的施行对我国建筑业发展和保护建筑领域的民营企业有何重要意义？

答：建筑业是我国的支柱产业，也是我国民营经济较为集中的行业。据统计，2017年，我国的建筑企业中，私营企业49645个，占全部企业的比重达56.4%；股份制企业32894个，占全部企业的比重达37.3%，其中大部分企业有私营经济持股；国有企业2187个，占全部企业的比重为2.5%；外商投资企业为218个，占全部企业的比重为0.2%。建筑业吸纳了大量劳动力。据统计，2017年在私营建筑企业和股份制建筑企业中的从业人员就达到了5168万人，占全部建筑企业比重为93.4%。《解释》促进建筑业健康发展，保护广大民营建筑企业的权益主要体现在以下几方面。

实践中，有的发包人拖延支付建设工程价款，承包人起诉请求发包人支付建设工程价款后，发包人又以质量不符合约定等为由，企图继续拖欠工程价款。《解释》第7条规定，在此情况下，发包人就承包人支付违约金或者赔偿修理、返工、改建的合理费用等损失提出反诉的，人民法院可以合并审理。换言之，发包人仅提出抗辩、未提出反诉的，人民法院不应支持，应告知其提出反诉或者另诉解决，以保障承包人及时获得建设工程价款。

建设工程价款优先受偿权对保护建筑施工企业意义重大。司法实践中，对承包人的利润是否可优先受偿的问题存在争议。考虑到建筑行业是薄利行业，为了建筑行业的长远发展，保护建筑企业的利益，《解释》第二十一条规定将承包人的利润纳入了优先受偿的范围。

建筑市场上，很多民营建筑企业由于资质管理等原因不能直接承包工程，但又是实际进行建设工程施工的人。他们的权利缺乏合同保障。《解释》在《建设工程司法解释（一）》的基础上进一步完善了实际施工人权益保护的规定，要求人民法院在查明发包人欠付转包人或者违法分包人建设工程价款的数额的基础上，判决发包人在欠付建设工程价款范围内对实际施工人承担责任，克服了司法实践中有的涉及发包人向实际施工人承担责任的判决无法执行的问题。

此外，《解释》还对承包人工程质量保证金返还请求权、实际施工人对发包人的代位诉讼权等问题作了规定，积极为建筑业长远发展营造良好的司法环境，为民营建筑企业权益提供全方位的司法保护。

记者：《解释》对维护建筑市场秩序作了哪些规定？

答：建设工程领域关于招标投标等方面的规定较为严格。为规避这些规定，建筑市场上存在围标串标、明招暗定、“黑白合同”等违法违规行为，扰乱建筑市场秩序，也会影响建设工程质量。《解释》坚决维护建设工程招标投标市场秩序。《解释》第 1 条就规定，招标人和中标人另行签订的建设工程施工合同约定的工程范围、建设工期、工程质量、工程价款等实质性内容，与中标合同不一致，应当按照中标合同确定当事人的权利义务。招标人和中标人在中标合同之外就明显高于市场价格购买承建房产、无偿建设住房配套设施等方式变相降低工程价款的行为，属于背离中标合同实质性内容订立合同的行为，该行为无效。第 9 条规定，发包人将依法不属于必须招标的建设工程进行招标后，又与承包人另行订立背离中标合同实质性内容的建设工程施工合同的，仍应以中标合同作为结算建设工程价款的依据，除非客观情况发生了在招标投标时难以预见的变化。最重要的是，第 10 条确定了一项基本原则，即当事人签订的建设工程施工合同的实质性内容只要与招标文件、投标文件、中标通知书的记载不一致，就应当以招标文件、投标文件、中标通知书作为结算建设工程价款的依据，以杜绝“黑白合同”、明招暗定现象。

记者：《解释》对保护市场诚信有什么针对性的举措？

答：当前我国社会诚信建设取得了较大的成绩，但仍存在不足。在建设工程施工合同纠纷案件中，有的当事人恶意不办理相关审批手续或者登记手续，导致合同不能继续履行，或者以此为由向人民法院起诉请求确认合同无效，企图通过不诚信行为谋取不正当利益。人民法院始终重视在建筑市场弘扬诚实守信的良好风气。《解释》第 2 条第 1 款规定，发包人未取得建设工程规划许可证等规划审批手续的，其与承包人签订的建设工程施工合同无效，但发包人在起诉前取得建设工程规划许可证等规划审批手续的除外。同时，该条第 2 款又规定，发包人能够办理审批手续而未办理，并以未办理审批手续为由请求确认建设工程施工合同无效的，人民法院不予支持。最高人民法院希望通过这条解释逐步树立一项裁判规则，即任何人不能从其不诚信的行为中获利。人民法院将始终高举诚实信用这面旗帜，保护善意当事人的合法权益，绝不允许当事人从不诚信行为中谋取不当利益！

附录 3　最高人民法院关于审理建设工程施工合同纠纷案件适用法律问题的解释

《最高人民法院关于审理建设工程施工合同纠纷案件适用法律问题的解释》已于 2004 年 9 月 29 日由最高人民法院审判委员会第 1327 次会议通过，现予公布，自 2005 年 1 月 1 日起施行。

根据《中华人民共和国民法通则》《中华人民共和国合同法》《中华人民共和国招标投标法》《中华人民共和国民事诉讼法》等法律规定，结合民事审判实际，就审理建设工程施工合同纠纷案件适用法律的问题，制定本解释。

第一条　建设工程施工合同具有下列情形之一的，应当根据合同法第五十二条第（五）项的规定，认定无效：

（一）承包人未取得建筑施工企业资质或者超越资质等级的；

（二）没有资质的实际施工人借用有资质的建筑施工企业名义的；

（三）建设工程必须进行招标而未招标或者中标无效的。

第二条 建设工程施工合同无效，但建设工程经竣工验收合格，承包人请求参照合同约定支付工程价款的，应予支持。

第三条 建设工程施工合同无效，且建设工程经竣工验收不合格的，按照以下情形分别处理：

（一）修复后的建设工程经竣工验收合格，发包人请求承包人承担修复费用的，应予支持；

（二）修复后的建设工程经竣工验收不合格，承包人请求支付工程价款的，不予支持。

因建设工程不合格造成的损失，发包人有过错的，也应承担相应的民事责任。

第四条 承包人非法转包、违法分包建设工程或者没有资质的实际施工人借用有资质的建筑施工企业名义与他人签订建设工程施工合同的行为无效。人民法院可以根据民法通则第一百三十四条规定，收缴当事人已经取得的非法所得。

第五条 承包人超越资质等级许可的业务范围签订建设工程施工合同，在建设工程竣工前取得相应资质等级，当事人请求按照无效合同处理的，不予支持。

第六条 当事人对垫资和垫资利息有约定，承包人请求按照约定返还垫资及其利息的，应予支持，但是约定的利息计算标准高于中国人民银行发布的同期同类贷款利率的部分除外。

当事人对垫资没有约定的，按照工程欠款处理。

当事人对垫资利息没有约定，承包人请求支付利息的，不予支持。

第七条 具有劳务作业法定资质的承包人与总承包人、分包人签订的劳务分包合同，当事人以转包建设工程违反法律规定为由请求确认无效的，不予支持。

第八条 承包人具有下列情形之一，发包人请求解除建设工程施工合同的，应予支持：

（一）明确表示或者以行为表明不履行合同主要义务的；

（二）合同约定的期限内没有完工，且在发包人催告的合理期限内仍未完工的；

（三）已经完成的建设工程质量不合格，并拒绝修复的；

（四）将承包的建设工程非法转包、违法分包的。

第九条 发包人具有下列情形之一，致使承包人无法施工，且在催告的合理期限内仍未履行相应义务，承包人请求解除建设工程施工合同的，应予支持：

（一）未按约定支付工程价款的；

（二）提供的主要建筑材料、建筑构配件和设备不符合强制性标准的；

（三）不履行合同约定的协助义务的。

第十条 建设工程施工合同解除后，已经完成的建设工程质量合格的，发包人应当按照约定支付相应的工程价款；已经完成的建设工程质量不合格的，参照本解释第三条规定处理。

因一方违约导致合同解除的，违约方应当赔偿因此而给对方造成的损失。

第十一条 因承包人的过错造成建设工程质量不符合约定，承包人拒绝修理、返工或者改建，发包人请求减少支付工程价款的，应予支持。

第十二条 发包人具有下列情形之一，造成建设工程质量缺陷，应当承担过错责任：

（一）提供的设计有缺陷；

（二）提供或者指定购买的建筑材料、建筑构配件、设备不符合强制性标准；

（三）直接指定分包人分包专业工程。

承包人有过错的，也应当承担相应的过错责任。

第十三条 建设工程未经竣工验收，发包人擅自使用后，又以使用部分质量不符合约定为由主张权利的，不予支持；但是承包人应当在建设工程的合理使用寿命内对地基基础工程和主体结构质量承担民事责任。

第十四条 当事人对建设工程实际竣工日期有争议的，按照以下情形分别处理：

（一）建设工程经竣工验收合格的，以竣工验收合格之日为竣工日期；

（二）承包人已经提交竣工验收报告，发包人拖延验收的，以承包人提交验收报告之日为竣工日期；

（三）建设工程未经竣工验收，发包人擅自使用的，以转移占有建设工程之日为竣工日期。

第十五条 建设工程竣工前，当事人对工程质量发生争议，工程质量经鉴定合格的，鉴定期间为顺延工期期间。

第十六条 当事人对建设工程的计价标准或者计价方法有约定的，按照约定结算工程价款。

因设计变更导致建设工程的工程量或者质量标准发生变化，当事人对该部分工程价款不能协商一致的，可以参照签订建设工程施工合同时当地建设行政主管部门发布的计价方法或者计价标准结算工程价款。

建设工程施工合同有效，但建设工程经竣工验收不合格的，工程价款结算参照本解释第三条规定处理。

第十七条 当事人对欠付工程价款利息计付标准有约定的，按照约定处理；没有约定的，按照中国人民银行发布的同期同类贷款利率计息。

第十八条 利息从应付工程价款之日计付。当事人对付款时间没有约定或者约定不明的，下列时间视为应付款时间：

（一）建设工程已实际交付的，为交付之日；

（二）建设工程没有交付的，为提交竣工结算文件之日；

（三）建设工程未交付，工程价款也未结算的，为当事人起诉之日。

第十九条 当事人对工程量有争议的，按照施工过程中形成的签证等书面文件确认。承包人能够证明发包人同意其施工，但未能提供签证文件证明工程量发生的，可以按照当事人提供的其他证据确认实际发生的工程量。

第二十条 当事人约定，发包人收到竣工结算文件后，在约定期限内不予答复，视为认可竣工结算文件的，按照约定处理。承包人请求按照竣工结算文件结算工程价款的，应予支持。

第二十一条 当事人就同一建设工程另行订立的建设工程施工合同与经过备案的中标合同实质性内容不一致的，应当以备案的中标合同作为结算工程价款的根据。

第二十二条 当事人约定按照固定价结算工程价款，一方当事人请求对建设工程造价进行鉴定的，不予支持。

第二十三条 当事人对部分案件事实有争议的，仅对有争议的事实进行鉴定，但争议事实范围不能确定，或者双方当事人请求对全部事实鉴定的除外。

第二十四条 建设工程施工合同纠纷以施工行为地为合同履行地。

第二十五条 因建设工程质量发生争议的，发包人可以以总承包人、分包人和实际施工人为共同被告提起诉讼。

第二十六条 实际施工人以转包人、违法分包人为被告起诉的，人民法院应当依法受理。

实际施工人以发包人为被告主张权利的，人民法院可以追加转包人或者违法分包人为本案当事人。发包人只在欠付工程价款范围内对实际施工人承担责任。

第二十七条 因保修人未及时履行保修义务，导致建筑物毁损或者造成人身、财产损害的，保修人应当承担赔偿责任。

保修人与建筑物所有人或者发包人对建筑物毁损均有过错的，各自承担相应的责任。

第二十八条 本解释自2005年1月1日起施行。

施行后受理的第一审案件适用本解释。

施行前最高人民法院发布的司法解释与本解释相抵触的，以本解释为准。

附录4 最高人民法院关于装修装饰工程款是否享有合同法第二百八十六条规定的优先受偿权的函复

福建省高级人民法院：

你院闽高法〔2004〕143号《关于福州市康辉装修工程有限公司与福州天胜房地产开发有限公司、福州绿叶房产代理有限公司装修工程承包合同纠纷一案的请示》收悉。经研究，答复如下：

装修装饰工程属于建设工程，可以适用《中华人民共和国合同法》第二百八十六条关于优先受偿权的规定，但装修装饰工程的发包人不是该建筑的所有权人或者承包人与该建筑物的所有权人之间没有合同关系的除外。享有优先权的承包人只能在建筑物因装修装饰而增加价值的范围内优先受偿。

此复。

附录 5 最高人民法院民事审判庭关于发包人收到承包人竣工结算文件后，在约定期限内不予答复，是否视为认可竣工结算文件的复函

你院渝高法〔2005〕154号《关于如何理解和适用最高人民法院〈关于审理建设工程施工合同纠纷案件适用法律问题的解释〉第二十条的请示》收悉。经研究，答复如下：

同意你院审委会的第二种意见，即适用该司法解释第二十条的前提条件是当事人之间约定了发包人收到竣工结算文件后，在约定期限内不予答复，则视为认可竣工结算文件。承包人提交的竣工结算文件可以作为工程款结算的依据。建设部制定的建设工程施工合同格式文本中的通用条款第33条第3款的规定，不能简单地推论出，双方当事人具有发包人收到竣工结算文件一定期限内不予答复，则视为认可承包人提交的竣工结算文件的一致意思表示，承包人提交的竣工结算文件不能作为工程款结算的依据。

最高人民法院民事审判庭

二〇〇六年四月二十五日

附录 6 最高人民法院关于建设工程承包合同案件中双方当事人已确认的工程决算价款与审计部门审计的工程决算价款不一致时如何适用法律问题的电话答复意见

河南省高级人民法院：

你院“关于建设工程承包合同案件中双方当事人已确认的工程决算价款与审计部门审计的工程决算价款不一致时如何适用法律问题的请示”收悉。经研究认为，审计是国家对建设单位的一种行政监督，不影响建设单位与承建单位的合同效力。建设工程承包合同案件应以当事人的约定作为法院判决的依据。只有在合同明确约定以审计结论作为结算依据或者合同约定不明确、合同约定无效的情况下，才能将审计结论作为判决的依据。

附录 7 最高人民法院关于人民法院在审理建设工程施工合同纠纷案件中如何认定财政评审中心出具的审核结论问题的答复

福建省高级人民法院：

你院〔2007〕闽民他字第12号请示收悉。关于人民法院在审理建设工程施工合同纠纷案件中如何认定财政评审中心出具的审核结论问题，经研究，答复如下：

财政部门对财政投资的评定审核是国家对建设单位基本建设资金的监督管理，不影响建设单位与承建单位的合同效力及履行。但是，建设合同中明确约定以财政投资的审核结

论作为结算依据的，审核结论应当作为结算的依据。

二〇〇八年五月十六日

附录 8 最高人民法院民事审判庭关于如何理解和适用《最高人民法院关于审理建设工程施工合同纠纷案件适用法律问题的解释》第二十条的复函

重庆市高级人民法院：

你院渝高法〔2005〕154 号《关于如何理解和适用最高人民法院〈关于审理建设工程施工合同纠纷案件适用法律问题的解释〉第二十条的请示》收悉。经研究，答复如下：

同意你院审委会的第二种意见，即适用该司法解释第二十条的前提条件是当事人之间约定了发包人收到竣工结算文件后，在约定期限内不予答复，则视为认可竣工结算文件。承包人提交的竣工结算文件可以作为工程款结算的依据。建设部制定的建设工程施工合同格式文本中的通用条款第 33 条第 3 款的规定，不能简单地推论出，双方当事人具有发包人收到竣工结算文件一定期限内不予答复，则视为认可承包人提交的竣工结算文件的一致意思表示，承包人提交的竣工结算文件不能作为工程款结算的依据。

附录 9 最高人民法院关于建设工程价款优先受偿权问题的批复

上海市高级人民法院：

你院沪高法〔2001〕14 号《关于合同法第 286 条理解与适用问题的请示》收悉。经研究，答复如下：

一、人民法院在审理房地产纠纷案件和办理执行案件中，应当依照《中华人民共和国合同法》第二百八十六条的规定，认定建筑工程的承包人的优先受偿权优于抵押权和其他债权。

二、消费者交付购买商品房的全部或者大部分款项后，承包人就该商品房享有的工程价款优先受偿权不得对抗买受人。

三、建筑工程价款包括承包人为建设工程应当支付的工作人员报酬、材料款等实际支出的费用，不包括承包人因发包人违约所造成的损失。

四、建设工程承包人行使优先权的期限为六个月，自建设工程竣工之日或者建设工程合同约定的竣工之日起计算。

五、本批复第一条至第三条自公布之日起施行，第四条自公布之日起六个月后施行。

此复。

附录 10 建设工程定额管理办法

第一章 总则

第一条 为规范建设工程定额（以下简称定额）管理，合理确定和有效控制工程造价，更好地为工程建设服务，依据相关法律法规，制定本办法。

第二条 国务院住房城乡建设行政主管部门、各省级住房城乡建设行政主管部门和行业主管部门（以下简称各主管部门）发布的各类定额，适用本办法。

第三条 本办法所称定额是指在正常施工条件下完成规定计量单位的合格建筑安装工程所消耗的人工、材料、施工机具台班、工期天数及相关费率等的数量基准。

定额是国有资金投资工程编制投资估算、设计概算和最高投标限价的依据，对其他工程仅供参考。

第四条 定额管理包括定额的体系与计划、制定与修订、发布与日常管理。

第五条 定额管理应遵循统一规划、分工负责、科学编制、动态管理的原则。

第六条 国务院住房城乡建设行政主管部门负责全国统一定额管理工作，指导监督全国各类定额的实施；

行业主管部门负责本行业的定额管理工作；

省级住房城乡建设行政主管部门负责本行政区域内的定额管理工作。

定额管理具体工作由各主管部门所属建设工程造价管理机构负责。

第二章 体系与计划

第七条 各主管部门应编制和完善相应的定额体系表，并适时调整。

国务院住房城乡建设行政主管部门负责制定定额体系编制的统一要求。各行业主管部门、省级住房城乡建设行政主管部门按统一要求编制完善本行业和地区的定额体系表，并报国务院住房城乡建设行政主管部门。

国务院住房城乡建设行政主管部门根据各行业主管部门、省级住房城乡建设行政主管部门报送的定额体系表编制发布全国定额体系表。

第八条 各主管部门应根据工程建设发展的需要，按照定额体系相关要求，组织工程造价管理机构编制定额年度工作计划，明确工作任务、工作重点、主要措施、进度安排、工作经费等。

第三章 制定与修订

第九条 定额的制定与修订包括制定、全面修订、局部修订、补充。

（一）对新型工程以及建筑产业现代化、绿色建筑、建筑节能等工程建设新要求，应及时制定新定额。

（二）对相关技术规程和技术规范已全面更新且不能满足工程计价需要的定额，发布实施已满五年的定额，应全面修订。

（三）对相关技术规程和技术规范发生局部调整且不能满足工程计价需要的定额，部分子目已不适应工程计价需要的定额，应及时局部修订。

（四）对定额发布后工程建设中出现的新技术、新工艺、新材料、新设备等情况，应根据工程建设需求及时编制补充定额。

第十条 定额应按统一的规则进行编制，术语、符号、计量单位等严格执行国家相关标准和规范，做到格式规范、语言严谨、数据准确。

第十一条 定额应合理反映工程建设的实际情况，体现工程建设的社会平均水平，积极引导新技术、新工艺、新材料、新设备的应用。

第十二条 各主管部门可通过购买服务等多种方式，充分发挥企业、科研单位、社团组织等社会力量在工程定额编制中的基础作用，提高定额编制科学性、及时性。鼓励企业编制企业定额。

第十三条 定额的制定、全面修订和局部修订工作均应按准备、编制初稿、征求意见、审查、批准发布五个步骤进行。

（一）准备：建设工程造价管理机构根据定额工作计划，组织具有一定工程实践经验和专业技术水平的人员成立编制组。编制组负责拟定工作大纲，建设工程造价管理机构负责对工作大纲进行审查。工作大纲主要内容应包括：任务依据、编制目的、编制原则、编制依据、主要内容、需要解决的主要问题、编制组人员与分工、进度安排、编制经费来源等。

（二）编制初稿：编制组根据工作大纲开展调查研究工作，深入定额使用单位了解情况、广泛收集数据，对编制中的重大问题或技术问题，应进行测算验证或召开专题会议论证，并形成相应报告，在此基础上经过项目划分和水平测算后编制完成定额初稿。

（三）征求意见：建设工程造价管理机构组织专家对定额初稿进行初审。编制组根据定额初审意见修改完成定额征求意见稿。征求意见稿由各主管部门或其授权的建设工程造价管理机构公开征求意见。征求意见的期限一般为一个月。征求意见稿包括正文和编制说明。

（四）审查：建设工程造价管理机构组织编制组根据征求意见进行修改后形成定额送审文件。送审文件应包括正文、编制说明、征求意见处理汇总表等。

定额送审文件的审查一般采取审查会议的形式。审查会议应由各主管部门组织召开，参加会议的人员应由有经验的专家代表、编制组人员等组成，审查会议应形成会议纪要。

（五）批准发布：建设工程造价管理机构组织编制组根据定额送审文件审查意见进行修改后形成报批文件，报送各主管部门批准。报批文件包括正文、编制报告、审查会议纪要、审查意见处理汇总表等。

第十四条 定额制定与修订工作完成后，编制组应将计算底稿等基础资料和成果提交建设工程造价管理机构存档。

第四章 发布与日常管理

第十五条 定额应按国务院住房城乡建设主管部门制定的规则统一命名与编号。

第十六条 各省、自治区、直辖市和行业的定额发布后应由其主管部门报国务院住房城乡建设行政主管部门备案。

第十七条 建设工程造价管理机构负责定额日常管理，主要任务是：

（一）每年应面向社会公开征求意见，深入市场调查，收集公众、工程建设各方主体对定额的意见和新要求，并提出处理意见；

（二）组织开展定额的宣传贯彻；

（三）负责收集整理有关定额解释和定额实施情况的资料；

（四）组织开展定额实施情况的指导监督；

（五）负责组建定额编制专家库，加强定额管理队伍建设。

第五章 经费

第十八条 各主管部门应按照《财政部、国家发展改革委关于公布取消和停止征收100项行政事业性收费项目的通知》（财综〔2008〕78号）要求，积极协调同级财政部门在财政预算中保障定额相关经费。

第十九条 定额经费的使用应符合国家、行业或地方财务管理制度，实行专款专用，接受有关部门的监督与检查。

第六章 附则

第二十条 本办法由国务院住房城乡建设行政主管部门负责解释。

第二十一条 各省级住房城乡建设行政主管部门和行业主管部门可以根据本办法制定实施细则。

第二十二条 本办法自发布之日起施行。

附录11 住房和城乡建设部、财政部关于印发《建筑安装工程费用项目组成》的通知

各省、自治区住房城乡建设厅、财政厅，直辖市建委（建交委）、财政局，国务院有关部门：

为适应深化工程计价改革的需要，根据国家有关法律、法规及相关政策，在总结原建设部、财政部《关于印发〈建筑安装工程费用项目组成〉的通知》（建标〔2003〕206号）（以下简称《通知》）执行情况的基础上，我们修订完成了《建筑安装工程费用项目组成》（以下简称《费用组成》），现印发给你们。为便于各地区、各部门做好发布后的贯彻实施工作，现将主要调整内容和贯彻实施有关事项通知如下：

一、《费用组成》调整的主要内容：

（一）建筑安装工程费用项目按费用构成要素组成划分为人工费、材料费、施工机具使用费、企业管理费、利润、规费和税金（见附件1）。

（二）为指导工程造价专业人员计算建筑安装工程造价，将建筑安装工程费用按工程造价形成顺序划分为分部分项工程费、措施项目费、其他项目费、规费和税金（见附

件 2）。

（三）按照国家统计局《关于工资总额组成的规定》，合理调整了人工费构成及内容。

（四）依据国家发展改革委、财政部等 9 部委发布的《标准施工招标文件》的有关规定，将工程设备费列入材料费；原材料费中的检验试验费列入企业管理费。

（五）将仪器仪表使用费列入施工机具使用费；大型机械进出场及安拆费列入措施项目费。

（六）按照《社会保险法》的规定，将原企业管理费中劳动保险费中的职工死亡丧葬补助费、抚恤费列入规费中的养老保险费；在企业管理费中的财务费和其他中增加担保费用、投标费、保险费。

（七）按照《社会保险法》、《建筑法》的规定，取消原规费中危险作业意外伤害保险费，增加工伤保险费、生育保险费。

（八）按照财政部的有关规定，在税金中增加地方教育附加。

二、为指导各部门、各地区按照本通知开展费用标准测算等工作，我们对原《通知》中建筑安装工程费用参考计算方法、公式和计价程序等进行了相应的修改完善，统一制订了《建筑安装工程费用参考计算方法》和《建筑安装工程计价程序》（见附件 3、附件 4）。

三、《费用组成》自 2013 年 7 月 1 日起施行，原建设部、财政部《关于印发〈建筑安装工程费用项目组成〉的通知》（建标〔2003〕206 号）同时废止。

中华人民共和国住房和城乡建设部

中华人民共和国财政部

2013 年 3 月 21 日

附件：

1. 建筑安装工程费用项目组成（按费用构成要素划分）.doc
2. 建筑安装工程费用项目组成（按造价形成划分）.doc
3. 建筑安装工程费用参考计算方法.doc
4. 建筑安装工程计价程序.doc

附录 12　建筑工程施工发包与承包计价管理办法（2013）

第一条　为了规范建筑工程施工发包与承包计价行为，维护建筑工程发包与承包双方的合法权益，促进建筑市场的健康发展，根据有关法律、法规，制定本办法。

第二条　在中华人民共和国境内的建筑工程施工发包与承包计价（以下简称工程发承包计价）管理，适用本办法。

本办法所称建筑工程是指房屋建筑和市政基础设施工程。

本办法所称工程发承包计价包括编制工程量清单、最高投标限价、招标标底、投标报价，进行工程结算，以及签订和调整合同价款等活动。

第三条 建筑工程施工发包与承包价在政府宏观调控下，由市场竞争形成。

工程发承包计价应当遵循公平、合法和诚实信用的原则。

第四条 国务院住房城乡建设主管部门负责全国工程发承包计价工作的管理。

县级以上地方人民政府住房城乡建设主管部门负责本行政区域内工程发承包计价工作的管理。其具体工作可以委托工程造价管理机构负责。

第五条 国家推广工程造价咨询制度，对建筑工程项目实行全过程造价管理。

第六条 全部使用国有资金投资或者以国有资金投资为主的建筑工程（以下简称国有资金投资的建筑工程），应当采用工程量清单计价；非国有资金投资的建筑工程，鼓励采用工程量清单计价。

国有资金投资的建筑工程招标的，应当设有最高投标限价；非国有资金投资的建筑工程招标的，可以设有最高投标限价或者招标标底。

最高投标限价及其成果文件，应当由招标人报工程所在地县级以上地方人民政府住房城乡建设主管部门备案。

第七条 工程量清单应当依据国家制定的工程量清单计价规范、工程量计算规范等编制。工程量清单应当作为招标文件的组成部分。

第八条 最高投标限价应当依据工程量清单、工程计价有关规定和市场价格信息等编制。招标人设有最高投标限价的，应当在招标时公布最高投标限价的总价，以及各单位工程的分部分项工程费、措施项目费、其他项目费、规费和税金。

第九条 招标标底应当依据工程计价有关规定和市场价格信息等编制。

第十条 投标报价不得低于工程成本，不得高于最高投标限价。

投标报价应当依据工程量清单、工程计价有关规定、企业定额和市场价格信息等编制。

第十一条 投标报价低于工程成本或者高于最高投标限价总价的，评标委员会应当否决投标人的投标。

对是否低于工程成本报价的异议，评标委员会可以参照国务院住房城乡建设主管部门和省、自治区、直辖市人民政府住房城乡建设主管部门发布的有关规定进行评审。

第十二条 招标人与中标人应当根据中标价订立合同。不实行招标投标的工程由发承包双方协商订立合同。

合同价款的有关事项由发承包双方约定，一般包括合同价款约定方式，预付工程款、工程进度款、工程竣工价款的支付和结算方式，以及合同价款的调整情形等。

第十三条 发承包双方在确定合同价款时，应当考虑市场环境和生产要素价格变化对合同价款的影响。

实行工程量清单计价的建筑工程，鼓励发承包双方采用单价方式确定合同价款。

建设规模较小、技术难度较低、工期较短的建筑工程，发承包双方可以采用总价方式确定合同价款。

紧急抢险、救灾以及施工技术特别复杂的建筑工程，发承包双方可以采用成本加酬金方式确定合同价款。

第十四条 发承包双方应当在合同中约定，发生下列情形时合同价款的调整方法：

（一）法律、法规、规章或者国家有关政策变化影响合同价款的；

（二）工程造价管理机构发布价格调整信息的；

（三）经批准变更设计的；

（四）发包方更改经审定批准的施工组织设计造成费用增加的；

（五）双方约定的其他因素。

第十五条 发承包双方应当根据国务院住房城乡建设主管部门和省、自治区、直辖市人民政府住房城乡建设主管部门的规定，结合工程款、建设工期等情况在合同中约定预付工程款的具体事宜。

预付工程款按照合同价款或者年度工程计划额度的一定比例确定和支付，并在工程进度款中予以抵扣。

第十六条 承包方应当按照合同约定向发包方提交已完成工程量报告。发包方收到工程量报告后，应当按照合同约定及时核对并确认。

第十七条 发承包双方应当按照合同约定，定期或者按照工程进度分段进行工程款结算和支付。

第十八条 工程完工后，应当按照下列规定进行竣工结算：

（一）承包方应当在工程完工后的约定期限内提交竣工结算文件。

（二）国有资金投资建筑工程的发包方，应当委托具有相应资质的工程造价咨询企业对竣工结算文件进行审核，并在收到竣工结算文件后的约定期限内向承包方提出由工程造价咨询企业出具的竣工结算文件审核意见；逾期未答复的，按照合同约定处理，合同没有约定的，竣工结算文件视为已被认可。

非国有资金投资的建筑工程发包方，应当在收到竣工结算文件后的约定期限内予以答复，逾期未答复的，按照合同约定处理，合同没有约定的，竣工结算文件视为已被认可；发包方对竣工结算文件有异议的，应当在答复期内向承包方提出，并可以在提出异议之日起的约定期限内与承包方协商；发包方在协商期内未与承包方协商或者经协商未能与承包方达成协议的，应当委托工程造价咨询企业进行竣工结算审核，并在协商期满后的约定期限内向承包方提出由工程造价咨询企业出具的竣工结算文件审核意见。

（三）承包方对发包方提出的工程造价咨询企业竣工结算审核意见有异议的，在接到该审核意见后一个月内，可以向有关工程造价管理机构或者有关行业组织申请调解，调解不成的，可以依法申请仲裁或者向人民法院提起诉讼。

发承包双方在合同中对本条第（一）项、第（二）项的期限没有明确约定的，应当按照国家有关规定执行；国家没有规定的，可认为其约定期限均为 28 日。

第十九条 工程竣工结算文件经发承包双方签字确认的，应当作为工程决算的依据，未经对方同意，另一方不得就已生效的竣工结算文件委托工程造价咨询企业重复审核。发包方应当按照竣工结算文件及时支付竣工结算款。

竣工结算文件应当由发包方报工程所在地县级以上地方人民政府住房城乡建设主管部门备案。

第二十条 造价工程师编制工程量清单、最高投标限价、招标标底、投标报价、工程结算审核和工程造价鉴定文件，应当签字并加盖造价工程师执业专用章。

第二十一条 县级以上地方人民政府住房城乡建设主管部门应当依照有关法律、法规和本办法规定，加强对建筑工程发承包计价活动的监督检查和投诉举报的核查，并有权采取下列措施：

（一）要求被检查单位提供有关文件和资料；

（二）就有关问题询问签署文件的人员；

（三）要求改正违反有关法律、法规、本办法或者工程建设强制性标准的行为。

县级以上地方人民政府住房城乡建设主管部门应当将监督检查的处理结果向社会公开。

第二十二条 造价工程师在最高投标限价、招标标底或者投标报价编制、工程结算审核和工程造价鉴定中，签署有虚假记载、误导性陈述的工程造价成果文件的，记入造价工程师信用档案，依照《注册造价工程师管理办法》进行查处；构成犯罪的，依法追究刑事责任。

第二十三条 工程造价咨询企业在建筑工程计价活动中，出具有虚假记载、误导性陈述的工程造价成果文件的，记入工程造价咨询企业信用档案，由县级以上地方人民政府住房城乡建设主管部门责令改正，处1万元以上3万元以下的罚款，并予以通报。

第二十四条 国家机关工作人员在建筑工程计价监督管理工作中玩忽职守、徇私舞弊、滥用职权的，由有关机关给予行政处分；构成犯罪的，依法追究刑事责任。

第二十五条 建筑工程以外的工程施工发包与承包计价管理可以参照本办法执行。

第二十六条 省、自治区、直辖市人民政府住房城乡建设主管部门可以根据本办法制定实施细则。

第二十七条 本办法自2014年2月1日起施行。原建设部2001年11月5日发布的《建筑工程施工发包与承包计价管理办法》（建设部令第107号）同时废止。

附录13 必须招标的基础设施和公用事业项目范围规定

第一条 为明确必须招标的大型基础设施和公用事业项目范围，根据《中华人民共和国招标投标法》和《必须招标的工程项目规定》，制定本规定。

第二条 不属于《必须招标的工程项目规定》第二条、第三条规定情形的大型基础设施、公用事业等关系社会公共利益、公众安全的项目，必须招标的具体范围包括：

（一）煤炭、石油、天然气、电力、新能源等能源基础设施项目；

（二）铁路、公路、管道、水运，以及公共航空和A1级通用机场等交通运输基础设施项目；

（三）电信枢纽、通信信息网络等通信基础设施项目；

（四）防洪、灌溉、排涝、引（供）水等水利基础设施项目；

（五）城市轨道交通等城建项目。

第三条 本规定自2018年6月6日起施行。

附录14 必须招标的工程项目规定

第一条 为了确定必须招标的工程项目，规范招标投标活动，提高工作效率、降低企业成本、预防腐败，根据《中华人民共和国招标投标法》第三条的规定，制定本规定。

第二条 全部或者部分使用国有资金投资或者国家融资的项目包括：

（一）使用预算资金200万元人民币以上，并且该资金占投资额10%以上的项目；

（二）使用国有企业事业单位资金，并且该资金占控股或者主导地位的项目。

第三条 使用国际组织或者外国政府贷款、援助资金的项目包括：

（一）使用世界银行、亚洲开发银行等国际组织贷款、援助资金的项目；

（二）使用外国政府及其机构贷款、援助资金的项目。

第四条 不属于本规定第二条、第三条规定情形的大型基础设施、公用事业等关系社会公共利益、公众安全的项目，必须招标的具体范围由国务院发展改革部门会同国务院有关部门按照确有必要、严格限定的原则制订，报国务院批准。

第五条 本规定第二条至第四条规定范围内的项目，其勘察、设计、施工、监理以及与工程建设有关的重要设备、材料等的采购达到下列标准之一的，必须招标：

（一）施工单项合同估算价在400万元人民币以上；

（二）重要设备、材料等货物的采购，单项合同估算价在200万元人民币以上；

（三）勘察、设计、监理等服务的采购，单项合同估算价在100万元人民币以上。

同一项目中可以合并进行的勘察、设计、施工、监理以及与工程建设有关的重要设备、材料等的采购，合同估算价合计达到前款规定标准的，必须招标。

第六条 本规定自2018年6月1日起施行。

附录15 建设工程质量保证金管理办法（2017修订）

第一条 为规范建设工程质量保证金管理，落实工程在缺陷责任期内的维修责任，根据《中华人民共和国建筑法》《建设工程质量管理条例》《国务院办公厅关于清理规范工程建设领域保证金的通知》和《基本建设财务管理规则》等相关规定，制定本办法。

第二条 本办法所称建设工程质量保证金（以下简称保证金）是指发包人与承包人在

建设工程承包合同中约定，从应付的工程款中预留，用以保证承包人在缺陷责任期内对建设工程出现的缺陷进行维修的资金。

缺陷是指建设工程质量不符合工程建设强制性标准、设计文件，以及承包合同的约定。

缺陷责任期一般为1年，最长不超过2年，由发、承包双方在合同中约定。

第三条 发包人应当在招标文件中明确保证金预留、返还等内容，并与承包人在合同条款中对涉及保证金的下列事项进行约定：

（一）保证金预留、返还方式；

（二）保证金预留比例、期限；

（三）保证金是否计付利息，如计付利息，利息的计算方式；

（四）缺陷责任期的期限及计算方式；

（五）保证金预留、返还及工程维修质量、费用等争议的处理程序；

（六）缺陷责任期内出现缺陷的索赔方式；

（七）逾期返还保证金的违约金支付办法及违约责任。

第四条 缺陷责任期内，实行国库集中支付的政府投资项目，保证金的管理应按国库集中支付的有关规定执行。其他政府投资项目，保证金可以预留在财政部门或发包方。缺陷责任期内，如发包方被撤销，保证金随交付使用资产一并移交使用单位管理，由使用单位代行发包人职责。

社会投资项目采用预留保证金方式的，发、承包双方可以约定将保证金交由第三方金融机构托管。

第五条 推行银行保函制度，承包人可以银行保函替代预留保证金。

第六条 在工程项目竣工前，已经缴纳履约保证金的，发包人不得同时预留工程质量保证金。

采用工程质量保证担保、工程质量保险等其他保证方式的，发包人不得再预留保证金。

第七条 发包人应按照合同约定方式预留保证金，保证金总预留比例不得高于工程价款结算总额的3%。合同约定由承包人以银行保函替代预留保证金的，保函金额不得高于工程价款结算总额的3%。

第八条 缺陷责任期从工程通过竣工验收之日起计。由于承包人原因导致工程无法按规定期限进行竣工验收的，缺陷责任期从实际通过竣工验收之日起计。由于发包人原因导致工程无法按规定期限进行竣工验收的，在承包人提交竣工验收报告90天后，工程自动进入缺陷责任期。

第九条 缺陷责任期内，由承包人原因造成的缺陷，承包人应负责维修，并承担鉴定及维修费用。如承包人不维修也不承担费用，发包人可按合同约定从保证金或银行保函中扣除，费用超出保证金额的，发包人可按合同约定向承包人进行索赔。承包人维修并承担相应费用后，不免除对工程的损失赔偿责任。

由他人原因造成的缺陷，发包人负责组织维修，承包人不承担费用，且发包人不得从保证金中扣除费用。

第十条 缺陷责任期内，承包人认真履行合同约定的责任，到期后，承包人向发包人申请返还保证金。

第十一条 发包人在接到承包人返还保证金申请后，应于14天内会同承包人按照合同约定的内容进行核实。如无异议，发包人应当按照约定将保证金返还给承包人。对返还期限没有约定或者约定不明确的，发包人应当在核实后14天内将保证金返还承包人，逾期未返还的，依法承担违约责任。发包人在接到承包人返还保证金申请后14天内不予答复，经催告后14天内仍不予答复，视同认可承包人的返还保证金申请。

第十二条 发包人和承包人对保证金预留、返还以及工程维修质量、费用有争议的，按承包合同约定的争议和纠纷解决程序处理。

第十三条 建设工程实行工程总承包的，总承包单位与分包单位有关保证金的权利与义务的约定，参照本办法关于发包人与承包人相应权利与义务的约定执行。

第十四条 本办法由住房城乡建设部、财政部负责解释。

第十五条 本办法自2017年7月1日起施行，原《建设工程质量保证金管理办法》（建质〔2016〕295号）同时废止。

附录16 《中华人民共和国民法典》（第十八章 建设工程合同）

第十八章 建设工程合同

第七百八十八条 建设工程合同是承包人进行工程建设，发包人支付价款的合同。

建设工程合同包括工程勘察、设计、施工合同。

第七百八十九条 建设工程合同应当采用书面形式。

第七百九十条 建设工程的招标投标活动，应当依照有关法律的规定公开、公平、公正进行。

第七百九十一条 发包人可以与总承包人订立建设工程合同，也可以分别与勘察人、设计人、施工人订立勘察、设计、施工承包合同。发包人不得将应当由一个承包人完成的建设工程支解成若干部分发包给数个承包人。

总承包人或者勘察、设计、施工承包人经发包人同意，可以将自己承包的部分工作交由第三人完成。第三人就其完成的工作成果与总承包人或者勘察、设计、施工承包人向发包人承担连带责任。承包人不得将其承包的全部建设工程转包给第三人或者将其承包的全部建设工程支解以后以分包的名义分别转包给第三人。

禁止承包人将工程分包给不具备相应资质条件的单位。禁止分包单位将其承包的工程再分包。建设工程主体结构的施工必须由承包人自行完成。

第七百九十二条 国家重大建设工程合同，应当按照国家规定的程序和国家批准的投资计划、可行性研究报告等文件订立。

第七百九十三条　建设工程施工合同无效，但是建设工程经验收合格的，可以参照合同关于工程价款的约定折价补偿承包人。

建设工程施工合同无效，且建设工程经验收不合格的，按照以下情形处理：

（一）修复后的建设工程经验收合格的，发包人可以请求承包人承担修复费用；

（二）修复后的建设工程经验收不合格的，承包人无权请求参照合同关于工程价款的约定折价补偿。

发包人对因建设工程不合格造成的损失有过错的，应当承担相应的责任。

第七百九十四条　勘察、设计合同的内容一般包括提交有关基础资料和概预算等文件的期限、质量要求、费用以及其他协作条件等条款。

第七百九十五条　施工合同的内容一般包括工程范围、建设工期、中间交工工程的开工和竣工时间、工程质量、工程造价、技术资料交付时间、材料和设备供应责任、拨款和结算、竣工验收、质量保修范围和质量保证期、相互协作等条款。

第七百九十六条　建设工程实行监理的，发包人应当与监理人采用书面形式订立委托监理合同。发包人与监理人的权利和义务以及法律责任，应当依照本编委托合同以及其他有关法律、行政法规的规定。

第七百九十七条　发包人在不妨碍承包人正常作业的情况下，可以随时对作业进度、质量进行检查。

第七百九十八条　隐蔽工程在隐蔽以前，承包人应当通知发包人检查。发包人没有及时检查的，承包人可以顺延工程日期，并有权请求赔偿停工、窝工等损失。

第七百九十九条　建设工程竣工后，发包人应当根据施工图纸及说明书、国家颁发的施工验收规范和质量检验标准及时进行验收。验收合格的，发包人应当按照约定支付价款，并接收该建设工程。

建设工程竣工经验收合格后，方可交付使用；未经验收或者验收不合格的，不得交付使用。

第八百条　勘察、设计的质量不符合要求或者未按照期限提交勘察、设计文件拖延工期，造成发包人损失的，勘察人、设计人应当继续完善勘察、设计，减收或者免收勘察、设计费并赔偿损失。

第八百零一条　因施工人的原因致使建设工程质量不符合约定的，发包人有权请求施工人在合理期限内无偿修理或者返工、改建。经过修理或者返工、改建后，造成逾期交付的，施工人应当承担违约责任。

第八百零二条　因承包人的原因致使建设工程在合理使用期限内造成人身损害和财产损失的，承包人应当承担赔偿责任。

第八百零三条　发包人未按照约定的时间和要求提供原材料、设备、场地、资金、技术资料的，承包人可以顺延工程日期，并有权请求赔偿停工、窝工等损失。

第八百零四条　因发包人的原因致使工程中途停建、缓建的，发包人应当采取措施弥补或者减少损失，赔偿承包人因此造成的停工、窝工、倒运、机械设备调迁、材料和构件积压等损失和实际费用。

第八百零五条　因发包人变更计划，提供的资料不准确，或者未按照期限提供必需的勘察、设计工作条件而造成勘察、设计的返工、停工或者修改设计，发包人应当按照勘察人、设计人实际消耗的工作量增付费用。

第八百零六条　承包人将建设工程转包、违法分包的，发包人可以解除合同。

发包人提供的主要建筑材料、建筑构配件和设备不符合强制性标准或者不履行协助义务，致使承包人无法施工，经催告后在合理期限内仍未履行相应义务的，承包人可以解除合同。

合同解除后，已经完成的建设工程质量合格的，发包人应当按照约定支付相应的工程价款；已经完成的建设工程质量不合格的，参照本法第七百九十三条的规定处理。

第八百零七条　发包人未按照约定支付价款的，承包人可以催告发包人在合理期限内支付价款。发包人逾期不支付的，除根据建设工程的性质不宜折价、拍卖外，承包人可以与发包人协议将该工程折价，也可以请求人民法院将该工程依法拍卖。建设工程的价款就该工程折价或者拍卖的价款优先受偿。

第八百零八条　本章没有规定的，适用承揽合同的有关规定。

附录 17　《最高人民法院关于审理建设工程施工合同纠纷案件适用法律问题的解释（一）》

（2020 年 12 月 25 日最高人民法院审判委员会
第 1825 次会议通过，自 2021 年 1 月 1 日起施行）

为正确审理建设工程施工合同纠纷案件，依法保护当事人合法权益，维护建筑市场秩序，促进建筑市场健康发展，根据《中华人民共和国民法典》《中华人民共和国建筑法》《中华人民共和国招标投标法》《中华人民共和国民事诉讼法》等相关法律规定，结合审判实践，制定本解释。

第一条　建设工程施工合同具有下列情形之一的，应当依据民法典第一百五十三条第一款的规定，认定无效：

（一）承包人未取得建筑业企业资质或者超越资质等级的；

（二）没有资质的实际施工人借用有资质的建筑施工企业名义的；

（三）建设工程必须进行招标而未招标或者中标无效的。

承包人因转包、违法分包建设工程与他人签订的建设工程施工合同，应当依据民法典第一百五十三条第一款及第七百九十一条第二款、第三款的规定，认定无效。

第二条　招标人和中标人另行签订的建设工程施工合同约定的工程范围、建设工期、工程质量、工程价款等实质性内容，与中标合同不一致，一方当事人请求按照中标合同确定权利义务的，人民法院应予支持。

招标人和中标人在中标合同之外就明显高于市场价格购买承建房产、无偿建设住房配套设施、让利、向建设单位捐赠财物等另行签订合同，变相降低工程价款，一方当事人以该合同背离中标合同实质性内容为由请求确认无效的，人民法院应予支持。

第三条 当事人以发包人未取得建设工程规划许可证等规划审批手续为由，请求确认建设工程施工合同无效的，人民法院应予支持，但发包人在起诉前取得建设工程规划许可证等规划审批手续的除外。

发包人能够办理审批手续而未办理，并以未办理审批手续为由请求确认建设工程施工合同无效的，人民法院不予支持。

第四条 承包人超越资质等级许可的业务范围签订建设工程施工合同，在建设工程竣工前取得相应资质等级，当事人请求按照无效合同处理的，人民法院不予支持。

第五条 具有劳务作业法定资质的承包人与总承包人、分包人签订的劳务分包合同，当事人请求确认无效的，人民法院依法不予支持。

第六条 建设工程施工合同无效，一方当事人请求对方赔偿损失的，应当就对方过错、损失大小、过错与损失之间的因果关系承担举证责任。

损失大小无法确定，一方当事人请求参照合同约定的质量标准、建设工期、工程价款支付时间等内容确定损失大小的，人民法院可以结合双方过错程度、过错与损失之间的因果关系等因素作出裁判。

第七条 缺乏资质的单位或者个人借用有资质的建筑施工企业名义签订建设工程施工合同，发包人请求出借方与借用方对建设工程质量不合格等因出借资质造成的损失承担连带赔偿责任的，人民法院应予支持。

第八条 当事人对建设工程开工日期有争议的，人民法院应当分别按照以下情形予以认定：

（一）开工日期为发包人或者监理人发出的开工通知载明的开工日期；开工通知发出后，尚不具备开工条件的，以开工条件具备的时间为开工日期；因承包人原因导致开工时间推迟的，以开工通知载明的时间为开工日期。

（二）承包人经发包人同意已经实际进场施工的，以实际进场施工时间为开工日期。

（三）发包人或者监理人未发出开工通知，亦无相关证据证明实际开工日期的，应当综合考虑开工报告、合同、施工许可证、竣工验收报告或者竣工验收备案表等载明的时间，并结合是否具备开工条件的事实，认定开工日期。

第九条 当事人对建设工程实际竣工日期有争议的，人民法院应当分别按照以下情形予以认定：

（一）建设工程经竣工验收合格的，以竣工验收合格之日为竣工日期；

（二）承包人已经提交竣工验收报告，发包人拖延验收的，以承包人提交验收报告之日为竣工日期；

（三）建设工程未经竣工验收，发包人擅自使用的，以转移占有建设工程之日为竣工日期。

第十条 当事人约定顺延工期应当经发包人或者监理人签证等方式确认，承包人虽未取得工期顺延的确认，但能够证明在合同约定的期限内向发包人或者监理人申请过工期顺延且顺延事由符合合同约定，承包人以此为由主张工期顺延的，人民法院应予支持。

当事人约定承包人未在约定期限内提出工期顺延申请视为工期不顺延的，按照约定处理，但发包人在约定期限后同意工期顺延或者承包人提出合理抗辩的除外。

第十一条 建设工程竣工前，当事人对工程质量发生争议，工程质量经鉴定合格的，鉴定期间为顺延工期期间。

第十二条 因承包人的原因造成建设工程质量不符合约定，承包人拒绝修理、返工或者改建，发包人请求减少支付工程价款的，人民法院应予支持。

第十三条 发包人具有下列情形之一，造成建设工程质量缺陷，应当承担过错责任：

（一）提供的设计有缺陷；

（二）提供或者指定购买的建筑材料、建筑构配件、设备不符合强制性标准；

（三）直接指定分包人分包专业工程。

承包人有过错的，也应当承担相应的过错责任。

第十四条 建设工程未经竣工验收，发包人擅自使用后，又以使用部分质量不符合约定为由主张权利的，人民法院不予支持；但是承包人应当在建设工程的合理使用寿命内对地基基础工程和主体结构质量承担民事责任。

第十五条 因建设工程质量发生争议的，发包人可以以总承包人、分包人和实际施工人为共同被告提起诉讼。

第十六条 发包人在承包人提起的建设工程施工合同纠纷案件中，以建设工程质量不符合合同约定或者法律规定为由，就承包人支付违约金或者赔偿修理、返工、改建的合理费用等损失提出反诉的，人民法院可以合并审理。

第十七条 有下列情形之一，承包人请求发包人返还工程质量保证金的，人民法院应予支持：

（一）当事人约定的工程质量保证金返还期限届满；

（二）当事人未约定工程质量保证金返还期限的，自建设工程通过竣工验收之日起满二年；

（三）因发包人原因建设工程未按约定期限进行竣工验收的，自承包人提交工程竣工验收报告九十日后当事人约定的工程质量保证金返还期限届满；当事人未约定工程质量保证金返还期限的，自承包人提交工程竣工验收报告九十日后起满二年。

发包人返还工程质量保证金后，不影响承包人根据合同约定或者法律规定履行工程保修义务。

第十八条 因保修人未及时履行保修义务，导致建筑物毁损或者造成人身损害、财产损失的，保修人应当承担赔偿责任。

保修人与建筑物所有人或者发包人对建筑物毁损均有过错的，各自承担相应的责任。

第十九条 当事人对建设工程的计价标准或者计价方法有约定的，按照约定结算工程价款。

因设计变更导致建设工程的工程量或者质量标准发生变化，当事人对该部分工程价款不能协商一致的，可以参照签订建设工程施工合同时当地建设行政主管部门发布的计价方法或者计价标准结算工程价款。

建设工程施工合同有效，但建设工程经竣工验收不合格的，依照民法典第五百七十七条规定处理。

第二十条 当事人对工程量有争议的，按照施工过程中形成的签证等书面文件确认。承包人能够证明发包人同意其施工，但未能提供签证文件证明工程量发生的，可以按照当事人提供的其他证据确认实际发生的工程量。

第二十一条 当事人约定，发包人收到竣工结算文件后，在约定期限内不予答复，视为认可竣工结算文件的，按照约定处理。承包人请求按照竣工结算文件结算工程价款的，人民法院应予支持。

第二十二条 当事人签订的建设工程施工合同与招标文件、投标文件、中标通知书载明的工程范围、建设工期、工程质量、工程价款不一致，一方当事人请求将招标文件、投标文件、中标通知书作为结算工程价款的依据的，人民法院应予支持。

第二十三条 发包人将依法不属于必须招标的建设工程进行招标后，与承包人另行订立的建设工程施工合同背离中标合同的实质性内容，当事人请求以中标合同作为结算建设工程价款依据的，人民法院应予支持，但发包人与承包人因客观情况发生了在招标投标时难以预见的变化而另行订立建设工程施工合同的除外。

第二十四条 当事人就同一建设工程订立的数份建设工程施工合同均无效，但建设工程质量合格，一方当事人请求参照实际履行的合同关于工程价款的约定折价补偿承包人的，人民法院应予支持。

实际履行的合同难以确定，当事人请求参照最后签订的合同关于工程价款的约定折价补偿承包人的，人民法院应予支持。

第二十五条 当事人对垫资和垫资利息有约定，承包人请求按照约定返还垫资及其利息的，人民法院应予支持，但是约定的利息计算标准高于垫资时的同类贷款利率或者同期贷款市场报价利率的部分除外。

当事人对垫资没有约定的，按照工程欠款处理。

当事人对垫资利息没有约定，承包人请求支付利息的，人民法院不予支持。

第二十六条 当事人对欠付工程价款利息计付标准有约定的，按照约定处理。没有约定的，按照同期同类贷款利率或者同期贷款市场报价利率计息。

第二十七条 利息从应付工程价款之日开始计付。当事人对付款时间没有约定或者约定不明的，下列时间视为应付款时间：

（一）建设工程已实际交付的，为交付之日；

（二）建设工程没有交付的，为提交竣工结算文件之日；

（三）建设工程未交付，工程价款也未结算的，为当事人起诉之日。

第二十八条 当事人约定按照固定价结算工程价款，一方当事人请求对建设工程造价进行鉴定的，人民法院不予支持。

第二十九条 当事人在诉讼前已经对建设工程价款结算达成协议，诉讼中一方当事人申请对工程造价进行鉴定的，人民法院不予准许。

第三十条 当事人在诉讼前共同委托有关机构、人员对建设工程造价出具咨询意见，诉讼中一方当事人不认可该咨询意见申请鉴定的，人民法院应予准许，但双方当事人明确表示受该咨询意见约束的除外。

第三十一条 当事人对部分案件事实有争议的，仅对有争议的事实进行鉴定，但争议事实范围不能确定，或者双方当事人请求对全部事实鉴定的除外。

第三十二条 当事人对工程造价、质量、修复费用等专门性问题有争议，人民法院认为需要鉴定的，应当向负有举证责任的当事人释明。当事人经释明未申请鉴定，虽申请鉴定但未支付鉴定费用或者拒不提供相关材料的，应当承担举证不能的法律后果。

一审诉讼中负有举证责任的当事人未申请鉴定，虽申请鉴定但未支付鉴定费用或者拒不提供相关材料，二审诉讼中申请鉴定，人民法院认为确有必要的，应当依照民事诉讼法第一百七十条第一款第三项的规定处理。

第三十三条 人民法院准许当事人的鉴定申请后，应当根据当事人申请及查明案件事实的需要，确定委托鉴定的事项、范围、鉴定期限等，并组织当事人对争议的鉴定材料进行质证。

第三十四条 人民法院应当组织当事人对鉴定意见进行质证。鉴定人将当事人有争议且未经质证的材料作为鉴定依据的，人民法院应当组织当事人就该部分材料进行质证。经质证认为不能作为鉴定依据的，根据该材料作出的鉴定意见不得作为认定案件事实的依据。

第三十五条 与发包人订立建设工程施工合同的承包人，依据民法典第八百零七条的规定请求其承建工程的价款就工程折价或者拍卖的价款优先受偿的，人民法院应予支持。

第三十六条 承包人根据民法典第八百零七条规定享有的建设工程价款优先受偿权优于抵押权和其他债权。

第三十七条 装饰装修工程具备折价或者拍卖条件，装饰装修工程的承包人请求工程价款就该装饰装修工程折价或者拍卖的价款优先受偿的，人民法院应予支持。

第三十八条 建设工程质量合格，承包人请求其承建工程的价款就工程折价或者拍卖的价款优先受偿的，人民法院应予支持。

第三十九条 未竣工的建设工程质量合格，承包人请求其承建工程的价款就其承建工程部分折价或者拍卖的价款优先受偿的，人民法院应予支持。

第四十条 承包人建设工程价款优先受偿的范围依照国务院有关行政主管部门关于建设工程价款范围的规定确定。

承包人就逾期支付建设工程价款的利息、违约金、损害赔偿金等主张优先受偿的，人民法院不予支持。

第四十一条 承包人应当在合理期限内行使建设工程价款优先受偿权，但最长不得超过十八个月，自发包人应当给付建设工程价款之日起算。

第四十二条 发包人与承包人约定放弃或者限制建设工程价款优先受偿权，损害建筑工人利益，发包人根据该约定主张承包人不享有建设工程价款优先受偿权的，人民法院不予支持。

第四十三条 实际施工人以转包人、违法分包人为被告起诉的，人民法院应当依法受理。

实际施工人以发包人为被告主张权利的，人民法院应当追加转包人或者违法分包人为本案第三人，在查明发包人欠付转包人或者违法分包人建设工程价款的数额后，判决发包人在欠付建设工程价款范围内对实际施工人承担责任。

第四十四条 实际施工人依据民法典第五百三十五条规定，以转包人或者违法分包人怠于向发包人行使到期债权或者与该债权有关的从权利，影响其到期债权实现，提起代位权诉讼的，人民法院应予支持。

第四十五条 本解释自2021年1月1日起施行。

后　记

首先，本书是编者在平时读书学习和办案工作中的笔记和心得，观点肯定不是绝对正确的，意在抛砖引玉，共同学习；其次，由于当时做笔记的时候，引用的文章没有标注作者和出处，所以难免遗漏，在此特别鸣谢，如有侵权，请及时告知；最后，感谢所有关心支持、理解帮助我学习进步的老师和朋友们，特别感谢中国建筑工业出版社周娟华老师的专业指点和大力帮助，从草稿到定稿付出了大量的辛勤劳动。

作者简介（排名不分先后）

戴忠岐，江苏吴派律师事务所，13962209622
黄旭，安徽径桥（蚌埠）律师事务所，13329229876
郭军亮，河南省信人工程造价咨询有限公司，13603840085
焦广华，河南润豫律师事务所，15036677666
江亮，北京中伦文德（合肥）律师事务所，13645516256
李莉，安徽省阜阳监狱（公职律师），13955883004
刘海山，福建华达律师事务所，13808549716
石敏，北京市中洲（呼和浩特）律师事务所，15848903758
石艳田，山东加仓律师事务所，13706362035
王斌，浙江奇墨律师事务所，13676876578
王永朝，山东正之源律师事务所，13589666169
魏存仪，北京市盈科（兰州）律师事务所，13893278089
徐佳，北京德和衡（武汉）律师事务所，15527560321
吴昊，永华（河南）工程咨询有限公司，18538568300
吴亚辉，河南名人律师事务所，18637400382
吴朝霞，湖南金厚律师事务所，18670327545
吴妍，北京中银（银川）律师事务所，13209512653
吴咸亮，上海至合律师事务所，15216772626